俗到底的日子

于能 著

学林出版社
www.xuelinpress.com

图书在版编目（CIP）数据

俗到底的日子 / 于能著 .— 上海：学林出版社，2015.2

ISBN 978-7-5486-0789-2

Ⅰ．①俗… Ⅱ．①于… Ⅲ．①风俗习惯史－中国 Ⅳ．①K892

中国版本图书馆 CIP 数据核字（2014）第 254468 号

俗到底的日子

作　　者——于　能
责任编辑——解永健
封面设计——魏　来
出　　版——上海世纪出版股份有限公司学林出版社
　　　　　地址：上海市钦州南路 81 号　　电话 / 传真：021-64515005
　　　　　网址：www.xuelinpress.com
发　　行——上海世纪出版股份有限公司发行中心
　　　　　地址：上海市福建中路 193 号　　网址：www.ewen.co
印　　刷——启东市人民印刷有限公司
开　　本——710×1020　1/16
印　　张——18.5
字　　数——30 万
版　　次——2015 年 2 月第 1 版
印　　次——2015 年 2 月第 1 次印刷
书　　号——ISBN 978-7-5486-0789-2/G・279
定　　价——40.00 元

目录

序

◎陆明

于能是一九七〇年生人。

在侪辈中，我视于能若畏友。

于能好读书、好藏书、好文言、好写作，而好文言在今世尤为难得。好文言，作古文、吟诗赋词，他都当行出色。

近年来，不少搞书法画国画的都有意往古典文化方面靠，一首七言或五言的四句头诗，写成条幅的，题在画上的，都不约而同地标明“自作诗”，这在传统的古昔并无前例，看上去总觉得有点儿怪。

于能自然毋需此种画蛇添足的标异，并且，他的古体诗也不只限于四句。我曾看到他作的一首古风《题艺林悼友录》，四十四句廿二韵，咏史。内容却有些模糊了，但有此印象，是惊讶年轻人里有好这个的，而那会儿他还不过三十来岁吧。

某次和于能同赴饭局，邻座有一教授，听主人介绍过后，谛视良久，徐徐说：“难道足下就是于能君么？哎呀，想不到，真想不到，这么年轻，还这么年轻！”教授是研究古文献的，校注过多部古籍。数年前，他从傅逅勒编著的《嘉兴历代人物考略》上读到于能的序，古文，五百余言，叙事清晰，抒情适度，语不陈腐，识见也绝不乡曲。教授诵读之下，记忆殊深。

上说文言，我于文言也是喜好，但只能择浅近而为之，像于能那样驾御得住文言的功夫，则敲杀我亦勿来事的也，这也是我看待于能如畏友的缘由。于能供职嘉兴日报社，编副刊，平时作文当然主要是口语体的，用白话，讲究“接地气”。在去报社前，他也曾尝试文学创作，写小说，以唐朝为背景，宝剑红粉，写一书生如何闯荡江湖，五六万字，是一个很长的中篇了。小说很好读，细节也不失真，但不知为什么，我读过之后隐隐感觉到作者的这支笔，不太合适于稗小而宜于做学者的研究文章，或正如前人有所谓以文字测人文运的讲法？

我的感觉没有错。近三四年来，于能完成的书稿有三种：其一，《南湖名胜》辑入“南湖文化研究丛书”，二〇一三年六月浙江摄影出版社出版。书中《烟雨楼》一文，三万言，举凡历代地方文献、稗官野史、骚客诗词关涉到烟雨楼的，他都详加检读。行文畅达，引述有理据。并且对这座江南名楼的最早遗址，进行缜密的考证，得出吴越国时钱氏烟雨楼即在嘉兴壕股塔左近鸳鸯湖与滮湖两水交汇处的判断。

不囿于前辈陈说，通过对史料的繁细梳理，发现疑点，提出己见，不管如何，此种精神合于学术。

其二，未刊本《嘉兴方言择要》。这部书稿倾注了作者大量的心力，几乎每一词目都下了溯本探源的考据工夫，凡吴方言的词汇出现在古典小说、戏曲、谣谚及宋元明清笔记杂著中的，作者都尽力取撷，并缀以形象的譬喻，引发阅读的趣味，使未曾到过吴地（太湖流域，即今上海、苏州、无锡、湖州、嘉兴等地，概称吴地）或初来吴地的读者，手持一卷，开卷有益。

《嘉兴方言择要》尚在作者书箧中，但我相信付之枣梨是早晚的事儿。因为比较已出版的不少种吴方言词典，于著有许多的不同点，而嘉兴地域虽小，但因其地处沪苏杭之中枢，举它为吴地方言代表，似乎也并无不当。

其三便是将由学林出版社印行的《俗到底的日子》，全书列衣食、游艺、婚丧、寿诞、神怪、岁时等六章，从每章编排的条目来看，本书的特点是阅读的趣味性和知识性并重而不求其全。求全，以饮食习俗而言，仅一个“饭”，南北各地就能记叙出十数种煮法和吃法；不求全，是聪明的做法。不然，现成的风俗辞典多多，文抄公就得，但也诚如王觉斯所称：“他人口中嚼过败肉，不堪再嚼。”不只是简单的为文之道而已。

我早几天拿到书的清样，趁天凉，快读一过。此书之成，端赖著者腹笥之厚。腹笥厚，是博览、藏书富所致。前面说过于能“好藏书”。我去过他家，从书房到客厅到走廊通道，图书经籍和各类杂书堆得满满，行走其间得侧身。套用他为傅君作的序文：“倚南面百城而读兰台秘典，聚曹氏书仓而究石室细书。”真是一点儿也不为过。他们夫妻，都是工薪，聚书二万五千余册，我更信是妻贤。

回到本书上来说。于能这部风俗之作，换别位恐怕难辟新境，因为多有成书

（风俗辞典）在前。弄不好不只是王铎所谓“败肉”，炒冷饭头、翻烘冷烧饼一准也有难免之讥。但，以我的阅读经验：本书各篇的散文笔法，以话本小说证史的手法，对旧典辨析的精奥有味，都足以令人眼目一亮。加上好持异见，如“端午与食粽”条目，发问“粽子是否原始巫术的一种物品”，在辞典类的风俗志中是难以见到的。鉴于此，我写这篇序文，谅不至于为读者诸君所笑詈。

陆明　　甲午瓜月记于味生居

前言

风俗之事，由来也久。

钟敬文先生在《中国民俗艺术》序中说：“民俗是任何民族（包括氏族、部落等）所不能缺少的生活文化事象。它不仅有专门的或比较集中的部分（例如婚丧仪礼、年节习尚等），而且广泛的、或深或浅的存在于各种文化部门（例如生产、食住及各种社会组织等）中。在人类各种形式的社会里，民俗活动，差不多像水银泻地，无孔不入。”他还说，“民俗，即民间风俗，指一个国家或民族中广大民众所创造、享用和传承的生活文化。”这话说的真好，我们常说的民俗或是风俗，确实不但像水银泻地般无孔不入，而且这“风”本身也是无孔不入的。

东汉应劭在《风俗通》序中说：“风者，天气有寒暖，地形有险易，水泉有美恶，草木有刚柔也；俗者，含血之类，像之而生。故言语歌谣异声，鼓舞动作殊形。或直或邪，或善或淫也。圣人作而均齐之，咸归于正。圣人废，则还其本俗。”按此说法，“风”即是大自然的气候、环境等等条件的集合体，“俗”则是人类适应自然的创造。人类不能脱离“风”这个自然环境而存在，那么，风俗在产生后，自然又形成了“一方水土养一方人”的状态。

这是一本有关“风俗记忆”的书稿，缘起是“好古”。平时读书之余，总不免去琢磨那些习以为常的习俗，如吃年糕是年头上的民间风俗，那年糕到底是怎么来的？拔河是群众最喜闻乐见的集体活动，可是“河”怎么能拔，这活动又是怎么产生的？旧时结婚时，新娘子为什么又要盖头巾？人死后，为什么要做七？……这种种诸如此类的问题，即民间这些众多习俗的产生与做法到底是怎么回事，如果细想起来，也应该是一个令人感兴趣的话题。

为什么会对久远的事物感兴趣？我想是因为人有好古的天性。孔子说过："我非生而知之者，好古，敏以求之者也。"又说："述而不作，信而好古，窃比于我老彭。"他不认为自己是一个"生而知之者"，相反，他之所以能成为"知之者"，是因为喜好追究古代的历史文化，而且勤敏思考所得来的。关于好古，钱钟书先生有一段话也讲得好，他说："把整个历史来看，古代相当于人类的小孩子时期。先前是幼稚的，经过几千百年的长进，慢慢地到了现代。时代愈古，愈在前，它的历史愈短；时代愈在后，他积的阅历愈深，年龄愈多。所以我们反是我们祖父的老辈，上古、三代反不如现代的悠久古老。这样，我们的信而好古的态度，便发生了新意义。我们思慕古代不一定是尊敬祖先，也许只是喜欢小孩子，并非为敬老，也许是卖老。"

如此说来，作为后人，我们信而好古，我们追寻那些"俗到底"的日子——即我们追寻久远时代的先民生活，我们追寻风俗产生的原因和意义，其目的还是为了当下的现实意义——慎终追远，古为今用。钱先生可谓一语中的。具体到做法上，套用一句俗话，我们不但要 Know What 或者 Know How，如知道像春节贴春联、元宵节张灯、寒食要禁火、端午节要吃粽子等习俗和做法，还不能忘记 Know Why——春节为什么要贴春联？元宵节为什么要张灯？寒食为什么要禁火？端午节为什么要吃粽子？……就民俗而言，上下五千年的中国本就有许许多多"热点"可供人"卖老"的。

我国疆域辽阔，仅据战国时的《禹贡》记载，夏禹时代，就分为冀州、兖州、徐州、青州、豫州、雍州、梁州、荆州、扬州这九州，气候、地理等条件相差均很大。以现代而论，从北起漠河以北的黑龙江江心，南到南沙群岛南端的曾母暗沙，南北相距约 5500 公里；从东起黑龙江与乌苏里江汇合处，西到帕米尔高原，东西相距约 5200 公里。如此广袤的国土上，人们的生活与生产习俗，自然有有很大差异。比如单从渔民习俗的一方面来说，浙江舟山群岛的渔民有着"七男一女不能乘船"的习俗，说是如果船上坐了七男一女，就会翻船。原来这个习俗与八仙过海的传说有关。渔民传说八仙过海时候，铁拐李把手中的拐杖变成一艘船。八位仙人一起坐在船上喜洋洋地看风景。于是韩湘子吹箫，曹国舅打云板，张果老鼓动渔鼓，何仙姑、蓝采和唱曲，吕洞宾舞剑，汉钟离摇扇助兴，结果声震东海，惊动了龙王的太子。太子见何仙姑色艺皆绝，就起了色心，兴风作浪，要抢她到龙宫。八位仙人就一起使出法术，杀向龙宫，救回何仙姑。但也正因为此，龙王的太子以后只要一见到海上有七男一女同船出海，便要前来寻仇，所以在渔民中就有了这个习俗。但细究起来，这个习俗假托龙宫太子兴风作浪是虚，渔民在长时间的出海捕捞作业中，船上只有一位女性确实给出海生活带来不便，也容易引起事端，这才是实指。所以这种习俗也是海上生活经验的积累使然，和内陆的淡水渔民习俗是不太一样的。又如旧时候，江南水乡嘉兴一带的传统渔船不能用铁链而要用绳索，据说铁链是阴间小鬼用来勾魂的，渔民就很忌讳。平湖一带的渔民常在船头、船尾放些瓦盆，种上万年青和葱，寓意万年常青、渔业兴旺。逢年过节，小盆里还插些小红旗，船舱门上对角贴着大红纸，意味着船尖乘风破浪。在乘船时，男人不可以站在船头小便，女人上船不能从篙或橹上跨越，在船上更不可以提“沉”或“翻”等不吉利的话，所以“盛饭”要改成“添食”，这是因为吴语中，“盛饭”和“沉翻”是谐音的关系。

又如，东北的煤矿工人认为矿井里有动物是吉祥的象征，所以煤矿工人有严禁在矿井中捉老鼠的习俗。“老鼠过街，人人喊打”，旧时代的矿工在井下却敬鼠如神，即便自己饿肚子，在井下吃饭时，也要分一点饭菜喂给老鼠吃，讲究剩饭剩菜倒在井下请老鼠一家子吃。这种崇尚老鼠习俗的形成是因为矿井下有瓦斯、沼气和煤气，老鼠嗅觉灵敏，对这种毒气敏感，只有在安全的地方，它才会出现，所以矿工见了老鼠就觉得比较平安。

再如江南自古以来是蚕桑之地，民间的养蚕习俗可谓丰富多彩。清代项映薇所著《古禾杂识》记载嘉兴养蚕风俗说：“三四月间，农家春蚕，禁生客入门。官为之停讼。”《湖州府志》转引《西吴枚乘》记载：“蚕时多禁忌，虽比户不相往来。宋范成大诗云：‘采桑时节暂相逢’，盖其风俗由来久矣。官府至为罢征收，禁勾摄（按，学政试士、提督阅兵、按临湖州，并避蚕时），谓之‘关蚕房门’。收蚕之日，即以红纸书‘育蚕’二字，或书‘蚕月知礼’四字，贴于门。猝遇客至，即惧为蚕祟，晚必以酒食祷于蚕房之内，谓之‘掇冷饭’，又谓之‘送客人’。”也就是说，旧时到了养蚕时节，官府举行的诸如办案、科举、阅兵等重大公事，也要为养蚕业让路，可见江南养蚕习俗的力量。

江南养蚕时还有许多习俗，如语言、行为等。如嘉兴一带，蚕农在日常生活中就有许多语言禁忌，像“亮蚕”是蚕病的一种，所以忌说“亮”字，“天亮了”要说成“天开眼了”；“僵蚕”也是蚕病的一种，所以忌说“僵”字，“姜”也要说成“辣烘”，“酱油”就要说成“颜色”或“罐头”“鲜猛猛”等；因为“葱”

与“冲撞”的“冲”谐音，葱就要说成是“香火”“香头”等语。

蚕禁，也是江南蚕乡的一种行为习俗，即在蚕月中禁止生人进入蚕室。茅盾在短篇小说《春蚕》中，就对他的故乡桐乡乌镇一带蚕乡的蚕禁情形进行描述，称之为“一个戒严令也在无形中颁布了”。在海盐县，蚕农还要用左手搓草绳，在自家门口打上许多桃树桩，将草绳缚上，张成网状，表示蚕禁。有的蚕农在门口贴上一张红纸，上书“蚕月免进”等字样，这就是告示了。所以蚕禁期间，外人不可登门，不然这户人家的主妇就会恼怒地端出一盆冷水来，向来人夹头夹脑地泼去。有的则端出一盆冷饭，上面放一根菜，跟着外人向外走，一边将饭朝外拨出。在桐乡，则用一小盅茶和米，在来人背后向门外泼去，这也是上述《湖州府志》中记载的“掇冷饭”的民俗，在当地习俗中，都是驱鬼的方法。蚕时禁止往来，也是有原因的。因为每年春季，正是春蚕大忙的时候，蚕农全家老少齐上阵，都投入辛苦的劳作中，自然没心思串门了，而蚕宝宝又容易生病，不让外人进蚕室也是为了防止疾病传染。

汉族民间在以前还十分重视开秧门（插秧的第一天）和关秧门（插秧的最后一天）。每年开秧门时，必须要准备好酒菜、纸钱、香烛等，在田边祭烧，并燃放鞭炮，祈求田公田婆消灾保佑丰收。鱼米之乡的嘉兴地区就十分重视开秧门和关秧门，农民过去插第一株秧苗时候，不能开口，认为开口以后手要抽筋，而且插秧时，人与人之间不可以随便传递秧把，否则俗谓两个人会成为冤家。甩秧时，也不能甩在种田人身上，否则认为那人就要遭秧了，要马上当面说一句“驱邪”。而关秧门时，要求在下午三四点前必须完工，不能拖到天黑，否则是“开天窗”，不吉利的。媳妇在关秧门的第二天还可以回家探望父母，俗称“插落黄秧，望望爹娘”。

我国其他诸如农林牧渔等等繁多习俗的异同，可谓数不胜数，而南方气候温和、湿润，江河纵横，北方气候高爽，崇山峻岭，而沿海、沿江地区地势卑下……这些都是“风”的不同而造成了民间习俗的不同。其实先人早就认识到了这一道理，我们读《礼记·王制》就可了解：“凡居民材，必因天地寒暖燥湿，广谷大川异制。民生其间者异俗。刚柔、轻重、迟速异齐，五味异和，器械异制，衣服异宜。修其教，不易其俗。齐其政，不易其宜。”又说四方各地的风俗都是不同的：“中国戎夷，五方之民，皆有性也，不可推移。东方曰夷，被发文身，有不火食者矣；南方曰蛮，雕题交趾，有不火食者矣；西方曰戎，被发衣皮，有不粒食者矣；北方曰狄，衣羽毛穴居，有不粒食者矣。中国、夷、蛮、戎、狄皆有安居、和味、宜服、利用、备器。五方之民，言语不通，嗜欲不同。达其志，通其欲。东方曰寄，南方曰象，西方曰狄鞮，北方曰译。”

《礼记·王制》说中国、夷、蛮、戎、狄的风俗是不一样的，确实如此。仅以人类的性生活来说，汉民族的就有许多习俗禁忌。《礼记·月令》云:“是月也(三)，日夜分，雷乃发声。……有不戒其容止者，生子不备，必有凶灾。”就是说在三月份春雷阵阵时要忌房事。唐代医圣孙思邈在其名著《千金方》里，对这一禁忌进一步阐述得更为详细，他说:“男女交媾之际，更有避忌，切须慎之，若使犯之，天地夺其寿，鬼神殃其身，又恐生子不肖不寿之类，谨守戒条，可以长生。所忌之要备述于后：天地震动、卒风暴雨、雷电交作、晦朔弦望、月煞日破、大寒大暑、日月薄蚀、神佛生辰、庚申甲子、本命之日、三元八节、五月五日、名山大川、神祠灶庙、僧宇道观、圣贤像前、井灶前后、火光闹烘。以上时地禁忌须慎之，不可交合，犯之者大则寿夭，小则生病，或若生男，令其丑貌怪相，形体不全，灾疾夭寿。诸所禁忌敷奏于前，复有五月十八日是天地牝处之日，阴阳交合，世人须避，慎不可行房，犯之重则夺命，轻则减寿，若于此时受胎孕，子母难保。”归纳起来，也就是说在大自然发生气候异常如地震、暴风骤雨、电闪雷鸣、昏天黑地时都不可做。其次，是一些比如端午、上元、神佛诞辰等特定日子里也不能做，最后孙思邈指出在光天化日、人多纷乱的地方，也要禁止性行为。汉族传统观点认为夫妻白天同房，是违背习俗的，属于严重的禁忌。《论语》里记载孔子的弟子宰予“昼寝”，孔子就厉声责骂他“朽木不可雕也”。可是，在南北朝时，以鲜卑族立国的北魏，据《魏书·孝文王五王列传》记：“时恂年十三四。高祖泛舟天渊池，谓郭祚、崔光、宋弁曰：人生须自放，不可终朝读书。我欲使恂旦出省经传，食后还内，晡时复出，日夕为罢。卿等以为何如？光曰:孔子称‘血气未定，戒之在色’，《传》曰：‘昼以访事，夜以安身。’太子以幼年涉学之日，不宜于正昼之时，舍书御内，又非所以安柔弱之体，固永年之命。高祖以光言为然，乃不令恂昼入内。无子。”

那位仰慕汉文化、提倡穿汉服的魏高祖孝文帝拓跋宏想让他的儿子拓跋恂吃完早饭后，就到内室与妻子睡觉。结果遭到汉族大臣的反对，认为夜间才是过性生活的时间，皇帝最后也只好听从了。从中可见，不同民族的性生活习俗也有不同，以至当时鲜卑族上层对汉民族那种性生活的时间禁忌观也不甚了了。这差异有时候竟是如此之大，比如以婚嫁习俗而言，中国习俗强调要有媒妁之言，直到进洞房那一刻，新娘还要用盖头遮脸。可是在古希腊，柏拉图在《法律篇》里已经提倡签立婚约的男女双方要有更自由的接触，以尽可能避免互相之间的欺骗行为，甚至要求“只要能合乎礼貌范围的要求”，男女双方在订立婚约之前就应当赤裸相见。所以《尔雅·释地》说：“太平之人仁，丹穴之人智，大蒙之人信，空桐之人武。”《鲁语》说：“沃土之民不材，淫也；瘠土之民向义，劳也。”我们从此知道，在这个地球上，不同地域的人，他们的习俗肯定是不一样的。东汉史家班固在《汉书·地理志》中说：“凡民含五常之性，而其刚柔缓急，音声不同，系水土之风气，故谓之风。好恶取舍，动静亡常，随君上之情欲，故谓之俗。孔子曰，移风易俗，莫善于乐。言圣王在上，统理人伦，必移其本而易其末。惟混同天下，壹之乎中和，然后王教成也。”

班固认为风俗受地理因素的影响，但人也影响风俗的形成。此说最早可追溯到先秦时代的荀子，他对孔子用礼教来改变人性的说法进一步作了发挥。《荀子·乐论》说：“乐者，圣人之所乐也，而可以善民心，其感人深，其移风易俗，故先王导之以礼乐而民和睦。”因为儒家学说认为，人可以为了向善而“移风易俗”。这从社会发展上看，确实如此。比如江南一带，民间曾有过浓重的巫术、宗教习俗，“南朝四百八十寺，多少楼台烟雨中”，说的就是佛教在江南的极盛状态。但是随着社会的发展，包括许多“淫祀”在内的信仰，终究渐渐开始淡化，如历史上的“赞神歌”和“做社”就盛极而衰，又如在浙江平湖，曾在做社习俗上有着重要位置的太保书，后来进入茶馆演唱后，渐渐演变为一种世俗的曲艺形式，叫做“钹子书”。在嘉善，做社渐变为“吃讲聚”，人们不再祭祀，而是讲究朋友间的互助。

也就是说，随着人类社会生产力、生产关系的发展，生活在不同时代的人也有了不同的生活方式，这使得不同地域的传统风俗都在逐渐演变中。上古时代，《礼记·昏义》记婚姻：“上以事宗亲，而下以继后世也。”认为婚姻是家族的事，必须明媒正娶由长辈来“包办”，但是五四运动以来，青年男女的独立性越来越强，女性勇于追求自己幸福的生活，包办婚姻也在社会的进步中失掉了以前赖以存在的基础，自然就渐趋消亡了。

又如在饮食方面，如今的西方人用刀叉吃饭吃菜，他们围着餐巾，咀嚼的时候还尽量避免发出吧吧的声音，吃剩的骨头等也不会直接吐在饭桌上，更几乎看不到有人随地吐痰之类不文明行为。可是德国著名社会学家诺贝特·埃利亚斯就在《文明的进程》中点明真相：对欧洲人而言，这不是一种与生俱来的习俗。在中世纪的欧洲，“冲动和本能乃是人的主宰”，那时的西方人就餐的时候用脏兮兮的手直接去抓饭菜，残渣剩骨也乱扔一气，还用手直接擤鼻涕，然后在衣服上擦手。13 世纪时，一位拜占庭公主忽发奇想，用一个两股分叉的小巧金叉将饭菜送入口中，竟然被认为是“犯罪”行为。而直到中世纪末期，欧洲的风俗才逐步雅致起来，到了 16 世纪，社会上层贵族才开始用刀叉进餐，人们开始用手帕来擤鼻涕，拥有较多的手帕还被视为财富的象征。看到这里，在感谢我们中国老祖宗早就发明了筷子的同时，我们不禁感叹，这不就是孔子说的“移风易俗，莫善于乐”么。但是，问题又来了，我们的老祖宗发明了箸（筷子），却又发明了将箸作为赌博时的骰子，这种仅仅追求人的感官快乐的“移风易俗”是倒退还是进步？

不过，另一种风俗的演变，应该可以明确为是进步的做法，这就是“避讳”。这种习俗在当代中国人生活中已经消失了。避讳这种人名禁忌似乎是我国特有的一种习俗。在古代，某些人的姓名，人们不可以直接呼唤和书写，说话、写作时更不能乱说乱写，而要用其他方法来代替。最突出的例子就是避讳帝王、圣人、长官，以及所尊崇者如宗族先辈等的名字。比如为了避秦始皇嬴政的名字“政”，秦代就改“正月”为“端月”，或又改“正”字的读音为平声，读音相沿到现代；为避唐太宗李世民讳，唐代将“世”用“代”来替代。王维的诗“汉家李将军，三代将门子”，就要用“代”字来换唐以前一直用的“世”字，连“观世音菩萨”也被改称“观自在菩萨”；又比如清代康熙皇帝名玄烨，于是规定人们书写时要把“玄”字最后那一点缺笔，甚至改为“元”字。如此等等，每朝每代，不一而足。当然，祖先和尊长之名，是家讳，也要当事人要依法规避的。明代冯梦龙《古今谭概》就记载了一个避讳的故事：李空同任江西提学副使，有一位读书人与他同名同姓。李空同把他找来，问他：“你没听说我的名字吗，为何冒犯？”读书人回答说：“名字是父亲定的，不敢更改。”李空同只好说：“我出一副上联‘蔺相如，司马相如，名相如，实不相如’，如果你能对出下联，就算了。”读书人知道这位官僚在讽刺他，于是略一思索，对出下联：“魏无忌，长孙尢忌，彼无忌，此亦无忌。”他借魏无忌、长孙无忌两人的名字都叫无忌，含蓄地指出同名同姓用不着忌讳，对得十分巧妙，也从中可见这种习俗的扰人之处，可谓让人防不胜防。但是由于文化的不同，西方人非但不讲究避讳，还往往会有取与祖辈、父辈相同的名字的做法，如布什、小布什之类，可见文化之差异。

天下风俗都是在不断发展中变化的，以至于顾炎武在《日知录》中论及宋代风俗时，说“天下无不可变之风俗也”，他引用《周易》的卦象解释：“《剥》，上九之言硕果也，阳穷于上，则复生于下矣。”正所谓物极必反也。在人类生产力加速度的提高，社会日益飞速发展的今天，许多久远的风俗就像如今的方言一般，在年轻群体中迅速消退。比如书中《游艺》一章的内容，细说起来，不仅是六博、投壶、藏钩等游戏早就消失在生活中，像舞剑、斗百草、中国戏法等活动也已经在风俗的记忆中开始褪色了。有些古老的传统习俗之所以被淘汰，肯定有其时代的局限和落后因素，比如婚丧习俗中的“点主”“烧纸钱”等习俗，或者已经自然消失，或者已经不被今人所提倡；再如定情用的荷包、香囊等物，也由于科技的发展、生活条件的改变而退出了生活领域。

可是，老祖宗传下来的风俗又是热热闹闹的，这是祖先在长期社会活动中，为了适应生活、生产以及各种需求而创造出来的方法，蕴含了大量的人类的智慧、能力和想象。流传至今的风俗，其核心必然有其合理部分。传统习俗中那些有着浓烈生活趣味的活动，人们依然喜爱并传承着，如过年时放鞭炮、贴春联，元宵节放烟火、舞龙灯，端午节吃粽子，重阳节登高，等等，虽然这些活动的本质从起源上来说还是和原始巫术或人类生产力低下时期为应对诸种“囧”境有关，就像法国启蒙思想家伏尔泰在《风俗论》中所说的那样：“由于大自然到处都是一样，人们对最刺激感官和最激发想象的事物必然会有同样正确和同样错误的看法。他们必然会把雷鸣电闪归诸天上某个超凡的神的威力。滨海的人民看到月望时大潮淹没海岸，必然会认为世间一切事物都与月亮的圆缺有关。在宗教仪式中，几乎所有的人都面朝东方，却没想到，其实无所谓东方西方，大家都是在向眼前冉冉上升的太阳顶礼膜拜。”

可以说，早期的风俗骨子里，更多的还顽强地表现出禁忌的成分。我以为最早的风俗多半因禁忌而起，这在本书的《婚丧》《寿诞》《岁时》等各篇内容里显得尤其明显。弗洛伊德在《图腾与禁忌》中说：“伍恩特形容塔布（即禁忌）是人类最古老的无形法律。它的存在通常被认为远比神的观念和任何宗教信仰的产生还要早。”这是因为先民们在无法应对强大的自然界造成的对人的伤害时，往往产生恐怖和逃避的行为。比如中国传统的过年习俗，再好不过的证明了这点。“年”在上古时期有不同的叫法。唐虞时期称为“载”，夏代称为“岁”，商代称为“祀”，到周代开始叫做“年”。《谷梁传·宣公十六年》记：“五谷皆熟为有年”及“五谷大熟为大有年”，既然“年”是如此吉祥的一个“丰收”的字眼，那么为何在我国又长期流传着所谓“年”就是指一种专门伤害人的怪兽的说法？传说每到年底，这个叫“年”的怪兽，就会专门出来吃人。“年”残害百姓、凶猛异常。人们为了躲避“年”，在大年三十晚上，只能早早关上大门，不敢睡觉，坐等天亮。后来发现“年”怕红色、怕巨响，于是过年的时候，就贴红春联、挂红灯、敲锣鼓、放爆竹，把年吓走了。

法国学者列维·布留尔说过，“对原始人来说，是没有任何偶然的东西的”。过年的习俗其实是先民在和大自然斗争中，逐渐发展生产力后流传下来的生活经验的记忆。再进一步大胆推测的话，是否可以认为“年”在寓意吉祥之时，那一年是一个丰收之年？而在寓意“怪兽吃人”之时，那一年是否就是一个歉收、乃至颗粒无收之年？我们知道，在中国古代，从商周到秦朝，我国都以冬至为一年之首。换句话说，就是秋收以后，人们就准备开始过年。而要是那一年因为自然灾害“绝收”的话，这个“年”就是“无有之年”——生活资料匮乏，如何度过严冬，生活又如何继续？人们有了对未来的恐惧和对现实的逃避，这些代代传下来的记忆和印象叠加，使后人形成了极多的过年禁忌，认为新年（冬至）这天预兆着全年的吉凶祸福，如《古禾杂识》记载除夕那天：“淘隔年米，留隔年饭，皆示有余之意；又择老桑柴，烧红置灶心及脚炉内，谓之种隔年火；其夕饮毕，吃饭有剩碗底者，谓之留米囤。”大年初一这天，“禁扫地、禁用钱”。这些新年习俗都与人们怕给自己带来不测，期盼能在新的一年中有充足的生活资料有关，是趋吉避凶、祈求丰收的本能的心理暗示。

《礼记·曲礼》云：“入境而问禁，入国而问俗，入门而问讳。”这些从古代甚至是上古传下来的，为生活增添欢乐，使人们在劳作之余放松心情，富含浓浓人情味的习俗，至今为大家所喜爱和珍视。而《尚书》论“俗”云：“歼厥渠魁，胁从罔治，旧染污俗，咸与惟新。”认为要去除旧有的不良之俗，要“惟新”。这既是先秦社会的主流观点，也是我们民族对待名俗的优良传统。在移风易俗的今天，我们更要积极树立破除迷信的科学观念和保持优秀的传统民俗，正确地理解和对待传统文化，《俗到底的日子》尝试选取中华民族的祖先传下来的这些或消逝或淡化或依稀保留至今的风俗，加以介绍和探秘，希望能够使读者“尝一脔肉而知一镬之味、一鼎之调”。可是这并不是一件容易的事，一是方今大量的出版物已经将“像水银泻地，无孔不入”的习俗内容早就介绍给了读者，其中不乏高见者；二是如何描述那些差不多都是几千年传下来的，却又是一直在流变中的习俗，并加以探究，在具体写作上也是个难题。所幸，学林出版社匡志强先生、解永健先生对此给出了不少可行的建议，感谢他们使我打开思路、获益匪浅，同时也衷心感谢学林出版社将此小书列入出版计划。

《俗到底的日子》大体按照衣食、游艺、婚丧、寿诞、神怪、岁时等门类编排，由于我国民俗种类的极其丰富和多样化，编著者无意也没有能力来对风俗做大而全的介绍，主要是在前辈学者的基础上，力图选取传统文化习俗中的一些有趣的事象进行介绍，并适当地对一些风俗的来历、社会功用、传播方式等进行探讨，和感兴趣的读者共享。在编著过程中，作者参考了不少文献、资料，在书后附有参考书目。并在整体编排上尽可能的将每个主题都配上相关图片，以达到图文并茂的效果。又，本书原拟名“国风的吟唱：那些褪色中的记忆”，因流俗的关系，今亦不免从俗，改名为《俗到底的日子》，在此附记。

《俗到底的日子》中所提到的不少“褪色”的习俗，其实只能是“纸上”的风俗而为大众所怀旧了。这种怀旧是一种民族的“乡愁”，因为虽然人们还依然知道去哪里找它，比如某个图书馆、比如某个网站，但是它却不再活生生地出现在人们眼前。这种“乡愁”已经没法在时间和空间中位移，它只能是我们阅读时产生的一种心境、一种怀想。当然，就像诺贝特·埃利亚斯在《文明的进程》中最后总结的那样:“文明尚未结束,它还在形成之中。”我也愿意套用他的话说:“风俗尚未结束，它还在形成之中。”

于　能

2014 年 10 月 20 日于鸳鸯湖畔

衣食

中国人都穿胡服吗

说起胡服，我们马上会想到战国时期赵武灵王胡服骑射的精彩故事。《战国策·赵策二》记载："今吾（赵武灵王）将胡服骑射以教百姓。"

"胡"是古代中原民族（华夏民族为主体）对我国周边其他民族的统称。之所以称为"胡"，也是因为"胡"是个泛称，在不同的历史时期，其民族指向不同。古代的胡人，因为时代不同，其具体指向也在变动，有时专指从东北到西北的北方诸游牧民族，有时指匈奴族，有时甚至包括的范围还要大一点。

话要从头说起。周代的中原传统服饰，礼服是上衣下裳，常服是连衣、裳为一体的"深衣"。《礼记》规定深衣的穿着必须"短毋见肤，长毋被土"，也就是衣裳的下摆拖到脚边要遮盖住身体，所以中原衣裳穿在身上显得宽大有余，紧身不足。

这么一来，宽袍大袖的衣裳穿在身上，人确实显得博大、飘逸，特别是从事礼仪性的活动，衣裳非常华美，可是却限制了人们从事一些剧烈的活动，特别是诸如骑马等要求身体灵活变换姿势的活动。所以，周代贵族教育非常重视的"礼、乐、射、御、书、数"这"六艺"里就没有"骑"这一项。我们知道，"六艺"里的"御"是指驾驭马车的本领；"射"是指射箭。射箭前，人们要用特制的皮袖套将宽大的袍袖束起来，才能开始张弓搭箭。也正因如此，春秋时期，中原各国交战，多用战车。但是，北方游牧民族则不然，他们的衣服，也就是胡服，与华夏民族宽衣博带的服装有较大差异，胡服与骑射相适应，其特征是紧身窄袖，衣长齐膝、裤子紧窄，腰部束带，用带钩，非常便于骑射。

战国时期，大国争雄，竞争非常激烈，所以赵武灵王提出来要改革服饰制度。

据《史记·赵世家》记载，在进行服制改革前，赵武灵王颇动了一番脑筋。他和大臣肥义商议："今吾将胡服骑射以教百姓，世必议寡人，奈何？"又说："吾不疑胡服也，吾恐天下笑我也……世有顺我者，胡服之功未可知也。虽驱世以笑我，胡地中山吾必有之。"随后，为了给国人做出表率，赵武灵王以前所未有的自信心，首先自己带头穿起胡服，再要求身边的大夫、将军、贵族也全部穿胡服。果然，赵国自从易胡服、改兵制、习骑射后，攻克中山，破林胡、楼烦，骑兵起了重大作用。

据史料记载，赵武灵王当时所采用的胡服款式，实际上是当时的北狄东胡的服装，主要特征是窄袖短衣、合裆长裤。窄袖短衣便于射箭，合裆长裤便于骑马。并且将胡人所戴的冠帽、腰带及鞋履等款式也一起采用。因为游牧民族多在北方，而北地寒冷，所以胡人的冠帽上常有貂尾，冠的造型则如簸箕。据《后汉书·舆服志》等史料记载，赵国接受这种冠式后，还进行了一些改良，将原来用于御寒的貂尾改为冠上的一种饰物，插在冠的两侧，并加以金珰附蝉。几年后，赵武灵王传位给儿子赵惠文王，这种帽子就被人称为"赵惠文冠"。另外据刘熙《释名》说法，靴子本来也是胡服，也是赵武灵王首先采用的。

赵武灵王推行的胡服骑射，改变了战争模式，此后驰骋在战场上的战车，其作用渐渐弱化，而骑兵开始扬威于沙场。中原民族穿起了游牧民族的衣服，其实是华夏民族向胡人学习的行为，也增进了华夏民族与北方游牧民族服饰融合的基础，进而推动了民族融合。正因为这样，这位改革家在两千年后被梁启超认为是黄帝以后的第一伟人。

赵武灵王到底算不算华夏民族自"黄帝以后的第一伟人"先不谈，由于首先在军事上有明显的功效，胡服在此后当然加速度进入中原了，一开始是军队中采用，后来就渐渐为民间所用。到了东汉时，出现了一个胡服的超级"粉丝"，他就是汉灵帝。《后汉书·五行志》记载："灵帝好胡服、胡帐、胡床、胡坐、胡饭、胡箜篌、胡笛、胡舞。京都贵戚皆竞为之。"

"上之所好，下必甚焉"，在汉灵帝刘宏这个一味追求效仿胡俗，不仅穿着胡服，而且全盘采用胡人的生活方式的超级"胡"迷带动下，当时整个京畿地区都盛行胡俗。汉灵帝为政上是个昏君，最后导致宦官擅权，党锢之祸复起，引发黄巾起义的爆发，以致东汉覆灭。昏君归昏君，合理的推测是，在汉灵帝的带动下，中原应该引进了当时胡服的不少款式。

汉画像石刻中之骑士

西安南里五村唐墓画中之唐胡服妇女

胡服大规模进入中原，应该是南北朝时代。这是中国历史上的一个大分裂时期，大批北方游牧民族进入中原建立政权。这些少数民族政权，基本上按照本族习俗制定服制。这期间，虽然北魏孝文帝迁都洛阳，要鲜卑人改汉姓、说汉语、穿汉服，但他遇到的习俗阻力也是很大的。而且在大力推行汉化的同时，中原百姓的服饰也从北方民族服饰中汲取了不少精华，汉人将衣服裁制得更加紧身，更加适体。到北齐时，胡服已经成为社会上的普遍装束，绝大多数汉人都喜欢穿着胡服，这些特点特别表现在常服上。《旧唐书·舆服志》记载北朝的常服："杂以戎夷之制"，与南朝保持的"巾褐裙襦"不同。并且，到了北齐时代，"有长帽、短靴、合袴、袄子"。到了隋朝统一中国以后，这种常服就自然地在江南流行了。

这里的合袴是指满裆裤。而满裆裤其实是胡服的样式，古代华夏民族穿的实际上都是开裆裤。如《汉书·外戚传》说霍光的外孙女做了皇后以后，霍光想避免后宫其他妃嫔得宠，就让人将开裆裤弄成满裆裤："皆为穷绔，多其带，后宫莫有进者。"服虔注："穷绔，有前后当，不得交通也。"颜师古注："穷绔，即今之混裆裤也。"这是因为古代中原人，不论男女，都是上衣下裳。裳就是后来的裙子。裳里面穿的是"绔"。据《说文解字》，绔是用来给腿保暖的"胫衣"，其实就是开裆裤的一种形式。但因为绔外面还有裳可以遮住，所以日常起居倒也不存在什么问题，但就像现在的幼童穿开裆裤一样，上厕所等就很方便。可是霍光就觉得宫里的妃嫔这么穿着开裆裤，对于皇帝是太方便了，所以他要下令后宫要穿“穷绔”。当然，汉人也有穿满裆裤的，那是劳动者为了劳作方便所穿的“裈”（颜师古注：“袴合裆，谓之裈。”）我们从字义上也可推知，既然《旧唐书·舆服志》里特别要点明北齐时，北方民族有合袴（即前后两片裆合在一起的满裆裤），那么，袴就是开裆裤无疑。

经过南北朝的民族大融合，胡服融进了中国服饰的大家庭中，唐代也曾有一段时期，上到宫廷、达官贵族，下至庶民百姓间的各个社会阶层，都流行起胡服。原本妇女要遵守儒家礼仪，平时深居宅院，出行时乘帷车，不得抛头露面。唐代女子却干脆带胡帽，甚至什么也不戴，直接露鬓，和男子一样骑马出行，妇女衣服特征也是翻领、对襟、窄袖。而且领口越开越低，甚至袒胸半露，乳沟半隐半现。以致到了宋明时期，汉族皇帝又颁布法令禁止胡服，试图复兴汉服，但是像满裆裤之类胡服，是不可能再改成南北朝之前的汉服开裆裤了吧。以致北宋科学家、政治家沈括在《梦溪笔谈》中论述说“中国衣冠，自北齐以来，乃全用胡服”，全文如下：

> 中国衣冠，自北齐以来，乃全用胡服。窄袖绯绿短衣，长靿靴，有蹀躞带，皆胡服也。窄袖利于驰射，短衣长靿皆便于涉草。胡人乐茂草，常寝处其间，予使北时皆见之，虽王庭亦在深荐中。予至胡庭日，新雨过，涉草，衣裤皆濡，唯胡人都无所沾。带衣所垂蹀躞，盖欲佩带弓剑、帉帨、算囊、刀砺之类。自后虽去蹀躞，而犹存其环。环所以衔蹀躞，如马之秋根，即今之銙也。天子必以十三环为节，唐武德、正观时犹尔。开元之后，虽仍旧俗，而稍褒博矣。然带钩尚穿带本为孔，本朝加顺折，茂人文也。

这段文字大意是说，中国的衣冠服饰，自北齐以来，便全用胡服。袖子窄瘦、或红或绿的短上衣，长筒靴，有装饰蹀躞的腰带，都是胡服。袖子窄瘦便于驰射，短上衣、长筒靴都便于过草地。北方少数民族喜欢茂盛的草地，经常居处其间，沈括出使辽国时曾亲眼看到，即使他们的王庭也在深草之中。沈括到辽国王庭时，刚下过雨，过草地时衣裤都沾湿了，只有辽人都无沾湿。他们腰带上所缀的蹀躞，

《唐人游骑图》中之著幞头、圆领衫的骑马文人和随行仆从，从中可见胡服的影响

大概是为了佩带弓剑、手巾、算袋、刀子和磨石之类东西的。后来虽然去掉了蹀躞，仍然保存着蹀躞的环。这种环是用来衔着蹀躞的，就像牛马股上的皮带，也就是皮带上的装饰物。天子的腰带必以十三环作为分节的装饰，唐初武德、贞观年间也还是这样。开元年间以后，虽然因袭了旧的习俗，而腰带变得稍稍宽大起来。但带钩还是在腰带前端穿孔固定的，到了宋朝，添加分等级的挞尾，文化意味就更浓厚了。

按沈括的说法，中国人从北齐以后，是都穿胡服了。这话说的虽然有点绝对，但我们拿唐朝服饰中几个款式来比较，像幞头就源于鲜卑族的帽子；唐代流行的胡帽也是从唐代及以前的西北或北方游牧民族中传入的；另外唐代最为流行的男装款式和圆领（团领袍衫），也是最典型的胡服，明显受到胡服的影响。

再如，清代的旗袍、马褂等也都是女真民族（胡人）的服装，所以要说北齐以后的中国人穿的都是胡服，那还真不假。可是，中华民族就像鲁迅说的那样，是一个善于“拿来主义”的民族，且不说按传统观点，中原民族在服饰上的“以夷变夏”，胡服早就成了中华民族服饰文化的共同部分。只说现如今，我们以西服为主的服装，不也是某种意义上的“胡服”再融合么？

凤冠霞帔的来历

越剧《张廷秀逃生救父》流传甚广，在江南一带很受观众欢迎。其故事原型出自晚明著名话本小说《醒世恒言》，小说情节曲折、动人，最后以张廷秀、张文秀兄弟俩一起完婚的大团圆结局结束。文中描述的结婚场景，充满了浓浓的传统习俗味：

> 王员外要夸炫亲戚，大开筵宴，广请宾朋。笙箫括地、鼓乐喧天。花烛之下，乌纱绛袍，凤冠霞帔，好不气象。恰好两对新人，配着四双父母。

这里说的“乌纱绛袍”自然是新郎官的打扮，而“凤冠霞帔”就是新娘的装束了。以前女子出嫁时，头戴凤冠身披霞帔，真是喜气洋洋。说起来，这新郎和新娘的打扮其实都属于官服，新郎戴着乌纱帽，穿着绛红色的袍子，所以又叫“新郎官”，这是从唐代的新科进士被称为“新郎君”的叫法而来的讨口彩。新娘的“凤冠霞帔”实属古代贵族女子和受朝廷诰封的命妇之装束，比如明朝皇后受册、谒庙、朝会时，就要戴凤冠，其形制承宋制而加以完善，极为雍容华贵；霞帔也是宋代以来贵妇的礼服妆扮，有点像现在的披肩，但是比披肩更华美，其式样、纹饰随品级高低而有区分，类似明清时候官员的补服。

《清稗类钞·服饰类》“霞帔”条曰：“妇人礼服也，明代九品以上之命妇皆用之，以庶人婚嫁，得假用九品服。”在等级森严的封建社会，特别是从明代起，庶民女子出嫁时竟然可以享用属于上层社会妇女的服饰而不算僭越，这不能不让

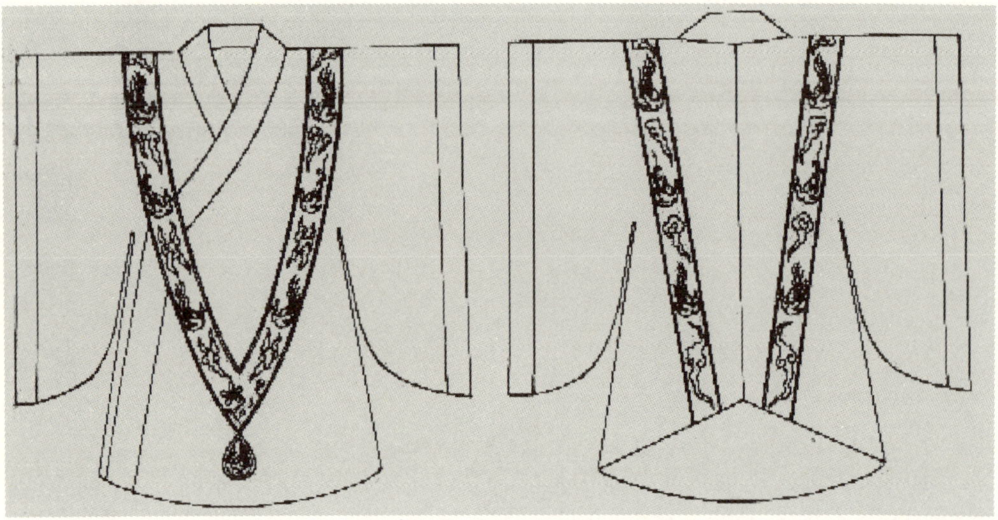

明《中东宫冠服》中霞帔与抴坠的佩戴方式

人觉得中国传统文化中自有一种通达人情的变通，这种变通暗含了对人性的尊重，是温情和美好的。当然，要补充说明的是，俗称的“凤冠”，根据等级还是分不同种类的，有些并没有凤饰，只是翟冠而已。那么，在古代到底哪些妇女够格穿戴凤冠霞帔呢？

先说凤冠。说起来，俗称的“凤冠”，严格意义上可区分为“凤冠”和“翟冠”。翟，长尾的山雉也，它的羽毛非常漂亮，可用来作装饰。所以虽说前文夸赞了一下民间妇女新婚被允许戴凤冠的做法，但实质上那是一种盛饰的彩冠，只是“山寨”的凤冠而已。等级森严的社会中，以凤作冠饰的做法，只能为宫廷所垄断。而以翟作冠饰，则为命妇以下的女性所戴。凤冠和翟冠，就好比男性穿的龙袍和蟒袍，是有本质区别的。不过，到了明代中后期，礼制松弛，翟冠的珠翟数量常越级增多，后来珠翟、金翟也多改用凤，因此“翟冠”也常被称为“凤冠”。

《后汉书·舆服志》记载，在汉代，只有太皇太后、皇太后、皇后才能在诸如入庙行礼这些正式场合头戴用金银打造的凤凰冠饰的帽子，这让她们显得雍容华贵。宋代礼制，对贵妇凤冠的形制也做了规定，如《宋史·舆服志》记南宋之后：“龙凤花钗冠，大小花二十四株，应乘舆冠梁之数，博鬓，冠饰同皇太后，皇后服之，绍兴九年所定也。花钗冠，小大花十八株，应皇太子冠梁之数，施两博鬓、去龙凤，皇太子妃服之，乾道七年所定也。”从中可见，凤冠（即所云“龙凤花钗冠”）

明定陵出土的九龙九凤冠

明定陵出土的三龙二凤冠

只有皇太后、皇后能戴；皇太子妃只能戴去掉龙凤的花冠。

凤冠的实物我们现在也能看到，北京明万历皇帝定陵出土的皇后所戴凤冠就有四顶，分别是“十二龙九凤冠”“九龙九凤冠”“六龙三凤冠”和“三龙二凤冠”，这几顶凤冠造型奇巧，制作精美，还装饰有大量的珍珠、宝石。像“六龙三凤冠”上的龙都是用金来制作的，凤则用点翠（以翠鸟羽毛贴饰的一种工艺）制成，可谓富丽堂皇。当然，小老百姓结婚时用的凤冠，与宫廷命妇的凤冠相比，无论是形制还是材料，都差远了。但即便你认为我是阿Q思想也罢，老百姓心里已经极为满足了——不管怎样，我也能戴一回凤冠，不枉此生呐。

再说霞帔。霞帔是古代妇女礼服的一部

分。早在南北朝时，霞帔就已出现，隋唐盛行。唐代大诗人白居易在《霓裳羽衣舞歌》中所咏“虹裳霞帔步摇冠，钿璎累累佩珊珊”，就提到了用鲜艳的五彩锦绣质料制成的美丽霞帔。唐宋以后，霞帔成为贵族妇女的礼服，一度还下令皇帝没有恩赐，妇女不能穿着霞帔。宋陈元靓《事林广记》记唐明皇的时候：“开元中令王妃以下通服之，今代霞帔非恩赐不得服。”宋代对贵妇穿着霞帔也做了规定，正式将霞帔定为贵妇的礼服，随品级高低有不同的装饰。如《宋史·舆服志》记：“常服，后妃大袖，生色领，长裙，霞帔，玉坠子；背子、生色领皆用绛罗，盖与臣下不异。”这里的“常服”指的就是各种礼仪场合所穿戴的正式礼服。

《续文献通考·王礼》记载，明代洪武四年规定命妇的霞帔等级：一品衣金绣文霞帔、二品衣金绣云肩大杂花霞帔、三品衣金绣大杂花霞帔、四品衣绣小杂花霞帔、五品衣销金大杂花霞帔、六品七品衣销金小杂花霞帔、八品九品衣大红素罗霞帔。一品至九品的服饰自然各有不同。

明代的霞帔样式是怎样的呢？《格致镜原》引《名义考》中称：“今命妇衣外以织文一幅，前后如其衣长，中分而前两开之，在肩背之间，谓之霞帔。”其形状宛如一条长长的彩色挂带，每条霞帔宽三寸二分，长五尺七寸，下端垂有金或玉石的坠子。到清代，霞帔的胸前、背后都缀以补子，下摆缀以五彩流苏，补子纹样织绣禽鸟。

此外，霞帔还指道家的一种服饰。《通俗编·服饰》记：“《太极金书》谓元始天帝被珠绣霞帔，故此衣为道家所至贵重。”唐代诗人刘禹锡的《和令狐相公》诗云：“银珰谒者引霓旌，霞帔仙官到赤城。”诗里的霞帔是指道士服装了。

中国古代既然如此推崇凤冠霞帔，那么人们不禁要问，它们是怎么成为整个民族都喜爱的服饰品？这就要追溯到远古先人的图腾了。图腾就是上古的部落认为自己的氏族都源于某一种动植物或自然物，并以之为标记。图腾是神话了的祖先，也是氏族的保护者。而我们先民的图腾中，最有“势力”的就是龙图腾和鸟图腾。

且说舜的时候。儒家经典《尚书·益稷》记载了彼时一个“箫韶九成，凤皇来仪”的场面。箫韶，是指舜制的音乐，而“凤凰来仪”一般认为是“凤凰应和着乐声翩翩起舞”的意思。但是有学者认为，那场景描写的是有虞氏祭祀时，族人戴着用鸟羽毛装饰的帽子跳舞的情景。其实，戴着羽毛装饰的帽子跳舞，从古到今都是人类表达情感的方式。这从“美”字的来源中就可看出端倪。“美”的

明孝端皇后凤冠霞帔像

原义，许慎《说文解字》认为是“羊大为美”。对这部名著来说，这个解释实为白璧微瑕。因为如果说“羊大为美”，那为什么犬大不是美、马大不是美、牛大不是美？要探寻“美”的奥秘，如今我们看甲骨文就可以知道：原来，“美”字就像一个原始人在跳舞，他头上插着几根摇曳的雉尾，那也可以说是最早的翟冠。

我们说，上古时期，商代的先祖崇拜的也是鸟图腾。殷商之际，流行着以鸟羽为头饰的巫舞。再后来，崇拜龙图腾的周族战胜了商族，龙图腾开始君临天下。可是，到了嬴秦之时，他们的先祖可也是崇拜鸟图腾的。秦代李斯在有名的《谏逐客书》中说得非常清楚：“今陛下致昆山之玉，有随和之宝，垂明月之珠，服太阿之剑，乘纤离之马，建翠凤之旗，树灵鼍之鼓……”从中可见，秦国当时的国旗是以凤为图案。直到灭六国时，秦国的图腾还是鸟——那就是凤。也正因为这样，起义者刘邦，后来的汉高祖要用自己是赤帝（龙）的儿子这说法来鼓舞士气去抗击强秦。

等到了崇拜龙的汉代建立，此后数千年，虽说作为“四灵”（麟、凤、龟、龙）之一的“龙子龙孙”的势头盖过了“凤子凤孙”，但是作为鸟图腾的“凤”毕竟是炎黄子孙历史上长期崇拜过的，其象征、其形象、其功用，深深烙在民族记忆中。据《后汉书·舆服志》记载，即便在汉代，如虎贲将、中郎将、羽林等职的将军，也要戴一种用黑色鸟的尾羽做冠饰的帽子来表明身份。所以华夏民族就渐渐形成了以龙为主，以凤为辅的两个图腾并存的现象。

凤，本是雄鸟。《诗·大雅·卷阿》有“凤皇于飞”的诗句，古人注释：“凤皇，灵鸟，仁瑞也。雄曰凤，雌曰皇。”在上古乃至中古时代，人们说的“凤”一般还都指男性，如大家熟知的三国时期的庞统号“凤雏”，皇帝住的地方叫“凤阁”，皇帝下的诏书叫“凤诏”，“凤求凰”寓意男女之间的爱情等。但汉代以后，在长期的“龙主凤次”的情形下，合理的推测是，“凤”开始了渐变为女性形象的过程，这是和中国传统哲学相呼应的，因为“一山不容二虎”，“龙”既然是“阳”的代表，那么必须有个“凤”出来作为“阴”的代表，儒家学说认为“一阴一阳之谓道”嘛。故此到了唐代以后，人们已经开始形成了龙、凤分别象征男女两性的观念，并渐渐深入人心。“凤”和“凰”也开始模糊了雄和雌的概念，合为一体，成为女性的象征。由此，凤冠霞帔也成为专属于女性的服饰。

说个题外话，雄性的凤，其意象竟然从阳刚转为阴柔，这“歹毒”的招数也不知是哪位“龙子龙孙”想出来的，岂不等于是将“凤”阉割了？从此华夏大地上，“龙族”就一直占了上风。

千载之下，作为中华民族的图腾和吉祥物，龙和凤毫无疑问地为炎黄子孙所热爱。可以说，无论是凤冠、翟冠，还是命妇霞帔上绣的长尾山雉、孔雀、鸳鸯等鸟类图案，我们都能追溯到上古先民的鸟崇拜遗风。也因此，在婚礼时刻，头戴凤冠、身披霞帔的新娘承载的是一个民族在遥远时空中的记忆。而她，心中满溢幸福，享受这人生最美好的一天。

荷包的秘密

中国的汉服一般没有口袋，人们为了携带一些细碎东西，如钱币、点心、印章等，就将这些东西放在身上另外带着的小袋里，这种小袋子在宋代以后便称之为“荷包”。如《红楼梦》里，写宝玉所戴的荷包中，就装有“梅花饼儿”“香雪润津丹”等物。

荷包的前身，名称很多，最早的称之为“革囊”，一般多为皮制。这与上古时候，丝织业尚未发达，而先民狩猎容易获得动物的皮草有关。春秋战国时，人们已经用上了皮制的革囊。新疆鄯善苏巴什古墓出土的一件羊皮革囊，长6.7厘米，宽3.7厘米，在口部有皮系带，以备挂佩。这是我国现存最早的革囊实物，据专家考证，是春秋战国时期的遗物。

汉魏时期，这种佩囊更广为流行。三国时吴人所著的《曹瞒传》说：“操性佻易，自佩小革囊，以盛毛巾、细物。”《晋书·邓攸传》也有记载，说邓攸“梦行水边，见一女子，猛兽自后断其革囊。”可见当时所谓革囊，用现在的话来说，就是一个钱包，大一点的话就是皮包了。无论古今，出行的话，人们自然要带点随身物品，那么皮包自是不可缺少的。

魏晋时，还流行在革囊上饰有兽头纹样，称“兽头囊”。随着革囊的普遍应用，到南北朝时，社会上正式确立了佩囊制度。简单来说，就是统治者要求制作皮包、携带皮包时要区分品级，其目的自然是指向社会等级化。其实，不管是“被等级化”，还是主动攀附上层社会，“人往高处走，水往低处流”，作为每个自然人，总希望自己能通过某种形式显示一定地位的，以获得心理的满足。比如当代人，特别是女性就喜欢用名牌包包来显示其经济地位或者社会地位，这和古人是一个道理。炫富女性挎着个一线品牌的坤包招摇过市，什么爱马仕、GUCCI、Prada、LV之类，不时再和姐妹品评一下包包的优劣，那真叫心满意足。

《隋书·礼仪志》记载："革囊……今采梁、陈、东齐制，品极尊者，以金织成，二品以上服之；次以银织成，三品以上服之；下以綖织成，五品已上服之。分为三等……"如此看来，生活在那个时代的人们，对革囊的顶级追求，估计就是用金线编成的皮包了。那时，除了皮质的革囊，还有丝布的佩囊。据《朝野佥载》记载："上元年中，令九品以上佩刀砺等袋，彩帨为鱼形，结帛作之，取鱼之象，强之兆也。"就是说唐代放官印、鱼符（龟符）之类东西的佩袋与装细物的佩囊分开使用。而刀砺袋、鱼形袋，即新旧《唐书》称为的"鱼袋"。

从革囊到丝袋，再到鱼袋，唐宋时期作为饰物随身带的这些口袋，越做越考究。1975年，福建福州黄升墓出土了1件荷包，系在妇女的袍内腰间，该荷包形状像两个扇状的袋子，相连如银锭式样，可以折合也可以展开。荷包长16厘米，底宽12厘米，中腰8.5厘米，有两个眼用印金敷彩卷叶纹罗带穿

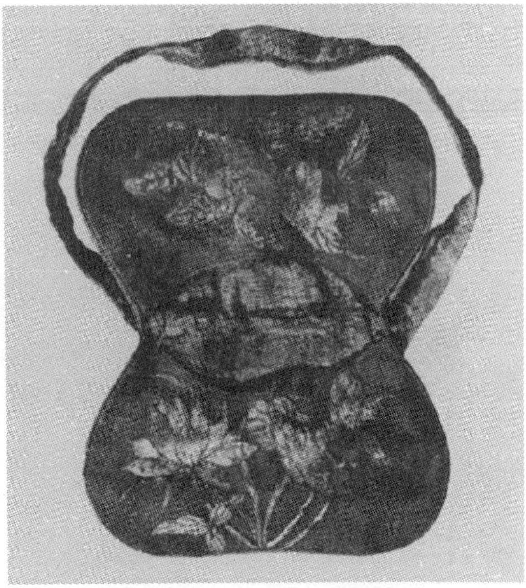

福州南宋黄升墓出土绣花荷包实物

福州南宋黄升墓出土绣花荷包纹饰图

林黛玉赠宝玉的荷包，系在宝玉里衣襟上（孙温《绘本红楼梦》）

系。荷包一面绣着荷花，一面绣着含笑花。

到了宋代以后，这用不同料子做成的袋子，终于被定名为“荷包”。《通俗编·服饰》记载：“《能改斋漫录》载刘伟明诗‘西清直寓荷为橐’，欧阳修以‘紫荷垂橐’对‘红药翻阶”，皆读之为“芰荷”之“荷”。今名小夹囊曰“荷包”，亦得缀袍外以见尊上，或者即因于紫荷。”我们且不去考证欧阳修说的“紫荷“是不是“荷包”。从中可见，古人已经认为所谓荷包，实际上就是以前的小夹囊。清汪汲在《事物原会》里更进一步说明：“晋《舆服志》，文武皆有囊缀绶，八座尚书则荷紫，乃“负荷”之“荷”，非“荷蕖”也。今谓囊曰荷包本此。”他说荷包的“荷”是负荷的“荷”，这的确是一个有说服力的说法。

明清时，荷包有时也叫“茄袋”“顺袋”。如《金瓶梅》第三回写：“西门庆便向茄袋里取出（银子〉来，约有一两一块，递于王婆子，交备办酒食。”这是沿按宋朝人的叫法。《宋史·舆服志》谓：“金主法物有玉带及皮茄袋。”又如小说《歧路灯》第二十四回写：“绍闻从顺袋掏出一封书子，递于夏逢若。”那是把荷包叫顺袋了。

经过上千年的演化，荷包变得越来越精巧，样式、质地也丰富多样。有用绫、罗、绸、缎等上好的丝织品为面料的，有用羊皮、鹿皮缝作的，花样有用刺绣、纳纱、堆绫等方法描绘的，形状有“葫芦”“鸡心”“圆形”等。《旧都文物略》称：“荷包巷所卖官样九件，压金刺锦，花样万千。”荷包和香囊一样，一般都出自女性之手，姑娘们将自己的情意密密地缝进了荷包里。如《红楼梦》，对荷包这个小物件常有描写，第十八回写元妃回家省亲，听龄官唱《相约》《相骂》二出戏，甚喜，于是“额外赏了两匹宫绸，两个荷包，并金银锞子之类”。第十七回，说宝玉在大观园被贾政试才题对额得了“头彩”，小厮们要赏，“一个个都上来解荷包，解扇袋，不容分说，将宝玉所佩之物，尽行解去”。从后文来看，小厮们抢去的大约是挂在宝玉腰间的荷包，而黛玉赠他的那个荷包，则是系在里面衣襟上的，所以没被抢走。但宝玉回房后，黛玉却以为被抢走了，因向宝玉道：“我给你的那个荷包也给了他们了？你明儿再想我的东西，可不能够了。”说毕，赌气回房。黛玉对自己送给宝玉的荷包很看重，因为这精巧的荷包可不是当做一般礼物送的。而宝玉也将这个充满情意的荷包妥帖地放在贴身处。

荷包集实用价值和艺术价值于一身，兼有装饰和实用两种用途。作为装饰，其戴法因人而异。有系腰带上的，有戴于胸前。《儿女英雄传》十五回说邓鲁九公的二房太太：“胸坎儿上，戴着一挂伽楠香的十八罗汉香珠儿，又是一挂早桂香的香牌子，又是一挂紫金锭的葫芦儿，又是一挂肉桂香的手串儿，又是一个苏绣的香荷包……”这个荷包就似乎在作装饰用。

清代以来，荷包在满汉蒙藏及边远少数民族地区都很流行。清代满洲贵族，就对荷包有着特殊的浓厚兴趣，宫廷中专门有做荷包的。如《总管内务府现行则例》规定：“衣库每年成造荷包二百对，交四执事太监处收贮，预备赏用。”《清稗类钞·佩饰》记：“某尚书丰仪绝美，妆饰亦趋时。每出，一腰带必缀以槟榔荷包，镜扇、四喜、平金诸袋，一钮扣必缀以时表炼条、红绿坠、剔牙签诸件，胸藏雪茄纸烟盒及墨水、铅铁各笔、象皮图书、帐簿、手套、金刚钻戒指、羊脂班指、汉玉风藤等镯。统计一身所佩，不下二十余种之多。”在当时，他这些佩戴物可都是传统加时尚，槟榔荷包也赫然在列。

总之，荷包除了放东西，除了是男女之间显示才艺和定情的物品外，它还隐藏着一些秘密。说出来读者不免要惊奇，原来它竟然能决定后妃是否能被选中！

清朝的满族统治者一直奉行和蒙古族和亲的政策，蒙古族的婚俗也在清廷的婚庆礼仪中反映出来。清朝时候，按照宫廷习俗，皇帝选妃子之际，候选的姑娘们进宫站成一排，在皇太后的监护下，由皇帝当面挑选。皇帝自然要顾到大伙儿脸面，没选上的话，总不能马上说“这个不行”“那个我不喜欢”罢。于是，他就把一个荷包挂在选中做妃子的姑娘衣扣上，这叫做“放小定”，也就是说这位姑娘通过预选了。然后，经由皇太后主持讨论、决定后，皇帝再出场，将一把玉如意递给选中的姑娘，那就是“放大定”，表示已经选中为妃，就是一家人了。

荷包在清宫中的其用途也十分广泛，如遇到赏赐、过礼、孩子满月等喜事，皇家都离不开用荷包来做赏赐之物。如慈禧太后时，每当除夕辞岁之时，慈禧太后都要赏赐给固伦公主、亲王福晋、贝勒夫人等贵妇“红缎平金荷包”一个，中装小银稞一锭，叫做“押岁”。其实就是将压岁钱放在荷包里了。

荷包的秘密就是，它不但能放一些细碎东西，还能放进感情。

香囊的别用

香囊，即香荷包，也称“香袋”“香桶”等，它与琼瑶、玉环、香帕等都是古人重要的佩饰之一。香囊一般专用来盛放香料，佩在身边既可散发香气、驱虫除秽，又可作为饰物，不分男女均可佩之。古人一般将之佩在腰际及胸襟，也有放在袖中的，晚上睡觉的时候就悬挂在帐内。汉乐府《古诗为焦仲卿妻作》诗里的“红罗复斗帐，四角垂香囊”，说的就是帐内四个角都挂着香囊。附带说一下，狭义来说，后世所称的香囊和香袋还是有略微不同的，其不同主要在制式上，香袋是由底和盖组成的，可以开盖取香料，史料记载南宋时临安大街上卖的“香袋儿”就是这类；而香囊是将香料放在囊中后再缝合起来，不分盖和底的。

香囊往往用锦缎做成，绣着精美的图案，里面放满植物香料，满是芬芳。早在两千多年前的先秦时代，《礼记·内则》就规定：“男女未冠笄者，鸡初鸣，咸盥漱……总角衿缨，皆佩容臭，昧爽而朝。”这里的“容臭”就是香囊，“臭”读若“嗅”，气味的意思，就是说年轻人清晨起来，去父母处问候，都要随身佩戴香囊等物品，以表示对长辈的尊重。

中古时期，人们在香囊里装的什么香料？我们从唐苏鹗《杜阳杂编》中所记可见一斑：“咸通四年，同昌公主出降……乘七宝步辇，四面缀五色香囊。囊中贮辟寒香、辟邪香、瑞麟香、金凤香。”另一方面，拜考古所赐，我们今天还能看到古人的香囊实物。1975 年，福建福州黄升墓中曾出土了 7 件宋代妇女所佩的香囊。香囊实物近方形，长 5 厘米，宽 4.8 厘米，正面中央绣有鸳鸯一对，上下贴绣莲花荷叶，鸳鸯用钉金包边，花叶钉铁梗线包边，敷彩，口部用橙色双股线编结 6.7 厘米长的花穗。香囊内附有一个罗方口袋，口沿缀有彩凤纹附耳，两

福州南宋黄升墓出土香囊示意图，从左至右依次为：
带结示意图、绣鸳鸯图、捏花复原图

面均用罗扎捏成4行16朵凸起的花朵，非常精巧。黄升是宋代宗室赵与骏的原配夫人，从中可见当时上层妇女对香囊的喜爱。

明代初年，文学家宋濂在《送东阳马生序》里提及当时年轻人的服饰："同舍生皆被绮绣，戴朱缨宝饰之帽，腰白玉之环，左佩刀，右备容臭，烨然若神人。"这话是说，宋濂的同学们都穿着锦绣的衣服，戴着有红色帽带的缀着珠宝的帽子，腰佩白玉环，左边佩刀，右边挂着香囊，光彩照人，像神仙一样。可见香囊为当时人所必带之物。

这种佩戴香囊的风气，历代不绝。追其源头，民俗专家认为，香囊最早的功用还是用来驱邪、健身之用的，因为古人的香囊内一般装有白芷、川芎、芩草、排草、山奈、甘松等中草药，或者如陈元靓的《岁时广记》中提到的"蚌粉铃"："端五日以蚌粉纳帛中，缀之以绵，若数珠，令小儿带之以吸汗也。"直到现当代，比如端午时节，老百姓还喜欢在香囊内装填有朱砂、雄黄、香料，这些香料有苍术、藿香、吴茱萸、艾叶、肉桂、冰片、樟脑等，佩戴在小儿胸前、腰际，起到清香、驱虫、防病的作用。这是因为这些中草药都有散风驱寒、健脾和胃、理气止痛、通九窍的功能，而且大都是挥发性的，气味清香，对细菌、霉菌有不同程度的抑制或杀灭功能。这也是为什么作为古人的重要佩饰，香囊的生命力那么持

舞蹈的女子把香囊系在裙带上（河北宣化辽墓壁画）

久的原因。

人们为了健康而佩戴香囊，但是，久而久之，香囊却产生了别的大用处。“我出东门游，邂逅承清尘……我既媚君姿，君亦悦我颜……何以致叩叩，香囊系肘后”。早在东汉，繁钦的《定情诗》里描绘了那些含情脉脉的年轻男子、女子们用香囊来互致殷勤问候的方式。这可能是香囊的发明者始料未及的。

《礼记·内则》记载年轻人早上向长辈问安要佩戴香囊，其原因就是为了搞好个人卫生，这也是见人的应有礼仪。相沿成习之后，久而久之，香囊就成了每个人朝夕相处的贴身之物，如果另一方看到它，就会带来睹物思人的感觉，这是不可避免的人之常情。如宋乐史著的《杨太真外传》,描绘杨贵妃死后的情形:“妃之初瘗，以紫褥裹之，及移葬，肌肤已消释矣，胸前犹有锦香囊在焉。中官葬毕以献，上皇置之怀袖。”

唐明皇李隆基不得已下令绞死了所钟爱的杨贵妃，等到安葬杨贵妃时，她所佩戴的锦绣香囊还挂在胸前。“在天愿作比翼鸟，在地愿为连理枝”，唐明皇能不将之揣在怀里，以作思念么!

由此，人们对香囊都情有独钟，特别是年轻人。唐宋以后，风气大开，熏香佩袋，更为流行。宋代词人秦观《满庭芳》曾咏“香囊暗解，罗带轻分”，说的就是男女情事。香囊摇身一变，从卫生功用变成了男女定情之物。

明清章回小说中也经常有小姐送书生香囊，私定终身的情节。像《金瓶梅》第三十一回，写小厮书童的“白滚纱漂白布开挂儿上系一个银红纱香袋儿，一个绿纱香袋儿”，于是，丫环玉箫向他要香袋，两人借此打情骂俏;卷十八《情疑类》，说有一人为河伯女仙延至，并行夫妇之礼。三日之后，即发遣他回家，“妇以金瓯麝香囊为婿别，涕泣而分”；古典名著《红楼梦》第七十四回写，傻大姐拾得了一个“十锦春意香袋”，结果闹出了一场抄检大观园的风波。抄捡时，又从王善保家的外孙女司棋的箱中搜出包袱，里面是一个同心如意，并一个字贴儿。贴上写“外特寄香袋一个，略表我心”。从中可见，香囊早成了男女感情联系之物了。

自然，如果男女分手后，眼里也就容不得对方的香囊了。《情史类略》卷十六《情报类》说满少卿浪游四方，与市井人焦氏女有私情，事发后娶之。后中进士第授官，遂娶富家朱氏女，而将“焦氏女所遗香囊巾帕悉焚弃之”。这个满少卿可谓绝情，将女方的香囊、巾帕等贴身之物全部焚毁。而《红楼梦》里所记林黛玉生贾宝玉的气，也如出一辙，她一怒之下，“生气回房，将前日宝玉嘱咐他没做完的香袋儿，拿起剪子来就铰”。

古人多喜欢用香囊、荷包、罗衫、汗巾等贴身之物来表达爱情、传递爱情，其实至今也莫不如此。清代诗人朱彝尊在他那著名的《风怀二百韵》中就描绘了香囊在男女感情中起到的关键作用：“毫尖渲画笔，肘后付香囊。诀绝分沟水，缠绵解佩璜。”诗中的香囊和玉佩是男女互换的信物，可见其珍重和宝贵。而明邵灿的传奇《香囊记》，更以香囊为线索，贯穿全剧。可见香囊的别用——作为定情之物，竟然反客为主，一直到近现代都成为其主要功能了。

当然，中国传统有“周而复始”的理论。这不，到了当代，因为可用来表达爱情的东西太多，香囊在日常生活中被边缘化，它的功能又回归到原始的“卫生”意义上——如今过端午节时，倘若你漫步街头，总会见到用五色丝线结成一串，玲珑夺目的各种款式香囊挂在店堂，特别是中药店中出售。店员会热情地对顾客介绍：这个散发着药香的香袋是可以用来驱虫、防病的。

“年年高”的年糕

丰子恺先生在《过年》一文中写道：

> 二十三送灶之后，家中就忙着打年糕。这糯米年糕又大又韧，自己不会打，必须请一个男工来帮忙。这男工大都是陆阿二，又名五阿二。因为他姓陆，而他的父亲行五。两枕“当家年糕”约有三尺长；此外许多较小的年糕，有二尺长的，有一尺长的；还有红糖年糕，白糖年糕。此外是元宝、百合、橘子等等小摆设，这些都是由母亲和姐姐们去做，我也洗了手去帮忙，但是总做不好，结果是自己吃了。
>
> 姐姐们又做许多小年糕，形状仿照大年糕，预备二十七夜过年时拜小年菩萨用的。
>
> 二十七夜过年，是个盛典。白天忙着烧祭品：猪头、全鸡、大鱼、大肉，都是装大盘子的。吃过夜饭之后，把两张八仙桌接起来，上面供设“六神牌”，前面围着大红桌围，摆着巨大的铝制的香炉蜡台。桌上供着许多祭品，两旁围着年糕。

年糕，是中国人在春节必定要吃的传统食品。尤其在南方，过年过节一般都会做年糕、吃年糕。吃年糕承载着浓厚的文化涵义，在民间，吃年糕象征有好彩头，因为“糕”谐音“高”，所以过年吃年糕被赋予“年年高”“一年高过一年”的吉祥之意。清徐珂在《清稗类钞》中引钱塘程讷斋诗：“人心多好高，谐声制食品。义取年胜年，藉以祈岁稔。”就道出了吃年糕的象征含意。

作为我国大部分地区过年时必吃的食品，制作年糕的历史真可谓渊远流长。在浙江嘉兴的马家浜文化遗址中就发现了稻种，这说明早在七千年前的新石器时代，先人就已经开始种植稻谷了。有文献记载以来，早在《周礼》中，已有“糗饵粉糍”的记载。汉儒郑玄认为，这“饵”就是用稻米粉、黍米粉合蒸而成的糕。汉代对年糕还有“稻饼”“饵”“糍”等多种称呼。先人对年糕的制作有一个从米粒糕到粉糕的发展过程，扬雄《方言》一书中就有“糕”的叫法。汉魏时期，还出现了“蓬饵”等糕的名品。公元六世纪的《食次》中就载有“白茧糖”（即年糕）的制作方法，是将糯米蒸熟以后，趁热舂成米糍，然后切成桃核大小，晾干油炸，滚上糖即可食用。将米磨粉制糕的方法也早有记载，北魏贾思勰的《齐民要术》中的制糕方法是将糯米粉用绢罗筛过后，加水、蜜，和成硬一点的面团，将枣和栗子等贴在粉团上，用箬叶裹起蒸熟。

隋唐时，糕的品种更多，有“水晶龙凤糕”“紫龙糕”等。每逢春节，宫中有吃“黏糕”的习惯。一种说法是，年糕就是从黏糕的谐音而来。明李时珍《本草纲目》载：“糕以黍、糯合粳米粉蒸成，状如凝膏也。”明刘侗、于奕正《帝京景物略》载：“正月元旦……夙兴盥漱，啖黍糕，曰‘年糕’。”可见在明时，春节期间吃年糕的习俗已经蔚然成风。到了清代，年糕更成为常年可见的小吃，那时的年糕一般用黄米和云豆制作。此时，年糕品种已经很丰富了。据《清嘉录》中载:“黍粉和糖为糕，曰‘年糕’。有黄白之别，大径尺而形方，俗称‘方头糕’，为元宝式者，曰‘元宝糕’，黄白磊砢，俱以备年糕夜祭祀神，岁朝供先及馈贻亲朋之需。其赏赉仆婢者，则形狭而长，俗称‘条头糕’，稍阔者曰‘条半糕’……春前一二十日，糕肆门市如云。”

年糕最早应该是在春节期间祭神、供祖所用的。也有说，因为稻谷成熟一次称为一年，所以后代过年吃年糕，也是祝贺新年里五谷丰登的意思。

但是民间也有不少有关年糕来历的传说，说法不一。最出名的是关于伍子胥和年糕的传说。说是在春秋战国时，吴王阖闾从军事需要出发，命伍子胥筑苏州城，称“阖闾大城”。城垣建成，吴王很高兴，就召集众将欢宴庆功，只有伍子胥闷闷不乐。伍子胥回营后，悄悄嘱咐随从说：“我死后，如果国家遭难，民饥无食，可往相门城下掘地三尺，就可以有食物吃了。”后来，阖闾死后，夫差做了吴王。他宠幸西施，终日沉湎酒色。而且不听伍子胥的忠言，竟然赐剑逼其自刎。伍子胥死后，吴越争霸，越国围困吴国都城苏州。这时城内断粮，又值新年来临，老

传说年糕因伍子胥而来

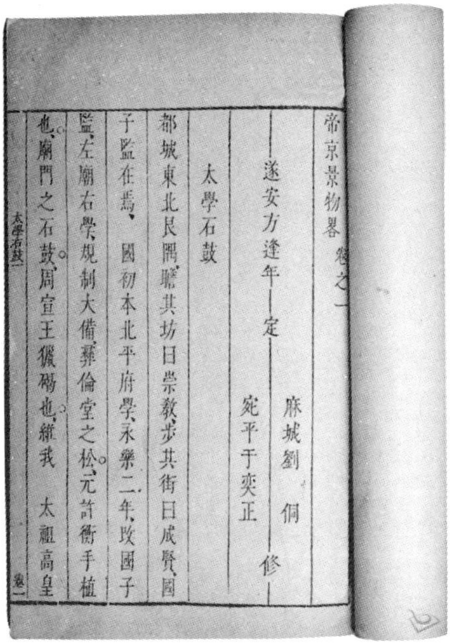
帝京景物畧 卷之一

遂安方逢年 定

麻城劉侗 修

宛平于奕正

太學石鼓

都城東北艮隅，黌其坊曰崇教，步其街曰成賢，國子監在焉。國初本北平府學，永樂二年，改國子監，左廟右學，規制大備。彝倫堂之松，元許衡手植也。廟門之石鼓，周宣王獵碣也，織我 太祖高皇

太學石鼓 卷一

明代刘侗、于奕正的《帝京景物略》最早记载了“年糕”这一名称

百姓们想伍子胥生前的嘱咐，于是掘地三尺，这才发现相门的城砖不是泥土做的，而是用糯米磨成粉后做成的砖，这糯米砖是可以充饥的。原来，伍子胥在兴建苏州城墙时，早就用糯米制砖，埋于地下，以防不时之需了。从那以后，苏州百姓为铭记伍子胥的功迹，每逢过年，都以米粉做成形似砖头的年糕来纪念他。以后，过年做年糕的习俗就流传下来，直到今天。

春节吃年糕的来历，还有一个古老的传说。传说在远古时期有一种称为“年”的怪兽，它生活在深山老林里，到了寒冬腊月，因没有吃食，“年”就下山来伤害老百姓，将人充当食物，百姓民不聊生。后来，有个叫高氏族的部落，每到冬天，在怪兽快要下山伤害人类时，事先用粮食做了大量食物，并搓成一条条、切成一块块放在门外，然后都躲在家里。“年”来到村庄后，找不到人，就用高氏族制作的粮食来充腹，吃饱后回到山上去。等怪兽走了，人们纷纷走出家门相互祝贺，庆幸躲过了“年”关，又能为春耕作准备了。如此年复一年，过年时躲在家里，做食物喂“年”吃的避害法就一代代传了下来。因食物是高氏族发明的，目的是为了度“年”关，后人就把“年”与“高”连在一起，久而久之，就称作“年糕”了。

年糕，主要是用蒸熟的米粉经舂、

捣等工艺再加工而成的。据《越谚》记载，一般是用“粳米一石，掺糯米五升为粉，蒸舂”而成。这是浙江绍兴一带的年糕做法，一般用粳米掺和糯米制作。将米水浸十数天淘净，然后带水夹浆磨成糊，再装入布袋榨干，接着搓散入甑，叫做“蒸糕花”。在蒸制年糕时，人们还会有一些禁忌。相传年糕蒸得好不好关系来年运气的好坏，所以蒸年糕时，不准说不吉利话，不准小孩大声吵闹。这“糕花”出笼后只是一堆松散的熟粉，要在石臼中反复用木杵舂制百次以上。这种力气活一般都是男劳力才能完成。整个舂糕过程分拔、举、舂三步。舂糕之后是搓糕。先揉掐成“糕折团”，再搓成圆长条，最后用七八寸长、一寸来宽的扁竹爿压成扁状，印上双钱、团菊等红色纹样，就做成色白如玉、晶莹可爱，下锅即软、韧不粘齿的水磨年糕了。成为江南一带老百姓过年的传统年货。

如今，各地年糕的原料和做法各具特色、风味各异。人们也会用年糕印模板压成“五福”“如意”等形状，象征“吉祥如意”“大吉大利”。年糕的烧法也是五花八门，蒸、煮、炒等，都是美味。如水磨年糕切片，与韭黄冬笋肉丝炒或与火腿笋片煮食，风味别致；年糕加鸡汤或肉汤煮成汤年糕，吊人胃口；还有白糖类年糕，经油中炸制，绵软香甜；排骨年糕则滋味醇厚、鲜润不腻。此外，水磨年糕泡于水中可存数月而不坏，等吃的时候，可以荤素搭配，也让人馋涎欲滴。在北方，农家习惯将黍子磨成粉，蒸出金灿灿的黄米年糕。在南方，人们喜爱把糯米加水磨成米浆，蒸成条形或砖块的水磨年糕。我国年糕品种繁多，如山东红枣年糕、福建芋艿年糕、宁波水磨年糕、苏州桂花糖年糕、北京百果年糕等。香港流行的年糕有两种，一种是咸的萝卜糕（萝卜丝和虾米作馅），一种是甜的年糕。此外，北方城镇的白糕、西南少数民族的糍粑粑、台湾的红色糕等，也令人喜爱，常吃不厌。

年糕这种节日美食岁岁给人们带来新的希望。吃年糕就是为了“年年高”，在新的一年中，生活得一年比一年好。

酒令的欢乐

宋高承《事物纪原》卷九："酒经曰：空桑秽饭，酝以稷麦，以成醇醪，此酒之始也。《吕氏春秋》曰：仪狄作酒醪，变五味。《战国策》曰：仪狄，帝女，选酒进之于禹，甘之，遂疏仪狄。《古史考》亦曰：仪狄造酒。《博物志》曰：杜康造酒。魏武帝诗曰：何以解忧，惟有杜康。《玉篇》曰：酒，杜康所作。《陶潜集》述酒诗序曰：仪狄造酒，杜康润色之。而《黄帝内传》：王母令帝于嵩山，饮帝以护神养气金液流晖之酒，又有延洪寿光之酒。然黄帝时已有其物，但不知杜康何世人，而古今多言其始造酒也，一曰少康作秫酒。"

这一长段话，说的都是我国酿酒的历史，虽说发明者有仪狄、杜康等不同说法，但可知上古时期酒已经被人发明了。那么有了美酒后，人们又逐渐形成了酒席上行酒令的习俗。酒令是我国独有的饮酒时助兴取乐的游戏。

酒令是一种饮酒时的游戏，也是一种中国特有的交际习俗，其形式有骰子令、抛打令、闪压令、牙牌令等多种。酒令之名，始见于西汉刘向《说苑》，东汉时的贾逵还撰有《酒令》一卷。清代俞敦培撰的《酒令丛钞》四卷，是古代酒令集大成之作。古人极力推崇夸张酒的作用，酒令也成了酒文化的重要组成部分。酒令各式各样，丰富多彩。如推一人为令官，余人听令，轮流说诗词就是一种形式，或者做其他游戏，以输赢之分来决定谁喝酒。具体的描写，我们选取部分古典小说里的描写就可见一斑。如《金瓶梅》第六十回描写了西门庆一干人等行酒令的场面：

沈姨夫向西门庆说："姨夫，不是这等。请大舅上席，还行个令儿。

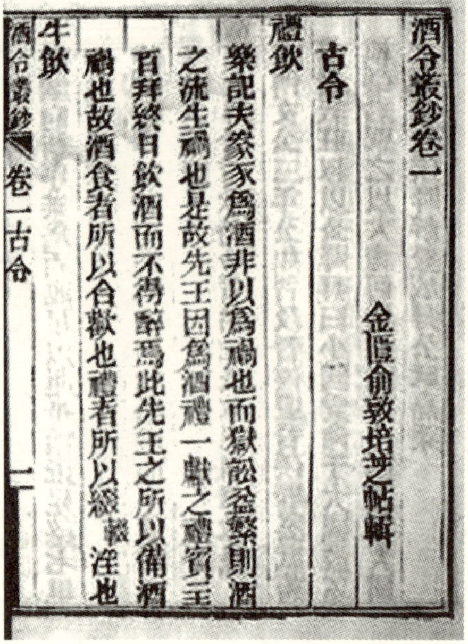
酒令叢鈔卷一　金匱俞敦培芝田輯
古令
禮飲
樂記夫豢豕爲酒非以爲禍也而獄訟益繁則酒
之流生禍也是故先王因爲酒禮一獻之禮賓主
百拜終日飲酒而不得醉焉此先王之所以備酒
禍也故酒食者所以合歡也禮者所以綴淫也
牛飲
酒令叢鈔　卷一古令　二

光绪刻本《酒令丛钞》

或掷骰，或猜枚，或看牌，不拘诗词歌赋、顶真续麻、急口令，说不过来吃酒。这个庶几均匀，彼此不乱。”西门庆道：“姨夫说的是。”先斟了一杯，与吴大舅起令。吴大舅拿起骰盆儿来说道：“列位，我行一令：顺着数去，遇点要个花名，花名下要顶真，不拘诗词歌赋说一句。说不来，罚一大杯。我就是一起‘一掷一点红，红梅花对白梅花。’”

吴大舅掷了个二，多一杯。饮过酒，该沈姨夫接掷。沈姨夫说道：“二掷并头莲，莲漪戏彩鸳。”沈姨夫也掷了个二，饮过两杯，就过盆与韩姨夫行令。韩姨夫说道：“三掷三春李，李下不整冠。”韩姨夫掷完，吃了酒，送与温秀才。秀才道：“我学生奉令了：四掷状元红，红紫不以为亵服。”温秀才只遇了一杯酒，吃过，该应伯爵行令。伯爵道：“在下我一个字也不识，不会顶真，只说个急口令儿罢：一个急急脚脚的老小，左手拿着一个黄豆巴斗，右手拿着一条绵花叉口，望前只管跑走。一个黄白花狗，咬着那绵花叉口，那急急脚脚的老小，放下那左手提的那黄豆巴斗，走向前去打那黄白花狗。不知手斗过那狗，狗斗过那手。”

西门庆笑骂道：“你这贼诌断肠子的天杀的，谁家一个手去逗狗来？

任熊《列仙酒牌》之“寿者饮”

一口不被那狗咬了？”

清代李绿园《歧路灯》第十七回，描写了盛希侨与谭绍闻等人行令的情景：

斟酒两巡，希侨道：“昨日浙江朋友，送了我一幅西湖图酒令，只用一个色子，各人占点，有秀士、美人、缁衣、羽士、侠客、渔翁六样儿。如今现有六个人，不用占点，谭贤弟就是秀士，晴霞就是美人，老慧就是缁衣，老满就是羽士，王贤弟就是侠客，我一发就是个打鱼的渔翁。瑶琴儿，你把西湖图展开，放在桌上，把碟子去了几个，好玩。”众人看那图时，犹如儿童掷的围棋一般，螺道盘中，一层一层儿进去。开首是酒金门，中间是一个湖心亭。众人道：“不懂的。”满相公又讲了一会，

宴饮离不开酒令（唐代墓室壁画）

说："有现成令谱。"希侪道："我就先掷。"恰恰掷了一个幺，就是涌金门。展开令谱儿看，上面写了六行字，一行云："渔翁货龟沽酒。饮巨杯，唱曲。"宝剑斟了一杯酒，放在主人面前。满相公道："还要唱个昆曲儿。"希侪笑道："坑死我，我实不能唱，你替我罢。"晴霞道："不准替。"希侪道："我就唱，难为不死人。我唱那《敬德钓鱼》罢。"只唱了一句《新水令》忍不住自己笑了。说："算了罢，算了罢。"没人再好意思催他，只得罢了。叫宝剑把一个铜渔翁放在涌金门中，记了马儿。轮着满相公掷，掷了一个四点，数在三生石上。令谱上写："到此满座皆饮，掷者说笑话。"……大约掷了四五周，才到中间湖心亭上。隆吉早偏了三巨觥，后来又吃了两大杯，五小盅儿。别人也吃了，都没有隆吉吃的多。完了这个令，又抽一会状元筹，又揭了一阵子酒牌。希侪酒兴高，更要猜起拳来。举手与晴霞猜，输赢未定。只见隆吉把脸白了，说了一声："不好！"紧着向外边跑，早已未出而哇之。

《红楼梦》第四十回，鸳鸯被推为令官，笑道："酒令大如军令，不论尊卑，惟我是主。违了我的话，是要受罚的。"又写：

"如今我说骨牌副儿，从老太太起，顺领说下去，至刘姥姥止。比如我说一副儿，将这三张牌拆开，先说头一张，次说第二张，再说第三张，说完了，合成这一副儿的名字。无论诗词歌赋，成语俗话，比上一句，都要叶韵。错了的罚一杯。”众人笑道：“这个令好，就说出来。”鸳鸯道：“有了一副了。左边是张‘天’。”贾母道：“头上有青天。”众人道：“好。”鸳鸯道：“当中是个‘五与六’。”贾母道：“六桥梅花香彻骨。”鸳鸯道：“剩得一张‘六与幺’。”贾母道：“一轮红日出云霄。”鸳鸯道：“凑成便是个‘蓬头鬼’。”贾母道：“这鬼抱住钟馗腿。”说完，大家笑说：“极妙。”贾母饮了一杯……鸳鸯道：“左边‘四五’成花九。”迎春道：“桃花带雨浓。”众人道：“该罚！错了韵，而且又不像。”迎春笑着，饮了一口。原是凤姐儿和鸳鸯都要听刘姥姥的笑话，故意都令说错，都罚了。至王夫人，鸳鸯便代说了一个，下便该刘姥姥。刘姥姥道：“我们庄家闲了，也常会几个人弄这个儿，但不如这么好听。少不得我也试一试。”众人都笑道：“容易说的。你只管说，不相干。”鸳鸯笑道：“左边‘四四’是个人。”刘姥姥听了，想了半日，说道：“是个庄稼人罢。”众人哄堂笑了。贾母笑道：“说得好，就是这样说。”刘姥姥也笑道：“我们庄稼人，不过是现成的本色，众位别笑。”鸳鸯道：“中间‘三四’绿配红。”刘姥姥道：“大火烧了毛毛虫。”众人笑道：“这是有的，还说你的本色。”鸳鸯道：“右边‘幺四’真好看。”刘姥姥道：“一个萝卜一头蒜。”众人又笑了。鸳鸯道：“凑成便是‘一枝花’。”刘姥姥两只手比着，说道：“花儿落了结个大倭瓜。”众人大笑起来。

酒酣耳热之际，在席间行酒令实在是非常助兴和欢乐的事。那么，我们不禁要问了，酒令这种游戏是怎么发展而来的呢？有人说，我国的酒文化源远流长，酒令大概是由“劝酒”而来的。但似乎也不全尽然。因为饮酒误事，古代还有限制饮酒的举措。从《尚书》《诗经》等上古典籍记载可知，殷商时，嗜酒成风。统治者认为这种风气有社会危害，于是有“酒令”的设置。凡是大伙儿一起饮酒的场合，要先推举专职司仪，对饮酒数量、劝酒顺序以及相关的礼仪等作出规定，并监督、纠罚。《史记·齐悼惠王世家》载，吕后与群臣聚饮，令朱虚侯刘章为“酒吏”。刘章自称将门之子，“请得以军法行酒”。吕后应允，结果，“酒酣，章进饮歌舞……顷之，诸吕有一人醉，亡酒，章追，拔剑斩之而还”。

也有专家认为酒令来自于射覆。射覆是我国古代的一种猜谜形式，近于近世的“实物猜”。区别在于，实物猜以实物作谜面，射覆却是以实物作谜底，“射覆”之意是指将盆盂之类的器皿倒扣，覆盖住作为迷底的某一东西，然后让人猜射。射中者奖，不中者罚。据考证，这种游戏最初就是专为饮酒时助兴之用，可谓行酒令的渊薮。即使在酒令形式逐渐增多的后世，它也是保留节目。唐李商隐诗云：“隔座送钩春酒暖，分曹射覆蜡灯红”，便是高朋聚饮时以射覆的方式劝酒的描写。

也有说行酒令起源于“舞手”。《宋朝事实类苑》记载：“酒令谓饮酒有舞手者，远起于尧民也。”说早在尧的时候酒令就有了。这分明是说，祖先发明酿酒后，酒令就同时产生了。最早的酒令是“舞手”，推测起来，大概是人们在饮酒时捧杯劝酒，而有人醉饱不饮。于是劝者劝之不懈，前者拂之不受，来来往往后，“机巧生焉”。而且舞手有可能就是现在“猜拳”的鼻祖，作为一种“手势令”的面目出现。

馄饨和饺子

馄饨，用很薄的面片包馅做成，水煮，带汤而食。饺子，是一种有馅的半圆形面食，是馄饨的变种。

馄饨的食用，据宋代陈元靓《岁时广记》记载："京师人家，冬至日多食馄饨，故有冬馄饨、年馄饨之说。"这种冬至日吃馄饨的习惯，在明清时还保留着，而且地域已不限于京师。《醒世姻缘传》第九十二回写山东省武城县教书先生陈六吉死后，其妻陈师娘受尽了儿子和媳妇的虐待，唯有陈先生受业弟子晁源的妻子晁夫人时常看顾她，"一日冬至，晁夫人叫人送了一大盒馄饨与陈师娘吃……"冬至送馄饨，显然是因为当地有冬至日吃馄饨的习俗。只可惜的是，晁夫人本意是要叫陈师娘和她一样，也能在冬至日好好吃一顿馄饨，但结果呢？陈师娘那忤逆的媳妇，"等得汉子回来，烧滚了锅，将馄饨煮熟，夫妻两人，你一碗，我一碗，吃了个痛饱，才捞了半碗破肚的面皮给陈师娘吃。陈师娘不吃肚饥，待吃气闷，一边往口里吃，一边痛哭。"

当然，馄饨也不只是冬至那天才吃。《儒林外史》第十四回写马二先生游西湖，见那"湖沿上接连着几个酒店，挂着透肥的羊肉，柜台上盘子里盛着滚热的蹄子、海参、糟鸭、鲜鱼，锅里煮着馄饨，蒸笼上蒸着极大的馒头"。此时约当季春时分，而酒店里却在卖馄饨。可见馄饨的食用，本不受时间限制，只是冬至吃馄饨成为习俗罢了。

我们再来看饺子。明末张自烈《正字通》说："今俗饺饵，屑米面（面粉）和饴为之，干湿大小不一。水饺饵即段成式《食品》'汤中牢丸'，或谓之'粉角'。北人读'角'如'矫'，因呼'饺饵'，讹为'饺儿'。"

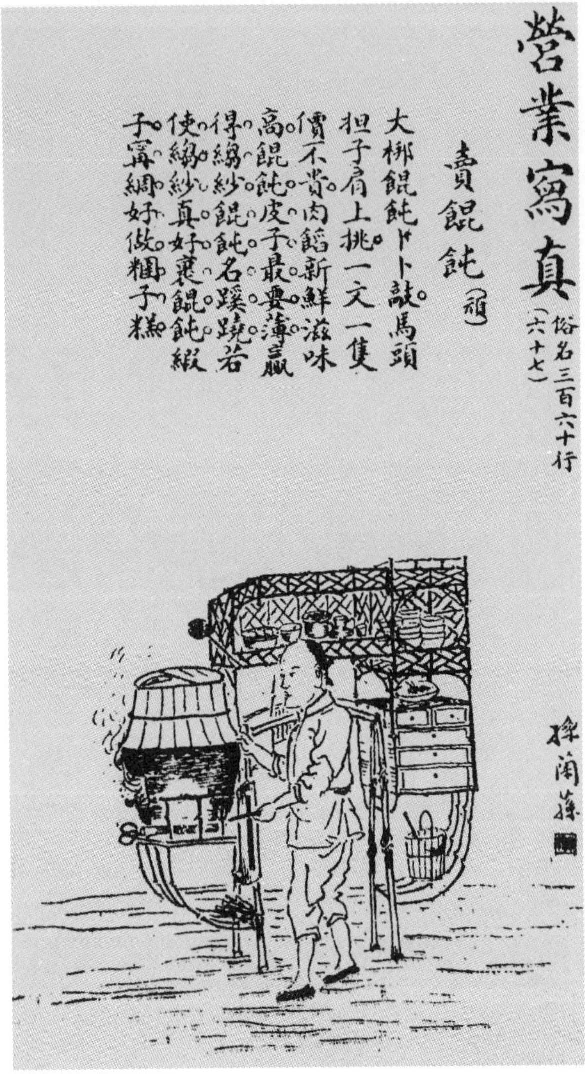
營業寫真
（六十七）俗名三百六十行
賣餛飩（頌）
大梆餛飩ㄕㄕ敲。馬頭
担子肩上挑。一文一隻
價不貲。肉餡新鮮滋味
高。餛飩皮子最要薄贏
得。綿紗餛飩名蹊蹺若
使。綿紗真好裹餛飩縐
子。寗綢好做糊子糕
徐蘭蓀

卖馄饨（《图画日报》）

饼、馓子等食品（敦煌石窟中唐壁画）

《儒林外史》第十回写鲁编修招蘧公孙为婿。婚宴上，媒人陈和甫席上就有“一盘鹅油白糖蒸的饺儿”。《聊斋志异·司文郎》中，书生王平子师事鬼魂姓宋者，“使庖人以蔗糖作水角（即水饺），宋啖而甘之”。这些饺子，还都用糖来做馅子。但是明清时饺子的馅子已经多种多样了。如《红楼梦》第四十一回写贾母吃点心，丫环送来两个小捧盒，其中一个盒内：“一样是只有一寸来大的小饺儿。贾母因问：‘什么馅子？’婆子们忙回：‘是螃蟹的。’”蟹肉做馅子，真是大观园的做派，要馋煞人了。

那么，馄饨和饺子的由来是怎么回事呢？

西汉扬雄《方言》记载：“饼，谓之‘饨’，……或谓之‘馄’。”三国时魏国张揖《广雅》记：“馄饨，饼也。”由此看来，馄饨是面饼派生出来的。这也好理解，起先，大概是面饼里裹着馅子，随后，人们不断琢磨这有馅子的面饼的做法，皮和馅的比例该如何搭配，才会有更美味的口感。渐渐地就算出了这面饼“黄金比例”做法，包括大小、馅子的量等，就成了馄饨。而“馄饨”的得名大概就是因为它的外形“混沌”，面皮做的食物，人们也懒得去将它弄成规整形状，下到锅里的话，也就更加“混沌”了。

南北朝时，贾思勰《齐民要术》中已经有了“水引馄饨”的做法，与贾氏同时的颜之推则说：“今之馄饨，形如偃月，天下通食也。”（见唐段公路《北户录》），那时的馄饨已经是“天下通食”，可知已大行其道了，而我们从“形如偃月”上

磨面（敦煌石窟初唐壁画）

已可见到饺子的模样了，只是那时仍然叫做馄饨而已，这也说明饺子问世的时间应该晚于南北朝时期。

馄饨又名“馉饳”或“鹘突”。明代方以智《通雅·饮食》记录：“馄饨……近时又名‘鹘突’。”其实，“馄饨”“馉饳”“鹘突”，都是谐音词，只是不同地区的方言发音不一导致了书写的不一致。元末明初罗贯中的《三遂平妖传》第九回介绍食品业“五熟行”，其中一行就是“卖馉饳儿的唤作油熟”。可见当时馄饨已成为五大熟食业之一，在民间广泛流行。

再来说饺子。饺子逐渐开始区别于馄饨，大概是在唐宋时期。如唐代的“汤中牢丸”，宋元时的“角儿”“扁食”等都已经是饺子的雏形了。南宋孟元老《东京梦华录》回忆北宋时候开封的繁盛，卷二就提到市场上有“水晶角儿”“煎角子”；此外，还有“驼峰角子”。南宋周密的《武林旧事》卷六也提到临安的市场上有“市罗角儿”“诸色角儿”。据专家考证，这“水晶角儿”是豆粉作皮来包馅的吃食。

元代，饺子已经流行。元忽思慧《饮膳正要》卷一记录有“水晶角儿”“撇列角儿”“时萝角儿”等。当时不仅是饺子与馄饨并存，饺子种类有很多，既有水煮的，也有油煎，还有烙烤的，是受欢迎的一种小吃。据张自烈《正字通》记载，饺子的名称，有饺饵、饺儿、粉角、牢丸等四种。其实，古时北方人还把饺子称作“匾食”或作“扁食”。这是因为饺子形状扁圆的缘故。如《金瓶梅》第六十七回，李瓶儿死后，西门庆走到她房中，“看着迎春摆设羹饭完备，下出匾食来，点上香烛，使绣春请了吴月娘众人来。西门庆与李瓶儿烧了纸”。小说里是将匾食用作供品。清代西周生《醒世姻缘传》第八十一回写狄希陈清早去察院递诉状，于是，“童奶奶合调羹已先起来，点上灯。调羹包的扁食，通开炉子，炖滚了水，等狄希陈梳洗完了才下”。可见饺子已成为人们的常用饭点了。

“冬至馄饨夏至面”，我国民间长期流行冬至吃馄饨的习俗。据宋陆游《剑南诗稿》及周密《武林旧事》记录，冬至吃馄饨的风俗，至少在南宋时就已经流行了。这习俗又是怎么来的呢?

传说，这个习俗的形成发生在东汉。一年冬至时分，气候严寒，天上不断在下雪，古代取暖条件差，于是就有许多人被冻坏了身子，特别是露在头部外的耳朵。这时，名医张仲景带着学生免费为乡亲施药医治身体。他的药叫“祛寒餖馄汤”（又有说叫“祛寒娇耳汤”），做法是将羊肉、辣椒、鸡血藤、桂枝等活血祛寒之物，放在锅里熬。然后将熬出来的食料用面皮包成耳朵形状，称之为“餖馄”（也即馄饨的前身）分赠给穷人服用。而将药物裹到面皮里，再辅之以汤来吞服，是取“原汤化原食”之义，以利于发挥药效。如此，老百姓吃下后浑身发热，血液通畅，连两耳也变暖了，就这样，从冬至到开春，百姓们成功地抵御了严寒的侵袭。

至于张仲景的这个药到底是叫“祛寒餖馄汤”还是叫“祛寒娇耳汤”，可能是在流传过程中因百姓各自喜好馄饨或饺子的关系，变化而来。但是，民间从此就形成了冬至要吃馄饨的习俗。直到现在，人们还常常说，“冬至不吃馄饨，耳朵冻掉”。

游艺

为什么是斗鸡

斗鸡，是以鸡相斗的游戏。

早在三国时候，曹操的谋士应场就有《斗鸡》诗传世：

戚戚怀不乐。无以释劳勤。
兄弟游戏场。命驾迎众宾。
二部分曹伍。群鸡焕以陈。
双距解长绁。飞踊超敌伦。
芥羽张金距。连战何缤纷。
从朝至日夕。胜负尚未分。
专场驱众敌。刚捷逸等群。
四坐同休赞。宾主怀悦欣。
博奕非不乐。此戏世所珍。

这说明那时作为一种游乐，斗鸡就已经风行一时。

宋周去非《岭外代答》卷九“斗鸡”载：“自三代已然。”即斗鸡在夏商周三代已经有了。《列子》说纪渻子为周宣王养斗鸡。“十日而问：‘鸡可斗已乎？’曰：‘未也。方虚骄而恃气。’十日又问。曰：‘未也。犹应影响。’十日又问。曰：‘未也。犹疾视而盛气。’十日又问。曰：‘几矣。鸡虽有鸣者，已无变矣。望之似木鸡矣。其德全矣。异鸡无敢应者，反走耳。’”

故事说的是纪渻子为周宣王饲养斗鸡。周宣王每过十天就问鸡是否可以斗

明代佚名《斗鸡图》（局部）

了？这样连着问三次，纪渻子都说不行，因为那些鸡还只是依仗骄傲之气或者还处在一激就怒、气势旺盛的状况下，一直等到所调教的那些鸡看上去像个木头鸡了，它的功力也已经练到顶峰了：别的鸡没有敢应战的，只有转身逃跑。可见那时对用作斗鸡的鸡之调教已经积累了许多经验，也可见春秋战国时期，斗鸡之戏盛行。在如今的曲阜城西北，就相传为春秋时鲁昭公斗鸡处。

古人对斗鸡之术也颇用心思。《左传·昭公二十五年》记载说，季平子捣芥菜子为末，撒在鸡的翅膀下，以便迷住对方鸡的眼。他的对手则在鸡爪上套一个铜制外壳，用来砍击对方的鸡头。《庄子》也记载说，斗鸡的时候，用狸膏涂鸡头，这是因为“鸡畏狸也”。

汉代司马迁《史记·袁盎晁错列传》：“盎病免居家，与闾里浮沈，相随行斗鸡走狗。”魏曹植和刘桢都有《斗鸡》诗传世，晋傅玄写有《斗鸡赋》。唐代，唐明皇这位喜欢玩的梨园老祖宗，更嗜好斗鸡。据陈鸿《东城父老传》记载：“玄宗在藩邸时，乐民间清明节斗鸡戏。及即位，治鸡坊于两宫间。”他还挑选了“六军小儿五百人，使驯扰教饲”雄鸡群。

“上之所好，下必甚焉”。唐代开元年间，童子贾昌由于善养斗鸡，深得玄宗

宋代李嵩《明皇斗鸡图》（局部）

宠信，“金帛之赐，日至其家”，他号称“神鸡童”，连他的父亲贾忠，也成了玄宗的心腹和侍卫。开元十三年，父子俩跟随玄宗去参加封禅活动，贾忠死在泰山下。十三岁的贾昌“奉尸归葬”，不仅“葬器、丧车”全由官府供给，而且沿途还由县官派人运送。当时流传的《神鸡童谣》道：“生儿不用识文字，斗鸡走狗胜读书。贾家小儿年十三，富贵荣华代不如。”斗鸡斗到这种地步，其人生精彩与否姑且不论，总也算是别开生面。整个唐代，斗鸡之风盛行，以致两位伟大的诗人李白和杜甫都有关于斗鸡的诗篇传世。李白有首《古风》诗写道：“路逢斗鸡者，冠盖何辉赫。鼻息于虹霓，行人皆怵惕。”而杜甫的《斗鸡》诗则写：“斗鸡初赐锦，舞马既登床。帘下宫人出，楼前御柳长。”都刻画了唐人沉湎于斗鸡之戏的场景。

《岭外代答》将当时的“番禺”，即今广州南部的斗鸡驯养法及“斗鸡之法”叙述得很详尽：“鸡之产番禺者，特鸷劲善斗。其人饲养，亦甚有法。斗打之际，各有术数，注以黄金，观如堵墙也。”又说：“凡鸡，毛欲疏而短，头欲竖而小，足欲直而大，身欲疏而长，目欲深而皮厚，徐步眈视，毅不妄动，望之如木鸡。如此者，每斗必胜。”这里记述的“望之如木鸡”的鸡每斗必胜，和《列子》《庄子》所说的“呆若木鸡”之鸡是“斗鸡高手”说相吻合，而周去非是宋代人，可

南唐周文矩《春院斗鸡图》（局部）

见在斗鸡场中，优胜的鸡大概确实比较聪明，懂得以静制动、后发制人的道理吧。

《岭外代答》还详细记录了如何为了斗鸡而去饲养鸡的办法，但是到了最后的决斗时刻，就显得很残酷："至其斗也，必令死斗，胜负一分，死生即异。盖斗负则丧气，终身不复能斗，即为鼎实矣。然常胜之鸡，亦必早衰，以其每斗屡濒死也。"斗败的鸡，从此不敢、不能再斗，最后变成人的美味；而斗赢了的鸡，也肯定要早早地衰老，因为每次决斗，它都要使出浑身的力气斗到濒临绝境才罢。这似乎和人类的战争一样，不管胜败，其实都是两败俱伤的。看来，普普通通的斗鸡，也含有不少哲理。

宋代的番禺人斗鸡，用黄金作赌注，到了元明时代，当然有以斗鸡作赌博的遗风。明初高启在《书博鸡者事》中，就描写了元末一个以博鸡为业的市民："博鸡者袁人，素无赖，不事产业，日抱鸡呼少年博市中，任气好斗，诸为里侠者皆下之。"

明末张岱则在《陶庵梦忆》的"斗鸡社"一篇记述："天启、壬戌间好斗鸡，设斗鸡社于龙山下，仿王勃《斗鸡檄》，檄同社。仲叔秦一生日携古董、书画、文锦、川扇等物与余博，余鸡屡胜之。"因为张岱的鸡总是战胜仲叔的鸡，仲叔忿懑之下，将他的鸡"金其距，介其羽"。我们不禁要问，什么叫"金其距，介其羽"？这话出自《左传》:“(昭公二十五年)季郈之鸡斗,季氏介其鸡,郈氏为之金距。”孔颖达解释“介”的时候,引郑司农的说法曰:“介,甲也,为鸡著甲。”也就是在鸡的羽毛上装上甲胄防身。杨伯峻注“金距”曰:“《说文》:距,鸡距也。……即鸡跗跖骨后方所生之尖突起部,中有硬骨质之髓,外被角质鞘,故可为战斗之用。郈氏盖于鸡脚爪又加以薄金属所为假距。”原来,这种做法是为了在斗鸡时增加获胜机会采取的辅助性措施,并且还能增加观赏性。张岱在文章的最后写道,唐玄宗是鸡年鸡月生的,因为“好斗鸡而亡其国”,而张岱本人也是鸡年鸡月生,所以他后来就不再斗鸡了。

张岱不再斗鸡,并不代表国人不热衷于斗鸡。古代的斗鸡之风照样盛行。我们知道也有不少种类的鸟,被人们拿来互斗取乐,如斗黄腾鸟之类,但要说这些斗戏之中,斗鸡可以说是最使人狂热的,且历久不衰,一直相传到如今。那为什么在禽类中,古人或者说今人最热衷的是斗鸡,而不是斗鸭、斗鹅、斗鹌鹑呢?

《春秋运斗枢》曰:“玉衡星,精散为鸡。”在十二生肖中,鸡是禽类的代表,甚至可以说是鸟中之王凤凰的“替代品”,这可能是因为鸡与人类的生活极为密切。凤凰是先民们想象的产物,它是以鸡为主体,糅合了其他禽类的产物。据《山海经·南山经》记:“丹穴之山,其上多金玉,丹水出焉,而南流注于渤海。有鸟焉,其状如鸡,五采而文,名曰凤凰。首文曰德,翼文曰义,背文曰礼,膺文曰仁,腹文曰信。是鸟也,饮食自然,自歌自舞,见则天下安宁。”这里点明凤凰的形状像鸡,可见鸡与凤凰极为相似。而在现实生活中,人们让鸡相斗“为舞”,鸡的高亢的啼叫即是“为歌”,鸡还能下蛋“为食”,给人们提供欢乐和食物,这可是凤凰都做不到的事情。所以,先民往往将“鸡”作为部落的图腾。

晋王嘉《拾遗记》“唐尧”条说,尧帝的时候,有秖支之国献重明之鸟,这个鸟又叫“双睛”,其实就是俗称的重瞳。这个鸟的形状像鸡一样,叫声像凤一样,能够驱逐虎狼等猛兽和妖怪。因为有如此本事,后来,人们就或木刻或用铜浇铸成这个鸟的形状,放在门户之间,以驱除魑魅。王嘉又记述说:“今人每岁元日,或刻木铸金,或图画为鸡于牖上,此其遗像也。”可见鸡在人们心目中,就成了这种吉祥的鸟。

这个故事,其实还隐含着很深的意思。据《帝王世纪》记载:“帝舜有虞氏,姚姓也。目重瞳,故名重华,字都君,有圣德。”传说中,舜帝就是重瞳之人。所以故事里的重明鸟,也即“双睛”就是大舜的化身,或者就是舜所在部落的图腾。这样推断下去的话,我们是否可以说,斗鸡是否就是远古先民为庆祝美好生活的狂欢节上的表演项目的遗存?抑或是隐喻了部落之间的争斗,从而激发起斗志?

哪般执剑而舞为

提起舞剑，我们一般会想起那个耳熟能详的“项庄舞剑，意在沛公”的成语。《史记·项羽本纪》对那一段故事有着精彩的描写。那是秦末项羽和刘邦争霸天下之时。早先，刘邦与项羽都率义军进攻秦国的都城咸阳。因为刘邦先攻破咸阳，并接受“秦王子婴素车白马，系颈以组，封皇帝玺符节”之降，占据了关中。声威赫赫的项羽实在忍不住胸中怒火，于是挥军直入，驻军鸿门，力图击破刘邦。

刘邦兵力不如项羽，只能拜托项羽的叔父项伯去说情，于是刘邦去鸿门向项羽谢罪。鸿门宴上，项羽的军师范增召项庄舞剑为酒宴助兴，实际上是要趁机杀掉刘邦，而项伯为保护刘邦，也拨剑起舞，掩护刘邦。司马迁用简练的语言描述：“庄则入为寿毕，曰：君王与沛公饮，军中无以为乐，请以剑舞。项王曰：诺。项庄拔剑起舞，项伯亦拔剑起舞……”之后，张良让樊哙去帐内保护刘邦，他对樊哙说：“今者项庄拔剑舞，其意常在沛公也。”而刘邦得到项伯的舞剑保护，最终没有受到伤害，返回灞上。从此演绎出一段中国历史上鼎鼎大名的“楚汉争霸”的传奇。最终，刘邦建立了大汉王朝。

由此观之，说舞剑影响了历史进程是丝毫不为过的。

舞剑，一般指武士执剑而舞，是由剑术演变而来的活动，古人有时将之用于佐酒助兴。那么，舞剑这种源自上古的绝妙表演艺术形式到底是怎么发展、演变而来的，是从什么时候开始有的呢？

我们先来说剑。作为青铜兵器的代表、短兵器之祖的剑，传说发明于黄帝时代。《史记·黄帝本纪》云：“帝采首山之铜铸剑，以天文古字铭之。”又《管子·地数篇》云：“昔葛天卢之山发而出金，蚩尤受而制之，以为剑铠。”这是说黄帝与

汉石刻中之垂绶佩剑武士

清代喻兰《舞剑图》

蚩尤争斗的时候，他们都已经制造剑来做兵器了。

自黄帝至东周，先人们大多用铜来铸剑，随着冶炼技术的逐渐进步，到了春秋、战国之时，已经开始定下了剑的制造规格，《周礼·考工记》上已有详细记载：“周官桃氏为剑，腊广二寸有半，两从半之，以其腊广为之。茎圆长倍之。中其茎，役其后，身甚五其茎，重九锊，谓之上制，上士服之。身长四其茎，重七锊，谓之中制，中士服之。身长三其茎，重五锊，下士服之。”又说：“剑，古器名，两刃而有脊，自背至刃，谓之腊，或谓之锷。背刃以下，与柄分隔青，谓之首，首以下把握之处曰茎，茎端旋环曰铎。”

上古的兵器，一般比较短，短剑就是“匕”了。《淮南子·汜论训》记述：“古之兵，弓剑而已矣。槽矛无击，脩戟无刺。”剑在那时是短兵器的一种，因此古人可以将之插在腰上，直刺、旁击都能运用自如。但是剑的形制历代多有变更，从秦代至宋代，变化很大。郑锷说：“若以秦汉之剑与宋时之剑比较，则宋时长剑有二十一寸三分，汉时长剑仅十七寸九分。宋时短剑十五寸二分，汉时短剑仅十寸五分，故宋时之剑较汉时之剑长，且品质更优。”但是我们知道，刘邦“仗三尺剑而得天下”，则汉代剑长也并不全是不到两尺。所以剑的大小、长短，古人也是“量体裁衣”的，所以郑锷又说：“人之形貌大小长短不一也，制剑以供其服，非直以观美，要使各适其用而已。故为三等之制，以待三等之士，俾随宜而自便焉。”就是说人的形貌、大小、高矮不一，就应该选择不同的剑，因为剑不是为了美观，而是要适用。因此剑被分为三等，以适合三等佩剑的人，什么人用什么剑可以自取其便。这就像现在的成衣，常用 S、M、L 来区分大小，强调“剑在人在”的古代武士平素“剑不离身”，剑已成为他们身体的一部分，自然也要像衣服一样分大小号码。

古代社会，部落战争频繁发生。当时在部落战争中，远距离打斗时，人们使用弓箭、投掷器，近距离时则使用棍棒、刀斧、长矛。《韩非子·五蠹》记载，“当舜之时，有苗不服。禹将伐之。舜曰不可。上德不厚而行武，非道也。乃修教三年，执干戚舞，有苗乃服。”干和戚即是盾牌和大斧，是古时的兵器。这里讲的是舜的时候，有苗部落多次反叛。大禹要去征伐他们，被舜阻止。舜让士兵拿着斧和盾跳舞，并请有苗部落观看。后者从此臣服。这大概就像如今的军事检阅一般，舜用操练士兵的方式来显示己方的武力雄厚，达到不战而屈人之兵的目的。另一方面，古代部落战争时，为了提高士气，还往往有祭天、祭祖、祭旗等活动，在这些活动中，肯定也离不开作为战争主要兵器的剑。《孔子家语》记载，子路就曾经戎装见孔夫子，还拔剑起舞，表演了一番。所以即便没有敌对方的参与，仅仅是己方阵营的“检阅”，作为表演、表示决心的舞剑也应该随之产生了。

舞剑在唐代已发展成为一种乐舞，属于健舞类型（唐代在宴会等场合表演的舞蹈主要分健舞、软舞两种，健舞如《剑器》《胡旋》；软舞如《绿腰》《乌夜啼》之类）。舞剑在汉唐时代非常流行，四川及山东出土的汉砖上都有舞剑的画面。唐代杜甫的长诗《观公孙大娘弟子舞剑器行》就描绘了那时著名的舞蹈家公孙氏舞剑的壮美场面：“昔有佳人公孙氏，一舞剑器动四方。观者如山色沮丧，天地为之久低昂。㸌如羿射九日落，矫如群帝骖龙翔；来如雷霆收震怒，罢如江海凝清光。绛唇珠袖两寂寞，晚有弟子传芬芳。临颍美人在白帝，妙舞此曲神扬扬……先帝侍女八千人，公孙剑器初第一。”这位盛唐时期的公孙大娘可说是舞剑大师，传说就连草圣张旭的狂草也是受了她的剑舞启发变化而来。与张旭同时的名画家

西汉砖刻持长剑男子

吴道子也曾观裴旻将军舞剑,《历代名画记》卷九记吴道子:“见出没神怪”而“挥毫益进”，可见舞剑在当时为人所重。

古代舞剑的形式多样，有单人、双人，也有多人同舞。清代魏秀仁著的《花月痕》描述了单、双舞的情景：

此时……真如到琉璃世界，大家飘飘若仙，相视而笑，转忘言象。倒是紫沧忆起瑶华的剑来，说道：“你取了剑，何不向院子舞一回？”

荷生道：“好极！采秋和瑶华同舞罢。”

紫沧道：“一人舞一回，两人再同舞一回，才有趣呢。”

痴珠道：“紫沧何不先舞一回给他们看？”

紫沧道：“我就先舞。”

于是紫沧卸下大衣，大踏步下去，舞了一回。剑秋看得高兴，也舞起来。荷生见舞得热闹，教青萍取过一个粉定窑的大盅，和大家各喝一盅。两人舞罢上来，穿好衣服，合席通敬一大盅，两人喝了。紫沧道：“瑶华舞罢。”瑶华大衣卸后就不曾穿，便提剑下去，进退抑扬，舞得月光闪烁，灯影迷离，大家同声喝采。

采秋喝了一杯酒，说道："我也舞去。"于是卸去首饰、外衣，露出大镶大滚的葱绿湖绉棉小袄，镶花边的大红绉夹裤，越显得抟雪作肤，镂月为骨，当下卷起箭袖，抽出一双鸳鸯剑，向荷生笑一笑，走下阁去了。

痴珠向荷生道："我和你往台阶看去。"秋痕也跟着，到得台阶，只见寒芒四射，咄咄逼人，渐渐万道金蛇纵横驰聚，末后一团雪絮上下纷飞，全不见绿袄红裳影儿。先前瑶华倚着剑站在一边，还想和采秋同舞一回，看到这里，就将剑收起，向荷生道："似此神技，紫沧要我和姊姊同舞，我怎敢呢？"

荷生道："你就舞得好。"

……

"舞剑"一词，舞是舞蹈，是艺术表演；"剑"是兵器，是格斗的工具，但是"舞剑"却把剑术和艺术这两者巧妙地结合在一起，让观者在赏心悦目之下为之叹服。这是因为在古代，"剑道精深"的剑在兵器中具有崇高的地位，作为短兵之祖、近搏之器，社会各个阶层，包括帝王将相、文人侠客、商贾庶民，都以佩剑为荣，"剑"和"艺"就这么结合在了一起。

围棋的起源

紫芝道："芷馨姐姐既喜观阵，自然也是高棋了？"

姚芷馨道："不瞒姐姐说：妹子向在外洋，除养蚕纺机之外，惟有打谱，或同蘅香姐姐下下棋。虽说会下，就只驶（快的意思）些，每日至少也下百十盘。"

香云道："就是随手乱丢，一日也不能这些盘。"

芷馨道："我们这棋叫做'跑棋'。彼此飞忙乱赶，所以最快。"

香云道："依我说，姐姐既要下棋，到底还要慢些。谱上说的：'多算胜，少算不胜。'如果细细下去，自然有个好着儿。若一味图快，不但不能高，只怕越下越低。俗话说得好：'快棋慢马吊，纵高也不妙。'围棋犯了这个'快'字，最是大毛病。"

紫琼道："时常打打谱，再讲究讲究，略得几分意思，你教他快，他也不能。所以这谱是不可少的。"

芷馨道："妹子打的谱都是'双飞燕''倒垂莲''镇神头''大压梁'之类，再找不着'小铁网'在那谱上。"

这是小说《镜花缘》里描写的下围棋时的弈者、观者在一起闲说围棋的热闹场景。古典小说中经常提到围棋，因为围棋是人们生活中不可缺少的娱乐活动之一。如古典名著《红楼梦》第八十七回，就写宝玉妙玉和惜春下围棋：

只见妙玉低着头问惜春道："你这个'畸角儿'不要了么？"

清代佚名《慈禧太后弈棋图》（局部）

惜春道："怎么不要。你那里头都是死子儿，我怕什么。"

妙玉道："且别说满话，试试看。"

惜春道："我便打了起来，看你怎么样。"

妙玉却微微笑着，把边上子一接，却搭转一吃，把惜春的一个角儿都打起来了，笑着说道这叫做'倒脱靴势'。"

围棋在我国古代称为"弈"，这是一种很古老的棋种。古人对下围棋是很重视的，比如孔夫子就认为人在闲暇的时候，或者无聊的时候，去下下围棋也是不错的事情。他说："饱食终日，无所用心，难矣哉！不有博弈者乎，为之犹贤乎已。"可见早在春秋时代，围棋就已经成为人们游戏娱乐的项目之一了。那么，我们不禁要问，春秋之前有没有围棋呢？答案是肯定的。据张华《博物志》认为，围棋是上古的尧发明的："尧造围棋，以教子丹朱。"但他又说，"或云，舜以子商均愚，

松下弈棋（《唐诗画谱》）

故作围棋以教之”。也就是说，另有一种说法是围棋是舜发明的。但不管是尧还是舜，围棋的功用和数千年后的今天并无二致：用来训练思维、提高智力。当年尧和舜让自己的孩子学围棋，而当代家长热此不疲地让孩子参加围棋辅导班，期望提高孩子的智力，何其相似也。

晋代的张华已经弄不明白围棋发明的确切时间，但我们起码知道围棋早在远古的时候就已经流行了。孟子说：“弈秋，通国之善弈者也。”可见那时已经有了名闻遐迩的围棋明星。

中国围棋从唐时传入日本，近代流传至欧美各国。如今定型的中国围棋，棋盘纵横各 19 道，共 361 个交叉点。但是早先的围棋制式并不和现在一样，是有一个逐渐演变的过程的。这个演变的过程到底是怎样的？作为高级智能游戏的围棋，它的起源又是怎么回事？

唐代诗人皮日休在《原弈》中认为，围棋是战国时候的纵横家之流发明的，他说："弈之始作必起自战国有害诈争伪之道，当纵横家流之作矣。"他认为"不害则败，不诈则亡，不争则失，不伪则乱"，而讲究"仁义礼智"的尧、舜怎么可能以害诈之心、争伪之道来教育儿子呢？皮日休这想法其实有点迂腐，作为锻炼人的大脑思维的一种手段，和所谓的"道"是无关的，而且有关春秋之前有围棋的说法，在古代文献中多见，所以围棋起源于战国时期的说法是站不住脚的。

中国人爱说"古已有之"，古人也这样。有喜欢"追溯"的人就把围棋的内涵说得神乎其神，如《淮南子》说，"天有九部八纪，地有九州八柱"。所以古人认为围棋盘上的九个黑点，上合"九部"天象，下应"九州"地理，撇去中心"天元"，正好是"八柱"。

《河图括地象》记载："昆仑山为天柱，气上通天，地下有八柱，柱广十万 里，有三千六百轴。"所以，人们又认为围棋棋盘上的"天元"就是"天柱"昆仑的象征，以此为中心向八方延伸是"十路"，每路万里，共十万里。八方各有一星位为"八柱"，除去"天元"外，正好三百六十路，为三千百轴。再如，棋局为方，棋子为圆，暗合"天圆地方"之象。棋子能动，棋局为静，暗合"动静相生"之理。棋子还分为黑白两色，又合"阴阳相生"之道。

围棋还像《西游记》第十回说的那样："棋盘为地子为天，色按阴阳造化全。"可谓把中国传统的"一阴一阳之谓道"的哲学理念都涵盖了，所以古人认为这肯定是神仙发明的，因为俗人是不可能有这么奥妙无穷的想法的。所以《梨轩曼衍》一书说："围棋初非人间之事，始出于巴邛之橘、周穆王之墓，继出于石室，又见于商山，乃仙家养性乐道之具。"

"周穆王之墓"的故事说的是周穆王西征，应西王母邀请，登昆仑山作客，学会了下棋，还带回一副棋具，秘不示人。待其身后，才被人从其陵墓中发现，从此流传世间。"巴邛之橘"的故事说的是，巴、邛人家橘树上，结有如大盎的橘子，剖开一看，原来里面有两个老者在下棋。所以，古人认为围棋就是这样传到人间的。可是唐代牛僧孺《幽怪录》以及后人假托陶渊明所著的《搜神后记》中则说是那两个老人是在"相对象戏"（即下象棋）。可见即便是传说，围棋的来历也是众说纷纭。像《潜确居类书》和《事物纪原》这类书中，还有"乌曹作围棋"的讲法。乌曹，有说是夏禹时人，也有说是夏桀时人，据古书记载，这个人是经常发明一些博戏项目的。

考之文献，我们可以了解到围棋本身的制式也有一个从简单到复杂的发展过程，据说早先的棋盘是纵横十三道，随着时间的推移，才逐渐演进为十五道、十七道乃至十九道，邯郸淳《艺经》记载："棋局纵横各十七道，合二百八十九道，白黑棋子各一百五十枚。"三国吴韦昭的《博弈论》说："枯棋三百。"晋蔡洪的《围棋赋》也说："三百惟群。"可见早期围棋制式与现在的不完全一样。

从晋代开始，围棋就在社会上极为盛行，还产生了许多优美的传说。最著名的是任昉《述异记》中说的那个遇到仙人下棋的故事："信安郡石室山，晋时王质伐木，至见童子数人，棋而歌，质因听之。童子以一物与质，如枣核。质含之不觉饥。俄顷，童子谓曰：'何不去？'质起视斧柯烂尽。既归，无复时人。"说的是晋代有个叫王质的人，入山打柴，遇见两个童子下围棋。王质吃了童子给他的一枚枣核，因此不饿。等到一棋终了，王质的斧柄已烂，回到家的时候，早就不是原先那个时代了。

唐代薛用弱《集异记》里记得一个有关围棋的故事也非常有名，全文如下：

玄宗南狩，百司奔赴行在，翰林善棋者王积薪从焉。蜀道隘狭，每行旅止息，道中之邮亭人舍，多为尊官有力之所先。积薪栖无所入，因沿溪深远，寓宿于山中孤姥之家。但有妇姑，皆阖户，止给水火。才暝，妇姑皆阖户而休。积薪栖于檐下，夜阑不寝，忽闻堂内姑谓妇曰："良宵无以适兴，与子围棋一赌可乎？"

妇曰："诺。"

积薪私心奇之："堂内素无灯烛，又妇姑各在东西室。"

积薪乃附耳门扉，俄闻妇曰："起东五南九置子矣。"

姑应曰："东五南十二置子矣。"

妇又曰："起西八南十置子矣。"

姑又应曰："西九南十置子矣。"

每置一子皆良久思惟。夜将尽四更，积薪一一密记，其下止三十六。忽闻姑曰："子已败矣，吾止胜九枰耳。"

妇亦甘焉。积薪迟明，具衣冠请问。孤姥曰："尔可率已之意而按局置子焉。"

积薪即出囊中局，尽平生之秘妙，而布子未及十数，孤姥顾谓妇曰：

弈棋（敦煌石窟宋代壁画）

“是子可教以常势耳。”

妇乃指示攻守、杀夺、救应、防拒之法，其意甚略。积薪即更求其说。孤姥笑曰：“止此，亦无敌于人间矣。”

积薪虔谢而别。行十数步，再诣，则失向来之室闾矣。自是积薪之艺，绝无其伦。即布所记妇姑对敌之势，罄竭心力较其九枰之胜，终不得也。因名“邓艾开蜀势”，至今棋图有焉，而世人终莫得而解矣。

这个神奇的传说讲的是，王积薪随玄宗南逃时，偶遇姑嫂两人下盲棋，他从中学到围棋之道，后来棋艺绝伦。

南北朝以后，随着围棋的盛行，围棋还有了诸如手谈、坐隐、忘忧、烂柯等别称，这些叫法都和“隐居”等文人向往的生活方式有关，也反映了下围棋除了锻炼智力之外，已经成了士大夫清雅、脱俗的生活之象征了。有一则故事反映了文人喜爱围棋的热衷程度。据清代纪昀《阅微草堂笔记》记载："丁卯乡试，见场中有二士，画号板为局，拾碎炭为黑子，剔碎石灰块为白子，对着不止，竟俱曳白（交白卷）而出。"两个赶考的秀才，竟然在考场中为了下围棋，最后连卷子也不做，也就是功名都不要了，可见围棋对人的吸引力。

中国围棋的产生可以追溯到上古的尧、舜、禹时代，当然国外对于围棋起源也有不少讲法，如日本有学者认为围棋是中亚细亚的一种盘戏，流传于西方成为国际象棋，流传到东方后，中国将之改造为围棋。但那种说法缺乏有力的根据。在我国先秦典籍《世本》中有这样两句话："尧造围棋，丹朱善之。"丹朱，就是尧的儿子，这是目前最早涉及围棋起源的记载，所以《大英百科全书》的编纂者采用了这种说法，还将围棋的起源确切的年代定在公元前 2356 年。

失传的六博

洛阳龙门博物馆藏有一件珍贵的汉代文物，名为“六博戏”。那是一组以黄、白两色为主色调的雕塑，表现的是两个人在下六博，另一个人在一旁观看的情景。下棋的人席地跪坐，神态专注，一个人扬起手，似乎在嚷嚷着什么，观棋的人则随意而坐，显得兴趣盎然。

六博可以说是汉代人日常生活中不可或缺的内容。这是迄今所知我国最古老的一种赌胜负的游戏，也称“博”“六簙”或“陆博”。汉代许慎《说文解字》认为：“簙，局戏也，六箸十二棋也。古者乌曹作簙。”就是说六博是用6个箸和12颗棋子来玩的。箸在六博中起到的作用，相当于现在打麻将时所用的骰子。其实，现在的麻将也和六博在“血缘”上有着千丝万缕的关系。这位乌曹先生的来历可也不小，相传他是夏代昏君桀的臣子，专门发明一些稀奇古怪的玩意，用来迎合夏桀的喜好，六博就是他发明的，以至于乌曹以此成了中国赌博业开山老祖宗。

六博盛行于商周、秦汉、南北朝时代，大概从唐朝时开始渐渐走向衰落。商周时期，六博已经成为社会上层阶级经常玩的游戏。《史记·殷本纪》记载：“帝武乙无道，为偶人，谓之天神。与之博，令人为行。天神不胜，乃僇辱之。为革囊，盛血，昂而射之，命曰射天。武乙猎于河渭之间，暴雷，武乙震死。”武乙是纣王的曾祖，他暴虐无道，《史记》里说他曾经制作了一个偶人（木偶、泥偶之类），称它为天神，然后跟它玩六博的游戏。这个偶人当然自己是无法玩六博的，于是武乙让旁人替它下子。天神输了，就侮辱它。又制作了一个皮革的袋子，里面盛满血，仰天射它，说那叫“射天”。有一次武乙到黄河和渭河一带去打猎，天空中突然打雷，武乙被雷击死。故事虽是说武乙不敬神而受天谴，却可见商代已经

东汉六博陶俑（1972年河南灵宝县古墓出土）

在玩六博了。

晋代出土的魏襄王墓竹书《穆天子传》中，有一则周穆王与井公玩六博的记述，说穆王“北入邴，与井公博，三日而决”。这位不算昏君的上古的著名天子都要沉湎在六博里，和人一赌三天，可见在商周时期，六博之流行。据《颜氏家训·杂艺》所载，“古者大博有六箸，小博则二茕”。茕，也叫“琼”，功能与箸相同，双方以掷茕的大小决定进退走法。这是说古代的博戏又分大博、小博两种，其中大博在前，小博是它的变异。大博的行棋之法已不可考，小博的玩法在《古博经》里有比较详细的记载，传其方法是：两人相对坐，棋盘为12道，两头当中为水。把长方形的黑白各六个棋子放在棋盘上。又用鱼两枚，放在水中。比赛时，双方轮流掷琼（即箸，后来的骰子），根据掷采的大小，决定棋子前进的步数。棋子到达终点，将棋子竖起来，成为骁棋（或称枭棋）。成为骁的棋，便可入水“牵鱼”获筹。获六筹为胜。未成骁的棋，就称为散棋。骁棋可以攻击对方的棋子，也可以放弃行走的机会而不动，散棋却不可。

文献记载，早期的六博还是带有比赛性质的一种体育活动，并非是后来逐渐发展成为的赌博手段。所以连孔子都将之与下围棋活动等量观之。《论语·阳货》记孔子的话：“饱食终日，无所用心，难矣哉！不有博弈者乎？”孔子认为年轻人与其饱食终日，成天游来荡去，即便是费点心思在六博、围棋上也好的呀。所以他将“博弈“合在一起说，因为那都是“脑力劳动”，起码可以锻炼人的思维，

六博在汉代民间十分流行，汉画像石中常见

开发人的智力。

“仙人揽六箸，对博太山隅”，曹植在《仙人篇》中如此描述，可见六博在上古及中古的流行程度。又如南朝陈张正见《神仙篇》中描绘的“已见玉女笑投壶，复睹仙童欣六博”，人们甚至将玩六博看成是神仙的生活，好不逍遥自在，也可见六博这一棋类活动在当时的影响之深。我们现在从出土文物中也可以一窥全豹。湖北荆州纪城一号墓曾出土战国中期的木胎髹黑漆六博盘；湖北云梦睡虎地11号秦墓中曾发现六博棋局，棋局接近方形，长32厘米、宽29厘米、高2厘米。局面阴刻道纹、方框和4个圆点。同时出土漆黑的棋子12颗，6颗为长方形，另6颗为方形，并有用半边细竹管填以金属粉制成的长约23．5厘米的箸6根。这和文献记载是一致的。还有上世纪70年代，河南灵宝县张家湾东汉墓中出土了一套绿釉六博棋俑，一张坐榻上置一长方形棋局，棋局上每边有六枚方形棋子，中间有两枚圆形的鱼，坐榻两边跽坐着的两俑在对博。这套六博棋俑所刻画的形象，也与《古博经》中所记叙的六博形制基本一致。

另一方面，我们在汉代画像石、画像砖以及铜镜纹饰中，也可以看到大量的

仙人六博图（东汉画像石，1950年四川新津出土）

反映当时六博的图案。像四川成都出土的《仙人六博》画像砖，图中两位仙人肩披羽饰，相对博弈。这类“六博”题材是汉画中常见的。但是，如此普及的大众化游戏，怎么就在魏晋以后逐渐衰落，到唐代以后就销声匿迹了？这真成为一个不解之谜了。

有一种观点认为，这是因为东汉以后，六博发生了根本的变化。博戏中的6个箸和12颗棋子的功能开始分化，棋子开始独立下棋，向象棋方向发展，成为后来象棋的滥觞。而箸也开始独立成为一种博戏用具，后来被称为“樗蒲”，以掷点数来分胜负，就是变成了如今的骰子。再后来，人们又用玉、骨等材料来制成骰子，六面刻点，点数从一到六，就被称为“双六”了。据《西墅记》记载，唐明皇与杨贵妃曾掷骰子以博，唐明皇的战况不佳，只有让六个骰子中的两个骰子同时出现“四”才能转败为胜。于是唐明皇一面举骰投掷，一面连呼“重四”，等到转动的骰子停下来,见证奇迹的时刻到了:正好是“重四”。唐明皇大为高兴，就命令高力士将骰子的四点涂为红色，后来，又把骰子的幺点也涂成红色，使用至今。所以，如今麻将游戏中骰子的幺、四两面都为红色，其余四面都是黑色。这也说明六博流传到唐代后，玩法已开始大为变化。

也有观点认为，六博盛行之后，从早期的比赛性体育活动，变成了以赌博为主的游戏手段。所以成为主流社会鄙视的赌博行为，而被压制渐渐消失。宋何发盛《晋中兴书》里记："陶侃在荆州，见佐吏博弈戏具，投之于江。曰：'围棋者，尧舜以教愚子；博者，殷纣所造，诸君并怀国器，何以此为？'"说的就是东晋名臣陶侃认为围棋和六博是要区别对待的两类游戏。围棋是上古圣人用来启发智力的，而六博是上古昏君的赌博游戏，玩博戏是要误国误事的。陶侃的这个观点，一定程度上反映了当时有识之士的想法，博、弈两类游戏在后世的结局不同，已可从中窥见一斑。

六博毕竟流传了千年，对后世的影响是深远的，已融入到汉语体系中，我们现在说到"赌博"，就离不开这个"博"字，如把赌徒称为博徒，把赌博的行业称为"博采"，都是从"六博"中出典而来。而六博中的棋和骰子（箸）分离后，骰子也成了各类赌博游戏中最重要的道具。从思维理论方面来说，六博和围棋一起还促成了"博弈"这个名词的诞生，在当代，分析己方与对手的利弊关系，从而确立自己在博弈中优势的"博弈论"已成为研究互动决策的一种重要理论，"六博"给后人带来的也不全是负面影响。

象棋谁创制了

象戏本从棋局争，后宫龟背等人情。
今闻儒者饱无事，亦学妇人闲斗明。
堂上有奇谁可胜，樽中赌酒令方行。
直趋猛兽如寻邑，何似升平不用兵。

中国象棋，到了宋朝基本定型了。上面这首就是宋朝著名诗人梅尧臣的《象戏》诗。在古时，与围棋相比较，似乎围棋比较高端，而爱好象棋的人士多数是中下层人士。虽然像尹洙、梅尧臣等都写过有关象棋的诗文，甚至理学家程颢也写过《咏象戏》诗，有“车马尚存周战法，偏裨兼备汉官名。中军八面将军重，河外尖斜步卒轻”等句，可以一窥当时流行的象棋走法。但象棋似乎总是矮了围棋一头，这有可能是因为象棋和赌博活动的联系较围棋更为紧密。细考起来，传说的赵匡胤和陈抟下棋输掉华山，下得其实就是象棋。虽然说是传说，但宋代象棋多供人在茶肆里赌博娱乐是不争的事实。“象戏本从棋局争,后宫龟背等人情”。说的就是象棋和龟背（唐代流行的赌博活动）在宋人眼里是可以相提并论的。

宋代洪皓的《松漠纪闻》中记载：“燕京茶肆设双陆局，或五或六，多至十。博者蹴局，如南人茶肆中置棋具也。”是说当时北方流行赌双陆，南方流行象棋。乃至如皇帝宋高宗，特地令宫廷画家萧照创作的《中兴瑞应图》中，第七幅画的就是宋徽宗的显仁皇后在用象棋占卜的情景。因此，虽然围棋与象棋是中国传统棋类游艺的双璧，但和超逸玄微的围棋相比，宜学易通的象棋在民间的普及率远远超过围棋。然而象棋的起源问题，也是聚讼纷纭。

《太平御览》记载："周武帝造象戏。"

主要的有神农创制说。此说以元人念常《佛祖历代通载》所述为代表，说象棋初由神农氏发明，棋子有日、月、星辰等多种，大约是借此演绎天文之象的意思，故称"象棋"。到唐代时，有牛僧孺进行改革，另用车、马、士、卒等子取代，还加了砲，从此演变为兵战之戏。

又有黄帝创制说。相传黄帝与蚩尤大战涿鹿，黄帝驱使猛兽列阵参战，大败蚩尤，其后便发明棋戏以模仿这次战役的阵式。由于群兽中以大象最称威武，故名"象戏"。北宋晁补之《广象戏格·序》即持这种观点。假定此说成立，那么最早的棋子该是虎、豹、熊、罴、象等，后来又是怎么转变成车、砲、士、卒的呢？晁补之没有做出进一步的说明。

虞舜创制说。相传舜自幼丧母，其父瞽叟续娶，生子象。瞽叟溺爱象，养成他暴戾桀骜的个性，象还曾与父母一起谋害哥哥。舜被举为天子后，把象流放在今湖南一带。又恐他寂寞，为制做棋戏，让妹妹陪同弈棋消遣。因舜的同父弟名象，

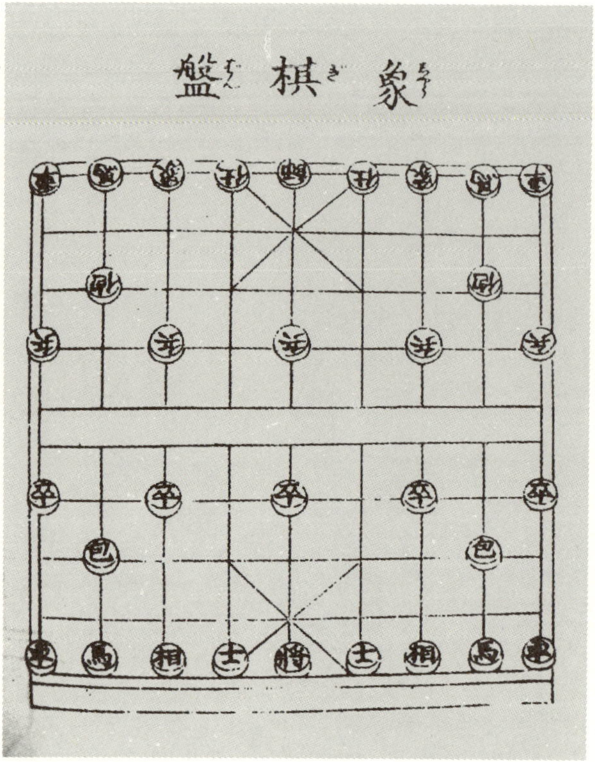

象棋盘（《清俗纪闻》）

故称“象棋”。此外亦有说象棋是舜的妹妹发明的，是她画棋局、棋子给象消遣的。

周武王创制说。明谢肇淛《五杂俎》和清梁同书《渊深海阔象棋谱·序》等，都持这一观点。梁同书还具体指出，黄帝大战蚩尤后发明博戏，后周武王伐纣而自为天子后，将其改进为象棋，以象征阵局、战势。这个见解，似能为黄帝的兽棋象戏演变成后世的兵戏象棋提供合理解释。

战国兵家创制说。宋高承《事物纪原》、清梁绍壬《两般秋雨庵随笔》等书，都认为象棋产生于战国时代，乃当时人“用战争之象为棋势也”。梁绍壬并引汉刘向《说苑》的记载为证：“雍门周谓孟尝君曰：‘足下闲居好象棋，亦战争之事。’”以此认定当时已经有此游艺。这种观点与黄帝或周武王创制象棋说的相同之处，在于都认为“象棋”是以棋戏象征战争。但是也有人指出，《说苑》中孟尝君玩的象棋，即《楚辞·招魂》所谓“菎蔽象棋，有六簙些”之象棋，是一种六子博戏，后人对它的注释是“以象牙为棋”，同我们现在所玩的象棋是两回事。

韩信创制说。这一观点，清梁同书《渊深海阔象棋谱·序》曾有记载，民间传说了许多韩信发明象棋的故事，一说是汉朝建立后，刘邦以“谋反”罪名，下韩信于狱。韩信自忖难逃一死，欲著述兵法，流传后世。刘邦恐他人学韩信兵法以谋取天下，便严旨禁止。有个狱卒很同情韩信的遭遇，经常为韩信送食物。一天，韩信把狱卒送来的面饼撕成小块，以筷蘸酱，在饼块上写将、帅、士、相、车、马、兵、卒等字，共二十八枚。又在地上画个方框，框中画二条直线，在直线内写“楚河”“汉界”四字，“界河”两边各画三十六个小格子，再将饼制棋子在格线上一一摆定。然后对狱卒说，我二十八岁时被皇上拜为大将，历经大战三十六，小战七十二，屡建功勋，没想到会落得个“鸟尽弓藏、兔死狗烹”的下场。你待我不薄，我就把平生本事传授给你吧。于是韩信一边移动饼块，一边教导狱卒，这个方框就是当年楚汉相争的战场，界河就是两家议和时划定的鸿沟，界河两边的布局就是双方兵力。用兵之道，贵在将帅运筹全局，多谋善变，调兵遣骑，奇正配合……自此，狱卒每天随韩信在方框内学兵法，如何出兵跳马，如何攻车飞象，如何长驱直入、冲车捣将，如何卒行无退、背水一战，如何画地为守、倚马策应，如何左右伏兵、包围垓下……等布局讲完后，处死韩信的诏书也到达了。临刑前，狱卒请韩信为此“兵法”取名。韩信说，这终究是象征列阵为战的棋戏，就叫象棋吧。象棋就这样传了下来。

到了唐朝，牛僧孺又根据石砲用于攻城之役的战争实践，为交战双方各添了两枚“砲”子，使原先的二十八枚棋子变成了三十六枚棋子。

又有北周武帝创制说。《太平御览·工艺部》说，“周武帝造象戏”。明罗硕《物原》、朱应秋《玉芝堂谈荟》等书，也有周武帝作“象戏”或象棋的讲法。不过也有人认为，周武帝在象棋沿革史上的地位是改革者而非首创者。在他之前，人们已在先秦时流行的“六博象棋”的基础上不断革新，又吸收了从印度传入的“波罗塞戏”的某些方面，创造出一种新的“象戏”。周武帝热衷这种棋戏，再加以研究改进，还专门撰成我国历史上第一部象棋论著，以论述弈棋规则及布局、阵势等。《周书·武帝纪》谓：“天和四年五月乙丑，帝制《象经》成，集百僚讲说。”

上述诸说，或以为象棋源于象牙制作的博戏，或以为源于对天文学的传播，或以为源于对战争的模仿，但都认定它是中国土产。反之，说中国象棋是外来的也有不少说法。如二十世纪初，英人威廉·琼斯称，象棋之名渊源于驱象作战，而中国并非产象国，故可断定中国象棋是从印度传入的。但是古代中国产象也是事实，不能根据产不产大象来说明象棋的起源。此外，尚有中国象棋源于埃及、希腊、巴比伦、波斯、阿拉伯等各种讲法。

起源虽然费解，象棋的生命力却是旺盛的。明成祖时，《永乐大典》中就辑有《象棋》一卷。据说，明太祖的儿子朱权也很爱下象棋，并编过棋谱。清乾隆间的名臣、大书法家刘墉也非常爱好象棋，他写得一手好字，是当时名满天下的大书法家，曾作有《咏象棋》诗一首：

隔河灿烂火荼分，局势方圆列阵云。
一去无还惟卒伍，深藏不出是将军。
冲车驰突诚难御，飞炮凭陵更轶群。
士也翩翩非汗马，也随彼相录忠勤。

这首诗把象棋里不同角色的棋子及其功用描述得十分老到。

猜灯谜与隐语

《杭州府志·风俗三》:“元宵前后五夜张灯。……或粘灯谜于上，谓之猜灯。”

《燕京杂记》卷一：“上元设灯谜，猜中以物酬之，俗谓打灯虎。”

南宋周密《武林旧事》又有：“以绢灯剪写诗词，时寓讥笑，及画人物，藏头隐语，及旧京诨语，戏弄行人。”

猜灯谜始见于宋，后世相延成风，遍及各地，内容丰富多样。清代魏秀仁《花月痕》第三十二回，写正月十四日这一天，痴珠、小岑和剑秋在南司街看灯，痴珠招呼两人道：

> “这些灯也没有什么好瞧，路又难走，我们到柳巷找荷生罢，还听得有好灯谜。”剑秋道：“甚好。”……三人先在搴云楼大门内猜谜。剑秋道:“这里人多，我们进去猜罢。痴珠道慢一步，我再看这首《浪淘沙》的词。”因念道：“客路去漫漫（曲牌一），念女无端（唐诗一句），长宵独耐五更寒（《诗经》一句），对镜自惊非昔日（唐诗二句），减却朱颜（美人名一），春信到重关（花名一），绿上眉山（药名一），情天有约定团圆（《红楼梦》中一物），碧落黄泉还觅去（《易经》二句），何况人间（《庄子》一句）。”念毕，三人步入院子，见搴云楼第一层檐下，四面点着一色的二十多盏瓜瓣琉璃灯，照得面面玻璃光如白昼。便有家人延入一方室中坐下，递上茶点。三人随意喝茶用点，先将那一首词也逐句猜来。剑秋道：“客路去漫漫，打一曲牌，自然是《望远行》。”痴珠道：“《诗经》一句，是‘冬之夜’不用说了，《易经》二句，是那

打灯谜（《图画日报》）

两句哩？”小岑道：“上不在天，下不在田。”痴珠道：“这却似是而非。”剑秋道：“情天有约定团圆，打《红楼梦》中一物，有趣得很，是个什么？”痴珠道：“风月宝鉴。”小岑道：“妙！他会做，也难为你会想。”

《镜花缘》第三十一回，写唐敖等到了智佳国，在元宵佳节忽见一家门首贴着一个纸条，上写“春社候教”。这是猜灯谜的一种游戏组织。唐敖不觉欢喜道：“不意此地竟有灯迷，我们何不进去一看？”“三人进前细看，只见内有一条，写着‘万国咸宁’，打《孟子》六字，赠万寿香一束。”多九公道：“请教主人：‘万国咸宁’，可是‘天下之民举安’？”有位老者应道：“老丈猜的不错。”于是把纸条同赠物送来。这里虽托智佳国之名，实际是写华夏的灯谜活动。

在一般的庆贺或游戏活动中，也有以猜灯谜取乐的。《红楼梦》第二十二回：“娘娘差人送出一个灯谜儿，命你们大家去猜，猜着了每人也作一个进去。四人听说忙出去，至贾母上房。只见一个小太监，拿了一盏四角平头白纱灯，专为灯谜而制，上面已有一个，众人都争看乱猜。小太监又下谕道：‘众小姐猜着了，不要说出来，每人只暗暗的写在纸上，一齐封进宫去，娘娘自验是否。’宝钗等听了，近前一看，是一首七言绝句，并无甚新奇，一齐各端机心都猜了，写在纸上。……贾母见元春这般有兴，自己越发喜乐，便命速作一架小巧精致围屏灯来，设于当屋，命他姊妹各自暗暗的作了，写出来粘于屏上，然后预备下香茶细果以及各色玩物，为猜着之贺。”

猜谜语是世界上不少民族共有的民俗文化现象，但如果以这一活动所开展的历史长短、谜面内容的涵盖宽窄和猜谜本身的技巧高下以及形式多少等尺度来衡量，中国可称首屈一指，相关的谜史、谜书、谜话及谜语研究著述等，足谓洋洋大观。然而令人好奇的是，中国谜语的源头究竟在哪里，本身却也是一个费解之谜。

传统的观点，多认为谜语是从“隐语”脱胎而来。所谓“隐语”，就是不便明言之语。这种有话而又不便明讲的特殊语言，是在什么时候什么情况下发生的呢？

一种看法是，隐语产生于防备外人一听就懂的需要，故最初的隐语形式就像后世流传的各类“秘密语”，如行业切口、帮会暗语等。例如，清代学者赵翼认为春秋时申叔仪与公孙有山的对话可称为隐语之滥觞（《陔余丛考》卷二十二）。该故事记载于《左传·哀公十三年》：

企图称霸的吴王夫差与晋定公、鲁哀公、周卿士单平公会于黄池。吴国大夫申叔仪因军中粮尽，欲向鲁国大夫公孙有山求取，但又怕被人取笑有辱国体，便用话暗示对方：“佩玉繠兮，余无所系之。旨酒一盛兮，余与褐之父睨之。”公孙有山马上明白他的意思，但恪于军中不得出粮的纪律，也用这样的话答复对方：“粱则无矣，粗则有之。若登首山以呼曰：庚癸乎！则诺。”

原来“庚”可作“西方”解，主谷；“癸”可作“北方”解，主水。虽然这种回答含有取笑的成分，但已经把愿意提供一些粗劣饮食的信息传递了过去，而当时在场的其他各国代表，却听不懂这番对话的真实涵义。所以，清人有一种看法是，隐语产生于春秋时代的游说之辞。在游说君主时，策士们往往不把本意直接说出，而是借用喻体暗示；到了外交场合，这种特殊的辞令又成为折冲樽俎的艺术，别称“廋词”，“廋”通“搜”，意为其不可捉摸。

《史记·楚世家》载楚庄王即位三年，不出号令，日夜寻欢作乐，并下令“有敢谏者死无赦！”伍举求见，“隐曰：‘有鸟在于阜，三年不蜚不鸣，是何鸟也。’”庄王领会了他的意思，答道：“三年不蜚，蜚将冲天；三年不鸣，鸣将惊人”，后幡然改过。此即说猜隐语的最早形式。《国语·晋语五》载：“有秦客廋词于朝，大夫莫之能对也，吾（范文子）知三焉。”可见这种语言艺术已经具有智力游戏的性质。

制灯谜（孙温《绘本红楼梦》）

另一种看法是，隐语产生于劳动者的讽谕，他们目睹统治者腐败、昏暴，但慑于其专横淫威，不敢公然指斥，便采取含沙射影的语言对之嘲弄讽刺。如夏桀暴虐无道，怨气满腹的人民便说“时日曷丧，予及汝偕亡”，用日来暗指夏桀。恨不得与他同归于尽。

此外，还有不少学者并不认为谜语是从“隐语”中脱胎而出的，他们从另外途径探索着猜谜之源。有人认为谜语的原型是民间歌谣。如周作人以为远古时代的《弹歌》就是现存最早的谜语。这首歌瑶仅八个字：“断竹续竹，飞土逐肉。”谜底是弹弓，“断竹续竹”是说弹弓的制作，“飞土逐肉”则是弹弓的使用。

绿杨影里秋千

唐代著名诗人王建有一首《秋千词》写道：

长长丝绳紫复碧，袅袅横枝高百尺。
少年儿女重秋千，盘巾结带分两边。
身轻裙薄易生力，双手向空如鸟翼。
下来立定重系衣，复畏斜风高不得。
傍人送上那足贵，终赌鸣珰斗自起。

秋千，是一种百姓喜闻乐见的游乐活动。

唐宋名家留下了不少描写荡秋千的佳句。如杜甫“万里秋千习俗同（《清明》）；王维“秋千竟出垂杨里（《寒食城东即事》）；欧阳修“绿杨楼外出秋千（《浣溪沙》）。南宋太学生俞国宝游赏西湖时，曾在断桥边醉写《风入松》词，云：“红杏香中歌舞，绿杨影里秋千。东风十里丽人天，花压鬓云偏。”

明代汤显祖《牡丹亭》描写杜丽娘家后花园，“有亭台六七座，秋千一两架。绕的流觞曲水，面著太湖山石。名花异草，委实华丽。”

明代李祯《剪灯馀话·秋千会记》，写元朝大德二年，宣徽院使（元时职掌御食和宴会等事的官）孛罗住在今北京积水潭一带：“私居后有杏园一所。每年春，宣徽诸妹、诸女，邀院判、经历宅眷，于园中设秋千之戏，盛陈饮宴，欢笑竟日。各家亦隔一曰设馔。自二月末自清明后方罢，谓之秋千会。”贵公子拜住过园外，“闻笑声，于马上欠身望之，正见秋千竞蹴，欢哄方浓，潜于柳阴中窥之，睹诸女绝

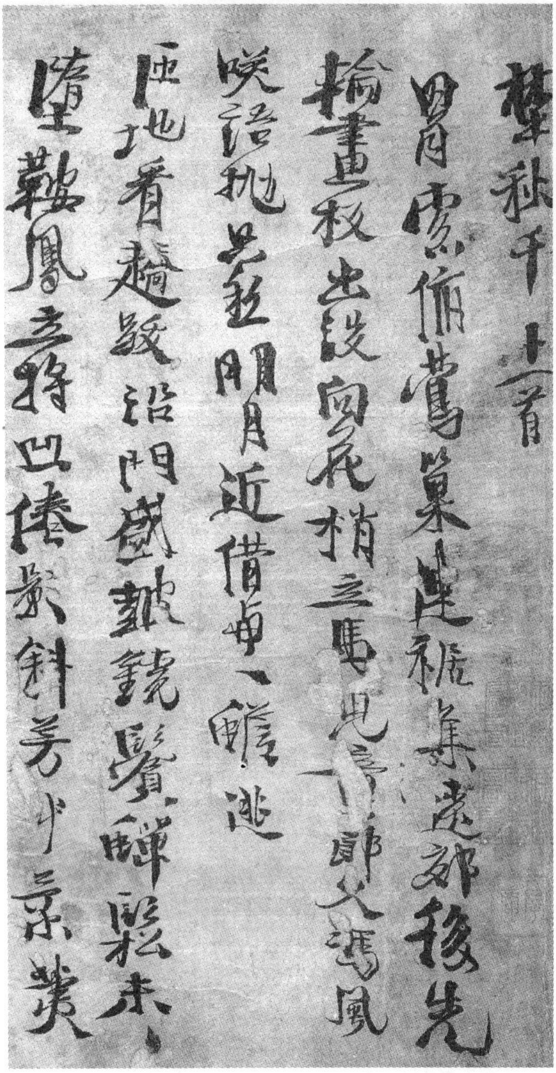

明代文学家、书法家徐渭写了《野秋千》十一首（局部），歌咏秋千。

清代陈枚的《月曼清游图》，描绘荡秋千的情形

色，遂久不去，为阍者所觉，走报宣徽，索之，亡矣。”拜住归，母乃遣媒于宣徽家求亲。……宣徽曰：尔喜观秋千，以此为题，《菩萨蛮》为调，赋南词一阕，能乎？”拜住挥笔，以国字写之曰：“红绳画板柔荑指，东风燕子双双起。夸俊与争高，更将裙系牢。……”宣徽又命作《满江红·咏莺》，拜住用汉字书呈宣徽。宣徽喜曰：得婿矣！”遂面许一女为姻。后来。凌濛初改写成话本，回目名曰：《宣徽院仕女秋千会，清安寺夫妇笑啼缘》。

《金瓶梅》第二十五回具体而生动地描写了“吴月娘春昼秋千”的经过：

清明将至，月娘于花园中，扎了一架秋千，趁西门庆不在家之日，率众姊妹游戏，先是月娘与孟玉楼打了一回，下来教李娇儿和潘金莲打。李娇儿辞说身体沉重，打不得，却教李瓶儿和金莲打。打了一回，玉楼便叫：“六姐过来，我和你两个打个立秋千。”分付：“休要笑。”当下两个玉手挽定彩绳，将身立于画板之上。月娘却教蕙莲、春梅两个相送。正是：红粉面对红粉面，玉酥肩并玉酥肩。两双玉腕挽复挽，四只金莲颠倒颠。那金莲在上面笑成一团。月娘道：“六姐你在上头笑不打紧，只怕一时滑倒，不是耍处。”说着不想那画板滑，又是高底鞋，趾不牢，只听得滑浪一声把金莲擦下来……

清代西周生《醒世姻缘传》第九十七回，写成都府经历狄希陈的妻子素姐，“野猴般的泼性受不得家中的闷气，立逼住狄希陈，叫他在外面借了几根杉木条，寻得粗绳，括得画板，扎起大高的一架秋千，素姐为首，寄姐为从，家人媳妇养娘终日猴在那秋千架上你上我下，我下你上，循环无端打那秋千顽要。……狄希陈再三央说间壁就是刑厅，千万不可高起，恐那边看见，不当稳便”。寄姐众人都也听了指教，略略高扬，便就留住。“惟这素姐故意着实使力，两只手扳了彩绳，两只脚踹了画板，将那腰一蹲一伸，将那身一前一后，登时在半空之中，大梁之上……”

荡秋千是中国的传统竞技游戏，尤为青年女性所喜欢。自汉晋以来，几乎成为汉族在寒食、清明、端午等岁时节日中必不可少的娱乐项目，故清明节亦有“秋千节”之称。与此同时，这项游戏在许多少数民族中也十分流行，如朝鲜族、拉祜族等同胞，还将其作为欢庆节日的竞赛项目。

古往今来，有关秋千的诗文题咏、画品工艺及相应的风俗事象，足可构成一种“秋千文化”现象。然而有趣的是，这个家喻户晓的游戏项目究竟是怎样发明的，以及这一游戏的本义是什么，即便是专家，也很难做出大家都认可的精确回答。

朝鲜族传说秋千是姑娘追求爱情的产物。相传，从前有一个美丽的公主，爱上了一位青年笛手。但如何走出深宫与心上人相会呢？聪明的公主想出一个办法，她在靠近宫墙的树上，用彩绸扎一个U形结，然后登上彩绸，用力摇荡，由此跃上宫墙，来到宫外，与心上人过上了幸福美满的生活。从此遂有秋千的发明。

云南的拉祜族，也有在年节期间荡秋千以欢度节日的习俗。汉族有关秋千的说法更多。《古今艺术图》称，秋千本是古代山戎人用于练习身手轻超的军训项目。到春秋时，齐桓公出兵远征山戎，秋千也随之向南流传，其后逐渐在中原地区传开，并从军训项目演化为游艺。《析津志》称：“辽俗最重清明，上至内苑，下至士庶，俱立秋千架，日以嬉戏为乐。”唐末五代时建国的辽人，也是自北方迁来，以此印证秋千源出山戎的说法似乎可信。

《荆楚岁时记》注还具体画出了秋千从山戎之戏变成汉人游艺的线索：“《古今艺术图》云：‘秋千本北方山戎之戏：后中国女子学之，乃以彩绳悬木立架，士女炫服，坐立其上，推引之，名曰秋千。”归功于中原妇女的创造。

唐高无际《汉武帝后庭秋千赋》称，秋千者，千秋也。汉武祈千秋之寿，故后多秋千之乐。《湘素杂记》称秋千，“汉武帝后庭之戏也，本云千秋，祝寿之词也，语讹传为秋千”。故追寻本义，秋千应是祝寿的礼仪。

学者推断秋千是原始社会的一种生活技能。一说，初民在发明建筑房屋之前，曾栖息在树上，食物的来源则是采摘果实或猎取野兽，两种活动均爬树，而用绳索帮助上下，则更为便捷。自然生成的绳索是盘在树上或从树上垂下的藤，人们在上下时攥紧垂下的藤条，身体随意向某一方向荡去，从而达到目的地，如此就出现了荡秋千。及初民发明住宅并开始农业生活后，这种技能依然在某些生活或生产领域中被应用，于是就有了进一步形式的秋千，即由一根藤发展为两根绳索，并加上踏板，因为这样更有利于掌握方向。故秋千的得名，可能就是“揪着绳索而迁移”之意。

还有人认为，秋千的发生与顺势巫术有关。据《说文解字》，“秋”的本义是谷物成熟；而从籀文“秋”字的结构看，当时人们为了有秋（收获谷物），要用龟甲占卜，这意味着巫术的介入。为求收获，人们想出各种方法，包括采用打秋千这一顺势巫术的形式。顺势巫术的特点在于“相似”的联想，人在秋千上荡得高，谷物也会受其影响而长得高、长得壮，收成也会好。今天，山东还有“秋千打得高，庄稼收成好”的民谚，正是打秋千之本义。其实，俗语谓抽头叫“打秋风”，也和从“秋”字原义有关，所以秋千也有表示“收获多”之意。

拔河与水战

拔河历史悠久，是一种角力的运动，盛行于唐代。它的前身为“钩强”，又叫“强钩”“牵钩”“拖钩”，传说春秋时楚国就有这项活动了。

《荆楚岁时记》载，“拖钩之戏，以緶作篾缆”，是绵亘数里，要鸣鼓牵之的。又说，“公输子游楚，为舟戏，其退则钩之，进则强之，名钩强，遂以败越。以钩为戏，意起于此。”

此后，民间开展此种活动甚为普及。至唐代进而发展成为一项拔河运动，而且规模宏大，气势撼人。唐封演《封氏闻见记》：“古用篾缆，今则大麻绳，长四五十丈，两头分系小索数百条挂于前。分二朋，两勾齐挽。当大旗之中，立大旗为界。震鼓叫噪，使相牵引，以却者为输，名曰拔河。”

唐代的一些皇帝也喜好拔河运动，唐中宗、唐玄宗还亲自组织比赛。薛胜对一次参加人数达千余人的大规模比赛，曾作《拔河赋》，描画了当时热烈壮观的场面。

据《墨子・鲁问》和《荆楚岁时记》杜公瞻的注介绍，这种集体竞技源起春秋后期，当时楚、吴之间进行水上舟战，楚国聘请来楚地游历的鲁国名匠公输般为其设计一种名为“钩强”的器具，在舟战占优势的情况下可以用它勾住敌舟，不让其逃脱，在失利时可以用它抵住敌舟，不让其接近，以免被俘。其后，这种钩拉敌舟的战术操练又从水上移到陆上，基本动作从“退则钩之，进则强（拒）之”，演变为单一的“钩”即“拖”“牵”技巧，进而演绎成一种竞技项，称为“牵钩”或“拖钩”。

牵钩竞技最初在今长江中下游楚国故地一带流行，操作之具早已由蔑绳取代

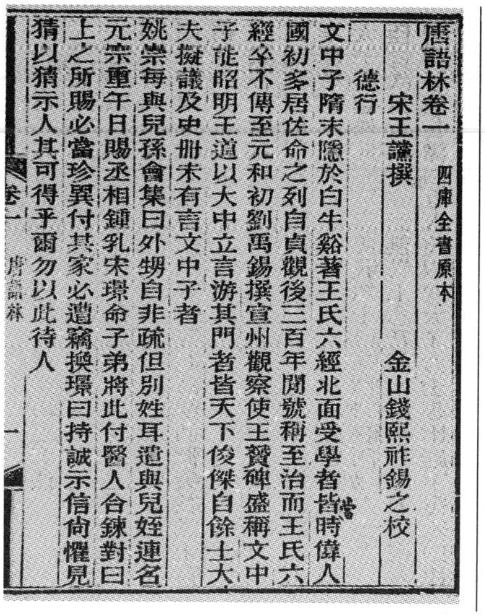

唐語林卷一　四庫全書原本

宋王讜撰　金山錢熙祚錫之校

德行

文中子隋末隱於白牛谿著王氏六經北面受學者皆時偉人國初多居佐命之列自貞觀後三百年間號稱至治而王氏六經卒不傳至元和初劉禹錫撰宣州觀察使王贇碑盛稱文中子能昭明王道以大中立言游其門者皆天下俊傑自餘士大夫擬議及史冊未有言文中子者

姚崇每與兒孫會集曰外甥自非疏但別姓耳遣與兒姪連名

元宗重午日賜丞相銅乳宋璟命子弟將此付醫人合鍊對曰上之所賜必當珍異付其家必遭竊換璟曰持誠示信倘懼見猜以猜示人其可得乎爾勿以此待人

卷一　唐語林　一

《唐语林》记载了唐代的一次拔河："比赛挽者至千余人，喧呼动地。蕃客庶士，观者莫不震骇。"

了战器，篾绳长短视参加人数多少而定，有时长度竟达"绵亘数里"，竞赛时还要鸣鼓，用激越的鼓点整齐双方角力用巧的节奏，场面之恢宏、气氛热烈。

唐朝时，由于中宗、玄宗的喜爱与提倡，牵钩由荆楚地区的地方性习俗，迅速发展为走向全国的全民性竞技项目。此时的用具，已由长达四五十丈的大麻绳取代了篾缆，麻绳两头分系数百条小绳。竞赛时，两拨人各自拉住小绳 在胸前挽成圈，便于发力。竞赛规则是在长绳正中"立大旗为界"，最终"以却者为胜，就者为输（《唐语林》）现代的拔河基本相同。

从"钩强"到拔河的发展线索，应该说是比较清晰的。但这种竞技何时定名为"拔河"，则稍有争议。一般多认为此名始见于唐代，可作依据的史料不胜枚举。但也有人指出，《画谱》载有"展子虔《鬼拔河图》"，展氏历经北齐、北周，又仕隋朝，因此可知"拔河"之称在北朝时就已经出现。比起这个问题来，争议更多的是，拔河之名缘何而起，这个取名有什么特别的历史信息？

有人认为拔河之名或许是受项羽"力拔山兮气盖世"的影响，用此相符拔河时"挽者千余人，喧呼动地，观者莫不震骇"的磅礴气势。唐薛胜《拔河赋》云："超拔山兮力不竭，信大国之壮观哉！"正是这一名词本义的概括。也有人认为拔河之名是对当年楚人水上教战传统的溯源，有两种解释，一是此项竞技判断胜负的标志是使用界旗为"河"，即"载立长旗，居中作程"，能够把绳索拉过旗界，就是拔过了"河"；一是径以绳索中心的标志为"河"，胜者就是把"河"拔了过来。

拔河起源于舟战，"退则钩之，进则强之，名钩强"（战国青铜器水陆攻战纹饰）

可见“拔河”是对竞赛规则的形象表述，如今之广西仫佬族同胞的拔河游艺，就将此中线称为“界河”。

还有人认为，拔河实是一种感应巫术活动。《论衡》说，“设土龙以招雨”，《隋书·地理志下》介绍荆襄地区拔河习俗时说：“俗云以此厌胜，用致丰穰。”拔河所用那又粗又长的绳子，就好比是龙。

唐玄宗《观拔河俗戏》诗序亦曰：“传此戏必致丰年。”可见参加拔河者认为这种活动能感应稼禾，促成丰收。从它一般在春季进行的时段来看，直接的目的是对雨水的祈求，故“拔河”的本义当是挽拔“天河”使之倒灌。古人举行拔河时“绵亘数里，鸣鼓牵之”，参加者越多越好，“群噪歌谣，震惊远近”，即声势越大越好，均是显示人力回天的巨大力量的缘故。

唐张说《拔河》诗云:“今岁好拖钩，横街敞御楼。长绳系日住，贯索挽长河。斗力频催鼓，争都更上筹。春来百种戏，天意在宜秋。”点出了拔河这一习俗的目的是为了“春播秋收”，获得丰收。

舞龙灯的流变

龙灯也叫“龙舞”，是汉族民间舞蹈形式之一，在汉代已有记载。

《汉书·西域传赞》载：“曼延鱼龙，角抵之戏，以观视之。曼延者，即张衡《西京赋》所云：‘巨兽百寻，是为曼延’者也；鱼龙者，为含利之兽，先戏于庭极毕，乃入殿前激水，化成比目鱼，跳跃漱水，作雾障日毕，化成黄龙八丈，出水敖戏于庭，炫耀日光，西京赋云：‘海鳞变而成龙，即为此色也。’”从上述可以看出，汉代的鱼龙曼延，即幻术与龙舞的结合，演出中是以龙舞为主的。

舞龙灯流行于中国很多地区，历久不衰，是都市乡村闹元宵或重大庆典活动中的传统节目。清代吴敬梓《儒林外史》第二回，写山东兖州府汶上县薛家集闹龙灯的事：

> 成化末年，正是天下繁富的时候。新年正月初八日，集上人约齐了，都到庵里来议闹龙灯之事。到了早饭时候，为头的申祥甫带了七八个人走了进来，……荀老爹先开口道：“今年龙灯上庙，我们户下各家须出多少银子？”申祥甫道：“且住，等我亲家来一同商议。”……说了半日，才讲到龙灯上。夏总甲道：“这样事，俺如今也有些不耐烦管了。从前年年是我做头，众人写了功德，赖着不拿出来，不知累俺赔了多少。况今年老爷衙门里，头班、二班、西班、快班，家家都兴龙灯，我料想看个不了，那得功夫来看乡里这条把灯？但你们说了一场，我也少不得搭个分子，任凭你们那一位做头。像这荀老爹，田地广，粮食又多，叫他多出些；你们各家照分子派，这事就舞起来了。”众人不敢违拗，

日本明治时期的彩绘版画《唐人舞龙图》，从中可见中国舞龙习俗影响深远

当下捺着姓荀的出了一半，其余众户也派了，共二三两银子，写在纸上。

湖南长沙元宵夜有舞龙灯习俗，有多年不育者，待舞龙灯者至家门时，送封仪，求以龙身绕妇人一次，又让龙身上骑一男孩，将龙身缩短，在堂前绕圈，谓麒麟送子，并有纪俗诗一首："妇女围龙可受胎，痴心求子亦奇哉。真龙不及纸龙好，能作麒麟送子来。"

民间有许多解释舞龙由来的传说，四川有一个传说是，盘古、神农、伏羲轮流掌管"镇天之宝"——一根龙头拐杖，以每年正月初一为换班之时。这天，伏羲刚上岗，突然见五瘟童于化成一股黑气，往人间飞奔。伏羲恐五瘟童子去作孽人间，忙将手上的龙头拐杖往空中一抛，立时化作一条金龙，张开大口，一下就把瘟童施放的瘟疫全部吞吃。继又逮住瘟童，将其监禁。因龙头拐杖由玉竹制成，后来人们便照着玉竹龙的样子，用竹子作骨架，制成内点蜡灯的火龙，自行舞弄盘旋，以消瘟免疫。

另一则传说是，玉皇大帝有一根雕龙拐杖，因长年累月感受仙气，活了。某日它偷偷跑下凡间作乱，残害百姓。玉皇大帝为平民愤，派大兵天将下凡将其拿住，然后让百姓用火焚烧，孽龙被烧得翻滚飞舞，待其只剩一口气时，才押回天庭。从此民间有了舞龙放火的习俗。从中可以看出，舞龙起源于古人用火炬祓除邪祟瘟疫的"火祓术"。在古人的观念中，瘟疫疾病是妖邪作怪的结果，这些妖邪与猛兽一样，害怕烈火的攻击。所以秦汉以降年末岁初的祓禊礼中，照例有一

舞龙灯（《成都通览》）

道“煌火驰而星流，逐赤疫于四裔”（张衡《东京赋》）的场面壮观的仪式。

又有观点认为舞龙灯是远古龙图腾崇拜的遗存，其原始形态是人们排成逶迤的队形，模仿龙的动作，舞动行进。这种活动称为“舞雩”，含有祭龙、祈雨、祝祷年成等多项内涵，因为在古人心中，龙是主风雨、主谷物丰收的神灵。《周礼·春官·司巫》：“若国大旱，则帅巫而舞雩。”《论语，先进》：“浴乎沂，风乎舞雩，咏而归。”所以，这种活动在春秋时期时已经流行。董仲舒《春秋繁露》卷十三载有汉代舞龙祈雨之事，汉代画像上也有舞龙场景，可见汉代的舞龙是先秦“舞雩”的发展。当代农村中的舞龙活动，率以祈求风调雨顺、五谷丰登为主题，其民俗信仰与上古的“舞雩”仍旧是一脉相承的。

还有人认为舞龙灯发源于古代的蚕桑文化。甲骨文中有蚕事占卜和蚕神祭祀的记载。《蚕书》称蚕为“龙精”。在杭嘉湖蚕乡，迄今有称蚕为“白龙”或把大蚕称作“龙蚕”的习俗，同时流传着种种“龙蚕故事”。当代有学者认为“龙”的原型就是“蚕”。那么，养蚕与舞龙这两件事就开始走近了。现在在杭嘉湖农村还流行的“烧田蚕”活动，就可以看出这种关联程度。烧田蚕是蚕乡占卜蚕事和祈祷年丰的一种仪式，一般在除夕或元宵举行。届时，人们高举用稻草、节竹、树枝等扎成的火炬，在金鼓齐鸣声中，奔走于田岸，流星舞火，煞是壮观。该活动

舞龙灯（《图画日报》）

既以“龙精”“龙蚕”（即幻想中的蚕神）为祝祷对象，又以火炬的衰旺、明暗为占卜一年农事和蚕事丰歉的标志，所以一面行进舞火，一面还要念唱祈求谷物和蚕桑丰收的赞同，最后将火把聚而焚之。从有关文献和诗文题咏推测，这种仪式起源甚早，随着其娱乐和观赏性因素的逐步增加，最终发展为舞龙灯的形式。不少民间叙述，在提到舞龙灯源起时，都有源起于老龙“讨香火”或为“龙蚕”辟祸的神话式传说，在有些地方，与龙灯并举的，尚有蚕灯、花灯等名目。这些都从不同角度显示出舞火龙、舞龙灯系从烧田蚕、祈年丰活动发展而来的民俗流变过程。

此外，自然也有人从文献角度出发，认为舞龙的源头就是汉代兴起的“曼衍（延）鱼龙”的化装演出活动，从《汉书·西域传赞》颜师古注、张衡《西京赋》、李乐《平乐观赋》等有关文献的描绘看，这种表演就是“人扮鱼龙”，并取广场演出形式，其“曼衍鱼龙”的队列可达十几丈之长。在徐州铜山，还发现汉代百戏画像石上有这种人扮鱼龙的群像，与文献记载大致吻合，且有“吞刀吐火”“高竿倒立”“驯象”“立骑”等其他百戏技巧与之相配。由此可见，舞龙灯这种活动的目的在早先除了祈雨兴农或祭祀外，应该还有观赏目的。

投壶与燕射

宋代诗人曾幾有《投壶》诗云：

连朝赐沐吏功休，请以陶壶竹矢投。
整整斜斜森剑戟，纷纷藉藉委戈矛。
坐人各自庆多马，老子不惟输一筹。
中否何关兴废事，天公应解笑齐侯。

投壶是我国古代宴会的礼制，也是饮宴时的一种游戏。早在春秋战国的时候，诸侯宴请宾客，会请客人射箭助兴。但可能是因为射箭属于“真枪实弹”，也容易引起不必要的真实“武力较量”，所以后来就改成了投壶。其方法以盛酒壶口为靶子，用矢投入。《礼记·投壶》曰：“投壶之礼，主人奉矢，司射奉中。使人执壶，主人请曰：某有枉矢哨壶，请以乐宾。”陆德明《音义》引郑玄注云：“投壶者，主人与客燕饮讲论才艺之礼也。”又据《礼记·投壶》：“为胜者立马，一马从二马，三马既立，请庆多马。立马者，取算以为马表其胜之数也，谓算为马者，马为威武之用。投壶及射，皆以习武也。”可见古时投壶也用以练武。

《左传》昭公十二年载，晋昭公大宴诸国君主，举行投壶之戏，大臣行穆子司射，曰：“有酒如淮，有肉如坻。寡君中此，为诸侯师。”结果，昭公投中。齐景公曰：“有酒如渑，有肉如陵。寡人中此，与君代兴。”结果也投中。这两位君主每投必中，说明平时经常在玩投壶之戏，已经熟练自如。

战国时，投壶之风盛行。《史记·滑稽列传》记述男女同宴，举行投壶游戏。

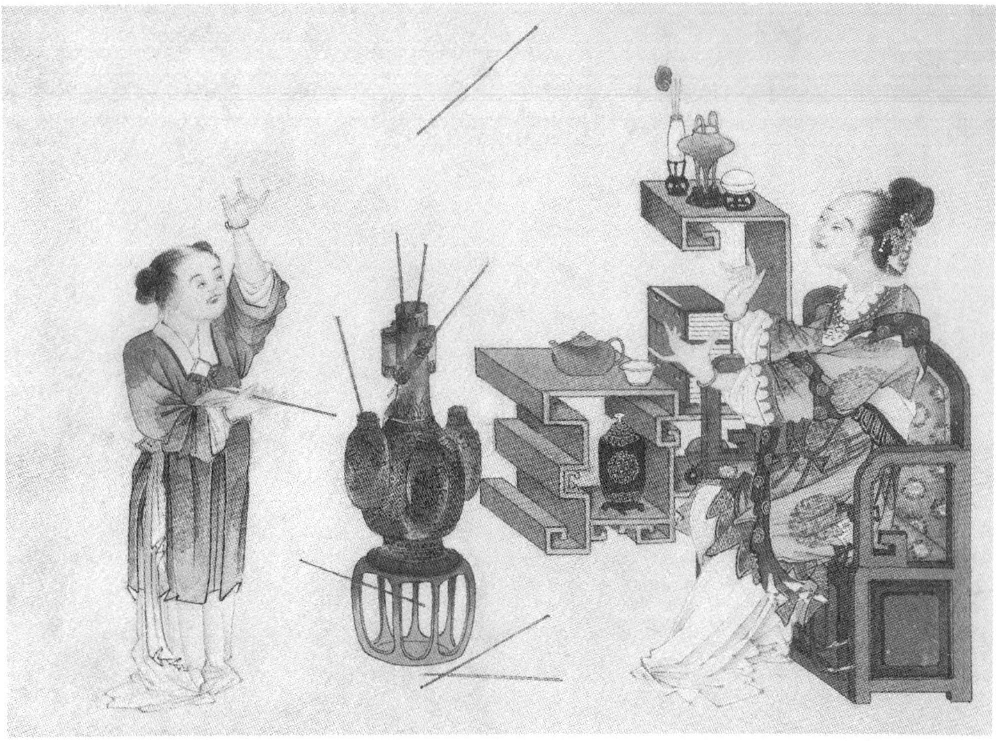

清代喻兰《投壶图》

秦汉以后，仍受到世人的普遍欢迎。《神仙传》曰："玉女投壶，天为之笑。"《东观汉记》曰："祭遵为将军，取士皆用儒术，对酒娱乐，必雅歌投壶。"

早期投壶，是在室内、堂上或庭院当中，置一广口大腹、壶颈细长的酒壶，以壶口为目标，宾主按规定的距离，跪坐于壶的周围，依次将一根根柘木或棘木做成的矢向壶口投去，矢的形状一头尖，一头齐，颇似没羽之箭，故名。以投中者为胜，负者须饮酒。有专职的"司射"于旁监督，并以算筹记录比赛成绩。为了不使投的箭跃出，壶内还放有赤豆。

随着玩的人越来越多，人们的技艺普遍提高，后世的投壶已不为古礼所拘束，向游戏进一步发展。《西京杂记》卷五称："武帝时，郭舍人善投壶，以竹为矢，不用棘也。古之投壶，取中不求还，故实小豆，恶其矢跃而出也。郭舍人则激矢令还，一矢百余反，谓之骁，……每为武帝投壶，辄赐金帛。"这是说郭舍人改棘矢为竹箭，壶内不实小豆，投中后箭从壶中激还，接在手中又投，投一激连续

战国青铜壶上的采桑习射图

百余次不断，称之为“骁”。

再后来，投壶逐渐演变成为一般的游戏活动。南宋周密《武林旧事·西湖游赏》:“泥丸、鼓板、投壶、花弹、蹴鞠……不可胜数。”《孽海花》第二十回，写成伯怡在云卧园大集诸名士，替李纯客做寿。李纯客与小燕等到了园中，说话未了，忽然微风中吹来一阵笑语声，一个说：“我投了个双骁，比你的贯耳高得多哩！”一个道：“让我再投个双贯耳你看。”小燕道：“咦，谁在那里投壶？”筱亭道：“除了剑云，谁高兴干那个！”扈桥就飞步抢上去道：“我倒没玩过这个，且去看来。”纯客也跟下亭子来廊底下，果然见姜剑云卷起双袖，叉着手半靠在栏杆上，看着一个十五六岁的活泼少年，手执一枝竹箭，离着个有耳的铜瓶五步地，直躬敛容的立着，正要投哩。恰好扈桥喘吁吁跑来喊道:“好呀，你们做这样雅戏，也不叫我玩玩！”说着，就在那少年手里夺了竹箭，顺手一掷，早抛出五六丈之外。此时纯客及众人已进来，见了哄然大笑。纯客道:“蠢儿！这个把戏，哪里是粗心、浮气弄得来的！”

《镜花缘》里的那位“乌投壶”,能玩出“苏秦背剑”“鹞子翻身”“朝天一炷香”“张果老倒骑驴”等许多花样，可见这种游戏在民间的普及程度以及投壶游戏的花样越玩越多。

那么，投壶之戏究竟是怎样产生的，它最初的文化意义是什么？

《礼记·投壶》郑玄注：“投壶，射之细也。”也就是说，他认为投壶是从射礼演化而来。但周朝“六礼”之一的射礼，有“大射”“宾射”“燕射”“乡射”

等多项系列，适用的场合与意义各有不同，投壶是哪一种射礼“之细”呢？一说认为，投壶是从“大射”“乡射”演化而来。这两项礼仪，是奴隶制国家自上而下的军事训练制度，可在室内、堂上、庭院，由于客观条件限制而不便射箭，遂采用以手投箭入壶、用壶代的（即箭靶）的游戏方式。郑玄所谓“射、投壶皆所以习武因为乐”，可以印证。但也有人反对，他们以为投壶并非用箭射的，而是以箭投壶，这与射箭无关。又有一说认为，投壶是从“燕射”演化而来。《周礼·春官·乐师》：“燕射，帅射夫以弓矢舞。”孙诒让《正义》：“燕射者，王与诸侯、诸臣因燕而射。《梓人》注云：‘燕谓劳使臣，若与群臣饮酒而射。’是也。”可见燕射是诸侯招待宾客，一起在宴会场所举行的射，本义是借此观察双方对军事训练是否重视。由于其“耀武扬威”的色彩过于明显，与宾主交欢的氛围不太协调，遂改为投壶，配以彬彬礼节和音乐伴奏，从而达到“乐宾”多饮的目的。

为何要发明高跷

高跷又名“高脚”“高跷秧歌”，亦称“脚把”“柳木腿”，是民间舞蹈形式之一。舞者扮成各种人物，手持道具，双足绑上木跷（高者三四尺，低者尺余）而舞。

高跷在我国历史悠久，流行地区十分广泛，在距今两千余年的战国已有记载。《列子·说符》：“其技以双枝长倍其身，属其胫，并驰并驱。”

明代齐东野人编的《隋炀帝艳史》第十回中，写隋炀帝下令在东京陈百戏，端门街一带，“有一处装社火，有一处踩高跷，有几个舞柘板，有几个攒百戏。……软索横空，弄丸夹道，百般样的技巧，都在五凤楼前”。

唐代封演《封氏闻见记·绳妓》载，玄宗开元年间，妓女表演绳戏，“有着屐（穿木底鞋）而行，从容俯仰者；或以画竿接胫，高五六尺。”即用有彩绘的竹竿，绑在小腿上在绳上行走。这便是当时在绳上的高跷表演。.

踩高跷是社火的主要传统节目之一。舞者扮演的一般是古代人事。明末清初小说《飞花咏》第一回，即生动地描写了社火中的高跷节目：

> 忽一日，南直隶松江府华亭县秀才昌全闻得外面哄传：今日西门外锦香里有一社会甚是齐整，许多人都去看。昌全便带着七岁儿子昌谷去看。一路徐步而行，早听见远远的锣鼓喧天，二人遂走入锦香里市中。只见家家悬彩，户户垂帘。无数的老少妇女，俱穿红着绿，站在门前看会。……隔不多时，街上人纷纷拥来，说道：“来了，来了！”又停了半晌，一阵阵、一队队的鲜明旗帜，里长社火，俱各扮了故事，跳舞而来。后面就有许多的台阁，内中或有扮苏东坡游赤壁的，也有

扮陶渊明赏菊的，也有扮张生游佛殿的。众人俱围住观看。朱天爵看了，忽大笑道：“苏东坡、陶渊明难道是这等一个嘴脸。”因顺口念出一句道：“千古阔贤，换面改头成俗子；一群恶少，耸肩叠背学才郎。”……

作为城乡民众自娱自乐的保留节目，高跷每于民间社火、花会中出演。关于其由来,民间传说也是各异。一说，走高跷是社火艺人的创造。相传，某年年关，城里城外的人依照惯例，准备联合举办社火。谁知官老爷想从这上头诈一笔横财，下令吊起东西南北四门外护城河上的板桥,并派守吊桥的传下话来：“过河要钱，一人三钱，不许拖延。”城外的社火头听了，十分生气，但无可奈何，遂凑足了银子。谁知银两拿来，守吊桥的人又提价了：“一人三两，干银要响。”气得大家干脆收拾摊子打拆戏，社火不办了。村火头的儿子足智多谋，回家后从墙上挂的一幅长腿白鹤图受到了启发：如果给自己接上两只长腿，不就可以从水里跷过河去吗？于是他来到护城河边，用竹杆探了探水位，找来两根又细又轻的柳木棍，做了脚踏，绑在自己脚上，沿城走了一圈。一会儿天亮了，他就这样淌过了护城河。正月十五

传说踩高跷是对《山海经》记载的“长股国”人的模仿

杨柳青年画《高跷》

那天，城外社火队的小伙子都依样绑上高腿，排成长长一串，进了城。有人说，这叫“柳木腿”，因腿上绑的是柳木棍。有人说，这叫“走高桥”，因站在桥下比桥还高；有人说，人升高了，跷得远，这叫“高跷”。从此每年正月十五，闹社火的人都要走高跷，以庆贺他们和官老爷斗争的胜利。

一说走高跷是御敌取胜的高将军的创造。相传，有一年，胡兵攻占了甘州，朝廷闻讯，令一位姓高的将军挂帅出征。高将军率兵赶到甘州时，胡兵已把护城河上的桥拆了，部队无法攻进城去。一天傍晚，高将军走出军营，突然从正在河边觅食的大雁的腿上受到启发，回营后叫人砍来许多柳木棒，令将士们绑在腿上练习走路。第二天深夜，将士们踩着高高的柳木棒，过了护城河，乘胡兵不备，一举收复甘州城。天亮后，高将军与部下踩着柳木棒举行入城仪式，以庆贺胜利。此后，每逢庆贺的日子，老百姓也学样踩起了柳木棒。因这玩艺是高将军发明的，人们就叫它“高跷”，以此纪念高将军。

踩高跷究竟是为何发明出来的？除了上述传说以外，有人认为是对神话传说中殊方异人的模仿。《山海经·海外西经》记载：“长股之国在雄常北，被发。一曰长脚。”郭璞注：“国在赤水东也……此人脚过三丈矣。”类似的记载，又见于《大荒西经》。据此推测，初民因物质生产方式的制约，产生了期望双腿加长、得下海捕鱼之方便的幻想。但也有人以腿加长而手不加长,仍无法捕捞为由,对此推测表示质疑。此外，还有人提出踩高跷源于先民采集果实的技能或原始宗教表演的假设，然而这两种假设在后世的劳动形式和巫觋活动中，都没有切近的痕迹可寻。

斗百草与巫及医

斗百草也叫“斗草”，是古代妇女的一种游戏，即用草来赌胜负，或对花草名，如狗耳草对鸡冠花；或斗草的多寡、韧性等。

北宋词人晏殊《破阵子》曰：“巧笑东邻女伴，采桑径里逢迎。疑怪昨宵春梦好，元是今朝斗草赢，笑从双脸生。”

《镜花缘》第七十六回详细描述了斗草的情形：

紫芝一面思忖，已进了百药圃。只见陈淑媛、窦耕烟等八人都在那里采花折草，倒象斗草光景。连忙上前止住道：“诸位姐姐且慢折草，都请台上坐了，有话奉告。”众人都停了手，齐到平台归坐。陈淑媛道：“妹子刚才斗草，屡次大负，正要另出奇兵，不想姐姐走来忽然止住有何见教？”紫芝道：“这斗草之戏，虽是我们闺阁一件韵事，但今日姐妹如许之多，必须脱了旧套，另出新奇斗法，才觉有趣。”

耕烟道：“能脱旧套，那敢妙了。何不就请姐姐发个号令？”紫芝道：“若依妹子斗法，不在草之多寡，并且也不折草。况此地药苗都是数千里外移来的，甚至还有外国之种，若一齐乱折，亦甚可惜。莫若大家随便说一花草名或果木名，依着字面对去，倒觉生动。”

毕全贞道：“不知怎样对法？请姐姐说个样子。”

紫芝道：“古人有一对句对的最好：‘风吹不响铃儿草，雨打无声鼓子花。’假如耕烟姐姐说了‘铃儿草’，有人对了‘鼓子花’，字面合式，并无牵强。接着再说一个，或写出亦可。如此对去，比旧日斗草岂不

明代陈洪绶《斗草图》(局部)

好顽？”邺芳春道：“虽觉好顽，但眼前俗名字面易对的甚少。即如当归一名‘文无’，芍药一名‘将离’，诸如此类，可准借用么？”

《镜花缘》第七十七回继续写斗草：

紫芝四处一望，只见墙角长春盛开，因指着道：“头一个要取吉利，我出‘长春’。”窦耕烟道：“这个名字竟生在一母，天然是个双声，倒也有趣。”掌浦珠道：“这两字看着虽易，其实难对。”众人都低头细想。陈淑道：“我对‘半夏’，可用得？”春辉道：“‘长春’对‘半夏’，字字工稳，竟是绝对。妹子就用长春别名，出个‘金盏草’。”邺芳春遥指北面墙角道：“我对‘玉簪花’。”窦耕烟指着外面道：“那边高高一株，满树红花，叶似碧罗，想是‘观音柳’……”邺芳春指着一株盆景道：“我对‘罗汉松’。”春辉道：“以‘罗汉’对‘观音’，以‘松’对‘柳’，又是一个好对。”

如上所述，具体的“斗”法从动作到语言，似乎分了三类。

一类是比试植物知识：众人采到花草后聚在一起，采取类似“对对子”的形式进行，如上述《镜花缘》内容，还有《红楼梦》六十二回中的详细描写：

外面小螺和香菱、芳官、蕊官、藕官、豆官等四五个人，满园玩了一回，大家采了些花草来，兜着坐在花草堆里斗草。这一个说："我有观音柳。"那一个说："我有罗汉松。"那一个又说："我有君子竹。"这一个又说："我有美人蕉。"这个又说："我有星星翠。"那个又说："我有月月红。"这个又说："我有《牡丹亭》上的牡丹花。"那个又说："我有《琵琶记》里的枇杷果。"豆官便说："我有姊妹花。"众人没了，香菱便说："我有'夫妻蕙'。"豆官说："从没有听见有个'夫妻蕙'！"香菱道："一个剪儿一个花儿叫做'兰'，一个剪儿几个花儿叫做'蕙'，上下结花的为'兄弟蕙'，并头结花的为'夫妻蕙'。我这枝并头的，怎么不是'夫妻蕙'？"豆官没得说了。

由此可知，这场斗草之戏的胜利者是香菱。

另一类是比试草茎的韧劲：双方各持草茎一端，与对方的草茎相交，勾住后，各自用力往回拉，断者为负，不断者为胜。清代宫廷画家金廷标有一幅《群婴斗草图》，所绘的正是这种玩法。因

清代金廷标《群婴斗草图》

晚清风俗画《斗草》

画得非常精细，可以看出画面上一群顽童所采集和用来比斗的是车前草的花茎。

还有一类是比试运气，或谓“预测”：如河南一带有所谓“劈豆腐块”方法是取三棱草茎一根，两人各持一端，劈为两半，至中心点后交换一股，再向两边撕拉。若劈成“只”形，即为将来生男孩的预兆，若劈成菱形，即为将来生女孩的预兆，若不成形，则预示男孩女孩都没有。

文字记载上的斗草之戏，始见于南朝梁宗懔《荆楚岁时记》：“五月五日，谓之浴兰节。四民并蹋百草。今人又有斗百草之戏。”其后从唐代以后的诗词小说中，都有相关的描写。从这些描写中可知，它既是清明、端午等岁时节令的一项重要活动，也是春、夏两季中随时可行的一种游艺，主要为妇女与儿童所喜爱。《金瓶梅》十九回写八月初旬，吴月娘领着众妇人进新花园游赏，“或携手游芳径之中，或斗草坐香茵之上”，当时已近中秋节令，由此可见这种游艺的随时可行与流行程度。

斗草的起源和原初性质，却是一个谜。有人认为斗草起源于中医药学的发轫与发展时期。早在远古时代，我们的祖先开始用天然植物治疗疾病的探索，所谓“神农尝百草”的传说，正是这种活动的反映。在此尝试性过程中，人们相互比试草药知识，斗草之戏因而产生，各种植物的命名，特别是诸多繁丽的异称，估计也与这种游戏有密切关系。唐韩愕《岁华纪丽》称“端午，结庐蓄药，斗百草”，可谓勾沉出斗草与采药的历史的渊源。

又有人认为斗草起源于古代的端午辟邪活动。古人以为夏历五月是“恶月”，五日又是“恶月”中的“恶日”，毒秽流行，必须提防，故有采集百草以驱毒气的习俗。这种叫作“蹋百草”的活动，远自魏晋时起便已成为端午的习俗。在此过程中，结伴采集百草的人往往在数量、种类、知识方面进行比试，斗草由此产生。宋高承《事物纪原》卷九在追溯“蹋百草”来源时，提及《荆楚岁时记》中有关五月五日蹋百草的记载，并谓竞采百药，谓百草以蠲除毒气，故世有斗草之戏。

另有人认为斗草源起于古代的“草卜”巫术。初民占问吉凶祸福，以蓍草作为工具，并衍生出求数、看兆等不同流派，前者发展为《周易》占筮，后者发展为斗草占卜。《诗经·周南》里有一篇《芣苢》，据汉代人申培解释，这首西周歌谣所咏就是“童儿斗草嬉戏”。芣苢学名“车前”，古人对其性能的认识，除了“养肺益精，除湿痺，利水道，治难产”等之外，还笃信其有“令人有子”的奇效。还有人指出，这种草卜巫术在上古时大约与“春嬉”有直接关系：妇女们在春嬉中与男人有染，至初夏时怀孕了，于是便有以草卜的方式预测生男生女的巫术活动。

更怜花月夜，宫女笑藏钩

藏钩是古人在守岁时玩的一种猜东西的游戏，也作“藏弧”，它上起宫廷，下及里巷，男女咸宜。其游戏方式，据晋周处《风土记》介绍，是一群人分为两组，互较胜负。假如参加游戏者是双数，正好匹敌；若为单数，就要有一人为游附，“或属上曹，或属下曹，名为‘飞鸟’”。所谓“游附”就是奇数多出来的那个人，可以随意依附这组或那组。其中甲组某人将一枚细小的“钩”，如银钩或玉钩等藏在手里，让乙组猜射此物在谁掌中。猜中赢一筹，不中输一筹，三筹为“一都”即一个轮次。

《新唐书·王琚传》载，王琚“既失志，稍自放，不能遵法度。在州与官属小史酋豪饮谑、樗博、藏钩为乐。”又张说诗云：“十五红妆侍绮楼，朝承握槊夜藏钩。”樗博、握槊，都是古代博戏，藏钩既然与之并称，估计玩起来也应有钱物做输赢彩头。

藏钩之“钩”究为何物，有人认为这是一种细小的玉制或金属制的弯曲钩状物，也有人认为就是戒指一类的圆环。还有人在解释李商隐诗句“隔座送钩奋酒暖”时，以为钩不可能是带钩、钓钩等物，应是阄字的同音字，古今用字不同，所指实即一物。由此看来也可能是任何易于在手掌中藏匿的细小之物，均可以用作这种游戏的道具。

藏钩之戏起源于什么时候，也有众多说法。传统说法，都称藏钩游戏源起西汉，并与汉昭帝的生母赵氏有关，东汉辛氏《三秦记》载：“汉昭帝母钩弋夫人，手拳有国色，世人藏弧因此。”《宋书·符瑞志》还载有更详尽的传说：汉武帝巡行天下，经过河间，当地有个赵姓姑娘，生来两掌握紧成拳，谁也没法掰开。武帝召而览之，亲自掰她的手指，手指马上伸开。令人惊讶的是，她的掌心里居然藏有一枚“玉钩”。“由是见幸，号曰‘拳夫人’”。进为婕妤，并赐其住处“钩弋宫”，后来她生了个男孩，是为汉昭帝刘弗陵。从那以后，宫女们便玩起了藏钩游戏，其潜意识里或许是希望也能得到一份恩宠有加、怀孕生子的幸运吧。

李白《宫中行乐词》云：“更怜花月夜，宫女笑藏钩。”看来这的确是宫廷里的游戏节目。不过也有人认为真实的情况很可能是，藏钩游戏产生于民间，而赵婕妤擅长此道，俟其因美貌而被皇帝看中，带进宫里后，此戏遂在宫内流传开来，且为她赢得了“钩弋夫人”的称号。

如果藏钩之戏并非由“钩弋夫人”所起，而是本来就流传于民间的话，那么它又是怎样起源的呢？据《风土记》记载可知，当时民间的藏钩游戏，照例都在蜡祭后举行：“腊（蜡）日之后，叟妪各随其侪为藏彄，分二曹以较胜负。”南朝梁宗懔《荆楚岁时记》也将这一民俗活动系于“腊（蜡）日”条下，谓“岁前又为藏彄之戏”，又谓“俗云此戏令人生离，有物忌之家，废不修也”。意思是俗信这种活动会造成人的分离，所以有忌讳的人家，比如家里正有人生病、系狱或在外服役戍边之类，就不予进行。因此，有人认为藏钩本为古人蜡祭活动的一部分，祭祀仪式结束后，接下来是公众性的宴饮狂欢，青

传说藏钩与钩弋夫人有关

西晋周处撰《风土记》，记载藏钩玩法

壮年男女谈情说爱，老头老妪辈便以这种简易的游戏来寻开心，或藉此罚酒助兴，从而形成历代沿袭的传统。

又有人根据史料，认为藏钩之戏起源于古代蜡祭后的占卜活动。蜡祭的本义，是岁终献祀祖神，祈求狩猎和作物的丰收。祭祀仪式结束后，人们还要对所求之事是否有成进行预测，各种原始的占卜形式由此产生。从藏钩之戏的群体性和简易性特征看，极可能一种原始的占卜手段。《风土记》曰："进清醇以告蜡，竭恭敬于明祀，乃有藏弦。"唐杜公瞻注云："俗呼为'行弦'。"可知这种活动是必须"行"而不是起于兴，其文化涵义与蜡祭目的有直接关联。

此外，还有人推测藏钩之戏是上古时代"野合"婚俗的产物。据《史记·滑稽列传》记载，类似风习直到战国时还在流行，如"州闾之会，男女杂坐，行酒稽留，六博投壶，相引为曹，握手无罚，目眙不禁，前有堕珥，后有遗簪"。这些描述中，"相引为曹，握手无罚"八字尤可注意，说明这是一种群体性的欢合，互相引见伙伴之后，还有种种嬉笑混闹的行为，以至女子身上的如珥、簪等佩饰也掉下来。"弦"即耳环或戒指一类的佩饰，在取闹中被用为猜射、调笑以供通情的媒介，应是很自然的现象。随着这种原始社会群婚遗俗渐归泯灭，它也相应地蜕变成了一种不再具有"野合"色彩的游戏。

中国戏法

戏法，也叫“中国戏法”“古彩戏法”，是一种杂技节目。中国戏法产生于距今近四千年的夏朝。汉刘向《列女传》:“夏桀既弃礼义，求倡优侏儒，而为奇伟之戏。”这里的“戏”并非汉以后的戏剧，而含有戏法表演。戏法盛于西汉，上层社会称之为“幻术”，民间叫“戏法”，宋代也称为“藏挟技”，如今我们又叫“魔术”。

印度、埃及等国的幻术也在历史上先后传到中国。《列子·周穆王篇》载，西周时期的周穆王时，“西极之国有化人来，入水火，贯金石，反山川，移城邑……千变万化，不可穷极。”张湛注：“化人，幻人也。”

《艺文类聚》卷第四十一载汉武帝时未央宫中的幻术表演：“其云雨雷电，无异于真。画地为川，聚石成山，倏忽变化，无所不为。”

《三国演义》第六十八回写曹操大宴诸官：

正行酒间，左慈足穿木履，立于筵前。众官惊怪。左慈曰：“大王今日水陆俱备，大宴群臣，四方异物极多，内中欠少何物，贫道愿取之。”操曰：“我要龙肝作羹，汝能取否？”慈曰：“有何难哉！”取墨笔于粉墙上画一条龙，以袍袖一拂，龙腹自开。左慈于龙腹中提出龙肝一副，鲜血尚流。操不信，叱之曰：“汝先藏于袖中耳！”慈曰：“即今天寒，草木枯死；大王要甚好花，随意所欲。”操曰：“吾只要牡丹花。”慈曰：“易耳。”令取大花盆放筵前，以水噀之。顷刻发出牡丹一株，开放双花。众官大惊，邀慈同坐而食。少刻，庖人进鱼脍。慈曰：“脍必松江鲈鱼者方美。”操曰：“千里之隔，安能取之？”慈曰：“此

变戏法（《图画日报》）

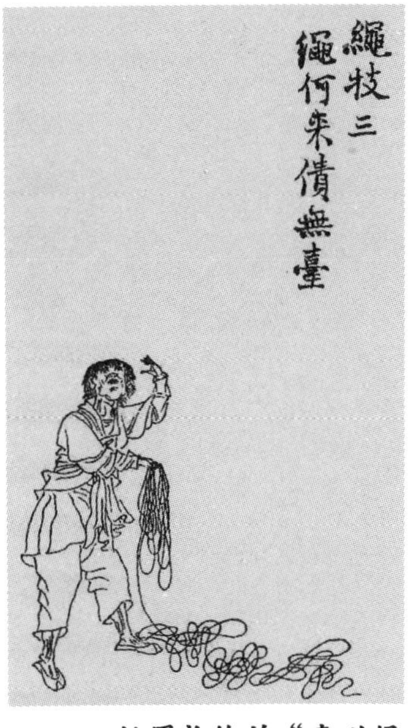

任渭长绘的“嘉兴绳技”其实是一种戏法

亦何难取！”教把钓竿来，于堂下鱼池中钓之。顷刻钓出数十尾大鲈鱼，放在殿上。操曰：“吾池中原有此鱼。”慈曰：“大王何相欺耶？天下鲈鱼只两腮，惟松江鲈鱼有四腮：此可辨也。”众官视之，果是四腮……

《搜神记》卷二载：“晋永嘉中，有天竺胡人，来渡江南。其人有数术，能断舌复续、吐火，所在人士聚观。将断时，先以舌吐示宾客。然后刀截，血流覆地。乃取置器中，传以示人。视之，舌头半截犹在。既而还，取含续之，坐有顷，众人见舌则如故，不知其实断否。”

晚清海派画家任渭长的《卅三剑侠图》，有一幅“绳技”，其故事源出唐代皇甫氏所作《原化记》。讲述唐代嘉兴县的一名会戏法的囚犯，利用为官吏献艺之际，凭借绳技的幻术逃脱牢狱的故事。先是，“嘉兴县以百戏，与监司竞胜精技。监官属意尤切”。之后，这名囚犯毛遂自荐去参加竞技比赛。在获得同意后，等到第二天比赛之时：“遂捧一团绳，计百余尺，置诸地。将一头，手掷于空中，劲如笔。初抛三二丈，次四五丈，仰直如人牵之，众大惊异。后乃抛高二十余丈，仰空不见端诸。此人随绳手寻，身足离地，抛绳虚空，其势如鸟，旁飞远扬，望空而去。脱身行陛，在此日焉。”金庸先生说这种戏法，据他的印度朋友认为是一门十分危险的魔术，是一种群众催眠术。从中也可窥盛唐时期戏法之一斑。

《太平广记》“幻术”类载唐贞元中，扬州

坊市间，忽有一妓，术丐乞者（用表演戏法向人要东西的人），不知所从来。自称姓胡，名媚儿。所为颇甚怪异。旬日之后，观者稍稍云集。其所丐求，日获千万。“一旦，怀中出一琉璃瓶子，可受半升。表里烘明，如不隔物，遂置于席上。初谓观者曰：‘有人施与满此瓶子，则足矣。’瓶口刚如苇管大。有人与之百钱，投之铮然有声，则见瓶间大如粟粒，众皆异之。复有人与之千钱，投之如前。又有与万钱者，亦如之。俄有好事人，与之十万二十万，皆如之。或有以马驴入之瓶中，见人马皆如蝇大，动行如故”。

蒲松龄《聊斋·偷桃》描述了在一次春节“演春会”上所看到的戏法，表演到王母园中偷桃：“出绳一团，约数十丈，理其端，望空中掷去。绳即悬立空际，若有物以挂之。未几，愈掷愈高，渺入云中，手中绳亦尽……其人之子“乃持索，盘旋而上，手移足随，如蛛趁丝，渐入云霄，不可复见。久之，坠一桃，如碗大。术人喜，持献公堂。堂上传视良久，亦不知其真伪”。这个戏法和前述“嘉兴绳技”有相似处。

南宋周密《癸辛杂识》记载：“余垂龆时，随先君于故都（南宋都城临安）尝见戏事数端……呈水嬉者，以髹漆大斛满贮水，以小铜锣为节，凡龟、鳖、鳅、鱼，皆以名呼之，则浮水面，舞罢即沉。别复呼其它，次第呈伎焉。此非禽兽可以教习，可谓异也。”

这些历史上光怪陆离的戏法，是民间传统游艺活动中最吸引人的项目。但中国戏法的由来，迄今还是众说纷纭。有观点认为，中国传统“百戏”中本无戏法，戏法来自于外国。据《史记·大宛列传》、《汉武帝纪》及《西域传赞》记载，西汉武帝时，随着“丝绸之路”的开辟，在今伊朗一带的安息国与汉朝建立了友好关系。安息国王遣使朝见武帝，赠送的礼物之一便是“黎轩善眩人”，即魔术师。

元封年间（前 110 —前 105），京师长安尝设“酒池肉林”的盛大宴会，并举行声势壮观的“大角抵”表演，“以飨四夷之客”。表演中，“其眩者之工”，吞刀吐火、屠人截马之精彩绝伦，令观者目不暇接，惊异万分。其后，凡外国使臣来访，多有“眩人”“幻人”随行，其中不乏来自大秦（有说是罗马）的魔术师。在南阳出土的汉画像石上，就刻有一高鼻长须的西方人作口吐烈火表演。这项深受中国人喜爱的外来艺术从汉代起逐渐在华夏传播，并最终促成了中国戏法的形成与发展。

另一种观点认为，幻术是中国本土传统的游艺项目，远在西周时代已臻形成，并出现专司表演的“化人”。《列子·周穆王）载周穆王时，西极之国有化人来。所谓“西极之国”，当指今青海、甘肃、新疆一带，可知幻术不仅为中国固有，更可揣测西汉时进入长安的外国眩术，可能也源于我国。《西京杂记》卷三记载，东海黄公是一位被人视作巫祝的幻术大师，作艺于秦代，既能演玩蛇搏虎的险技，又能作“立兴云雾，坐成山河”等幻术，表演时佩赤金刀，以绛缯束发修饰。以今天的眼光看，不啻为戏法的先驱，流传至今的“东海黄公”戏法节目，就是以他作戏法时的服饰和手法为蓝本的。

有关中国戏法的产生原因和时代，有学者认为在春秋战国之际兴起并日益活跃的方术之士，为挟奇技而惑君主，遂有原始幻术的发明。如《枕中记》载，方术之士能玩弄男变女、老变少、有变无等幻术，这种幻术其实就是现代戏法中“大变活人”节目的滥觞。又如晋葛洪《抱朴子》载，有些方术之士变戏法甚至已经掌握“种物即生瓜果可食，画地为河……兴云起火”的高超技巧。

也有学者认为戏法乃专司各种娱乐性演出的奴隶，如倡优、女乐所创作，《路史》载夏桀“广优猱，戏奇伟”，《尚书》称商纣：“作奇技淫巧”，“奇伟”“奇技”都可能包括原始的幻术表演。此外，还有幻术产生于原始巫祝活动的推测，为了维护自己替代天神行使权力的权威，这些原始的“神职”人员总是费尽心机制造各种超越初民常识与经验之外的假象，而戏法就开始萌芽了。

婚丧

媒妁之言

男大当婚，女大当嫁。我国传统婚姻，一般讲起来，叫作“父母之命，媒妁之言”。媒妁，又叫“媒人”，是旧时婚姻介绍人的旧称。

结婚，从古至今都是人生大事。但是古代不像现如今的信息时代，青年男女之间可以进行“点对点”的直接交往，甚至还举行相亲大会。古人，特别是“待字闺中”的女子，自我选择对象的机会可以说几乎没有。这并非长辈不爱护子女，而是因为在古人看来，婚姻是关系家族兴衰的大事，两性爱情是属于从属地位的，这就需要媒妁来做婚姻的中介。

宋高承《事物纪原》记：“郑康成曰：媒之言谋也，谋合异类使和成者。凡嫁娶之道，必由媒妁。自太昊制昏（婚）礼，则判合之义，当有所由，便应有媒矣。至周始置媒氏之官，掌万民之判也。”

早在《诗经》时代，就有媒人的说法，《齐风·南山》说：“艺麻如之何？衡从其亩。娶妻如之何？必告父母。既曰告止，曷又鞠止。析薪如之何？匪斧不克。娶妻如之何？匪媒不得。既曰得止，曷又极止。”《战国策·燕策》还认为“处女无媒，老且不嫁”，就是说如果没有媒人介绍的话，处女到老也不嫁的。就连《天仙配》中那位敢犯天条天规，私配董永的七仙女，也无法逾越礼法自媒而嫁，还得请土地神和大槐树做媒证。所以《白虎通·嫁娶》篇认为：“男不自专娶，女不自专嫁，必由父母，须媒妁何？远耻防淫佚也。”搞得好像没有“父母之命，媒妁之言”，青年男女就变成了淫佚世界一般。这个传统习俗在某种程度上也一直延续至今。那么，难道婚姻一定要媒妁之言吗？

最初的媒妁到底是怎么来的，还存在许多谜团。有观点认为人类早期，尚有

媒人月老（明万历刻本《新刻牛郎织女传》）

许多婚配是靠武力掠夺或者向外族买卖而来的，但是媒妁其实是婚姻的中介，靠武力掠夺妻子是不用媒妁的。所以靠言语来撮合的媒妁,应当是交换婚姻的产物。其实，如前所述，早先人类婚姻还处在浑沌之中，杂婚、群婚，但是随着人类逐渐开化，应该说媒妁是随着人类社会的发展而出现的，是从原始社会向更高级社会形态，如向私有制社会演变过程中出现的。

周代的时候,婚姻已经要讲媒妁之言了。周代有了“同姓不婚”的主张。《诗经·豳风·伐柯》所说：“伐柯如何？匪斧不克，娶妻如何？匪媒不得。”提到了娶妻由媒的说法。后来，周公还将这婚俗加以法规化，成为“周礼”中的内容。

传说，造人的女娲是媒人的“祖师爷”。这是因为女娲是造人之神，没有她，哪来人类？没有她，哪来男人和女人？所以认为女娲是“神媒”，也是自然而然之事。可是，按神话所言，女娲造人后，不见得人类就开始一对一的通婚了。《列子·汤问》中说，上古之世“男女杂游，不媒不聘”。这是人类早期婚俗的记录。人类的婚姻历程，一般经历原始部落的杂婚、氏族内同辈血缘群婚、排除同胞兄妹血缘的伙婚、同姓不婚的族外对偶婚、一夫一妻的专偶婚等五个阶段。那么，在前面几个人类尚未开化的杂婚群婚等阶段，是不大可能出现媒妁现象的。所以媒妁的出现只能是人类晚期的几个婚姻阶段。在早先，决定哪个青年男子和妙龄女子在一起结合的一般就是族内的长辈，且以母亲为主，所以媒妁就开始渐渐产生，这也是从母系社会中发展而来的遗迹。

媒妁，还有一个具体的形象的人物指向，那就是“月下老人”，又叫月老。源出唐代李复言的《续玄怪录·定婚店》，故事说的是杜陵韦固，少孤，思早娶妻，然高不成低不配，求偶不得而罢。后将游清河，旅次宋城南店。于是：“客有以前清河司马潘昉女为议者，来日先明，期于店西龙兴寺门。固以求之意切，且往焉，斜月尚明。有老人依布囊，坐于阶上，向月检书。固步觇之，不识其字，既非虫篆、八分、科斗之势，又非梵书。因问曰：‘老父所寻者何书？固少小苦学，世间之字，自谓无不识者，西国梵字，亦能读之。唯此书目所未睹，如何？’老人笑曰：‘此非世间书，君因何得见？’固曰：‘非世间书，则何书也？’曰：‘幽冥之书。’固问君何主？老人曰：‘天下之婚牍耳。’固问及议潘司马女可否成？老人曰：‘未也。’而且告知固之妇适三岁，‘年十七，当入君门。’固问：‘囊中何物？’曰：‘赤绳子耳，以系夫妇之足。及其生，则潜用相系，虽仇敌之家，贵贱悬隔，天涯从宦，吴楚异乡，此绳一系，终不可逭。君之脚，已系于彼矣。他求何益？’曰：‘固妻安在，其家何为？’曰：‘此店北，卖菜陈婆女耳。’”未久，韦固见到陈婆幼女，深为懊恨，遣奴行刺陈女亦未果。十余年后终应合缘分，与陈女成秦晋之好。

这月下老人的传说，说的是婚姻前定，故事中的韦固对月老所定不服气，还要派刺客行刺月老说的那位要作他妻子的女子，但最后两人还是结合在一起。这故事也算是为了让媒妁制度彻底落实的优秀宣传文案。

媒妁在古代除了大量的私媒外。还有官媒。官媒也分两种，一种是天子诸侯嫁娶，要派大臣为“使”去做媒人。如《左传·成公八年》记载：“宋公使华元来聘，聘共姬也。”孔颖达疏：“诸侯不可求媒于其国，使臣自行则亦媒之义。”这是以使臣为媒。另一种是职业官媒，如《周礼·地官·媒氏》云：“媒氏掌万民之判，凡男女自成名以上，皆书年月日名焉，令男三十而娶，女二十而嫁。凡娶判妻入子者，皆书之。”这种官媒执掌百姓婚姻登记，类似如今的结婚登记处。但他同时还有一种权利，即“司男女之无夫家者而会之”，并且“若无故而不用令者，罚之”。

据《宛署杂记·铺行门》记载，明代宛平、大兴两县官府准免媒人缴纳行业

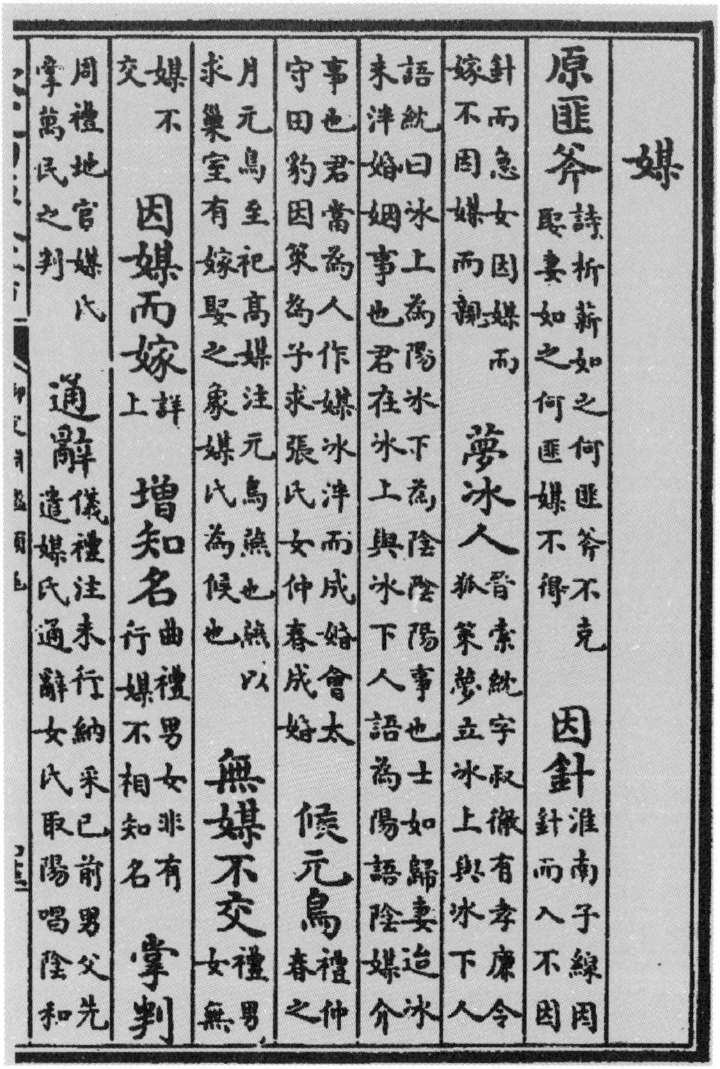

媒

原匪斧 詩析薪如之何匪斧不克取妻如之何匪媒不得 因針 淮南子線因針而入不因針而急女因媒而嫁不因媒而親 夢冰人 晉索紞字叔徽有孝廉令狐策夢立冰上與冰下人語紞曰冰上為陽冰下為陰陰陽事也士如歸妻迨冰未泮婚姻事也君在冰上與冰下人語為陽語陰媒介事也君當為人作媒冰泮而成婚會太守田豹因策為子求張氏女仲春成婚 候元鳥 禮仲春之月元鳥至祀高媒注元鳥燕也燕以求巢室有嫁娶之象媒氏為候也 無媒不交 禮男女無媒不交 因媒而嫁 詳上 增知名 曲禮男女非有行媒不相知名 掌判 周禮地官媒氏掌萬民之判 通辭 儀禮注未行納采已前男父先遣媒氏通辭女氏取陽唱陰和

《渊鉴类函》记载了媒妁的内容

税银，使他们能够维持生计。这说明当时媒妁行业人数已经达到供过于求的状态。从礼制上讲，古代婚姻“男女非有行媒，不相知名”（《礼记·曲礼》），从法律上讲，“为婚之法，必有行媒”（《唐律疏义》）。把媒妁之言视为礼制和法定的必要条件。所以，婚姻是否合礼合法，媒妁也要承担法律上的责任。唐律规定“诸嫁娶违律”，媒人要按照首犯减罪二等治罪。《唐律疏义》记：“父母丧内，为应嫁娶人媒合，以不应为重，杖八十，夫丧从轻。合笞四十。”宋代也有类似规定，媒人与主婚一样要为婚姻负法律上的责任。元代还规定媒人必须熟知有关婚姻法规，“通晓不应成婚之例”。明清两代 法律中亦规定媒人要对他撮合的婚姻承担一定的法律责任，若“嫁娶违律”要治媒人之罪。

我国古典小说中有许多提及媒婆的场景，如《清平山堂话本》中的《快嘴李翠莲记》，写翠莲和张狼结婚，就是由一个王妈妈做媒而成。《聊斋志异》里的《娇娜》篇中，孔生和阿松女能在一起，是一个叫公子的男青年“作伐”。作伐就是“伐柯”，古代用来比喻替人作媒。

古典小说《玉娇梨》里有一段描写媒婆做媒的情节，读来兴味盎然。小说写吴翰林看中苏友白的才学，想替无娇小姐说亲，于是请了一女一男两个媒灼：

吴翰林唤了一个张媒婆，让她去乌衣巷内说亲。张媒婆见小姐美丽异常，于是：

> 笑道：“不是媒婆夸口，这城中宦家小姐，也不知见了多少，从不曾见有小姐这般标致的。不知这苏相公是那里造化！”夫人道：“城中那个乡宦不来求过？老爷只是不允。因在郊外看见苏相公，道他是个奇才，倒要扳他，这也是姻缘分定。只要你用心说成。”张媒婆笑道：“老爷夫人这等人家，小姐这等美貌，他一个秀才家，有甚不成？连媒婆也是造化。老妇人就去。”夫人叫丫环拿了些点心、茶与张媒婆吃。张媒婆吃完茶点，出得后门。

张媒婆之后就找到苏友白。见他年少英俊，人物风流，连忙赶进门道：“苏相公恰好在家，真来得凑巧。”苏友白回头看时，却是一个老妇人，因问道：“你是何人？”张媒婆笑嘻嘻说道：“我是报喜的。”然后张媒婆随苏友白进到堂中，坐下，吃了茶。

苏友白便问："我穷秀才家，除了考案，再有何喜？"张媒婆道："苏相公这等青年独居，我送一位又富贵又标致的小姐与相公做夫人，你道可是天大的喜事吗？"苏友白笑道："据妈妈说来，果然是喜，但不知是真喜，是假喜？"张媒婆道："只要相公重重谢我，包管是真。"苏友白道："你且说是哪家？小姐却生得如何？"张媒婆道："不是甚过时的乡宦，却是现任在朝新近暂给假回来的吴翰林家。他的富贵是苏相公晓得的，不消老身细说。只说他这位小姐，名唤无娇，今年才十七岁，真生得天上有地下无，就画也画不出的标致。苏相公若见了，只怕要风魔哩。"

苏友白被媒婆的话说动了，他"心下也有几分动火。到次日便瞒了人，连小厮也不带，独自一个悄悄踅到吴翰林后花园边来窥探……"

于是开始了一段曲折的爱情历程。

当然，古代虽然大多数婚姻是媒妁之言支配的，但也有极少是自由恋爱或者没有媒妁之言的。《西厢记》讲的就是莺莺和张生在佛殿相遇，一见钟情，经过月下联吟、简帖互递，产生爱情的故事。他们不从"父母之命、媒妁之言"，在西厢私订终身，最后也是有情人终成眷属。这成了旧时代青年为自己婚姻幸福去争取的榜样。又如《开元天宝遗事》记载了一件"红线牵丝"的佳话。郭元振是一位美少年。宰相张嘉贞想纳他为婿。郭元振却说，听说宰相有五个女儿，不知哪个美哪个丑，"事不可仓卒，更待试之"。张嘉贞告诉他，我五个女儿各有姿色，也不知谁是你的最佳匹偶，而你风骨奇秀，乃是"非常人也"，他就让五个女儿各牵一条丝线立在帷幔后，由郭随便选择一条线牵出，牵出谁谁就嫁郭。郭元振欣然从命，"遂牵一丝红线，得第三女，大有姿色"。后来结连理，果然夫荣妻贵。所以后来也把媒人叫"牵丝人"。

亲迎和花轿

亲迎的习俗在古代常见。结婚时，新婿必须亲自到女方家去迎娶，故称之为“亲迎”。

古代婚姻有“六礼”。《礼记·昏义》说:“昏礼者,将合二姓之好。上以事宗庙，而下以继后世也，故君子重之。是以婚礼、纳采、问名、纳吉、纳征、请期，皆主人筵几于庙,而拜迎于门外。人,揖让而升,听命于庙,所以敬慎重正昏礼也。……敬慎重正，而后亲之，礼之大体。而所以成男女之别，而立夫妇之义也。男女有别，而后夫妇有义;夫妇有义，而后父子有亲，父子有亲，而后君臣有正。故曰:昏礼者，礼之本也。”

这里提到的六礼，从上古以至近代，其实历代都有变更。最早的六礼是周代制定的,《仪礼》说婚有六礼，有纳采、问名、纳吉、纳征、请期、亲迎等六种礼节。六礼的本质其实是男方选定妻子后，付给女方彩礼的形式和内容的结合，是买卖婚姻的表现。而亲迎就是古代结婚“六礼”的第六礼，是新郎亲往女家迎娶新娘的仪式。冯梦龙在《情史 · 连理树》里记载 :“贾夫妇知粹未婚，乃遣人报守愚求终好。守愚欣跃从之。六礼既备，亲迎有期。花烛之夕，粹与蓬莱相见，不啻若仙降也，因各赋诗以志喜。”说的就是备好“六礼“，新郎再去迎接新娘子的过程。

《清通礼》记载 : 汉官自七品以上，礼别为九，但婚礼相当于古代六礼者也只有五礼，即议婚、纳采、纳币、请期，亲迎。其他士庶人家婚礼仿照此规定有所损益。

古代婚姻仪程规范“六礼”随着时代变化有增有删，有并有合。有些虽然合

亲迎队伍（《清俗纪闻》）

并在一起，其实质仍然存在。如果看其本质，“六礼”的实质只是两礼，即订婚之礼（纳采、问名、纳吉、纳征）和成婚之礼（请期和亲迎）。

“亲迎”也是“六礼”中最为繁琐的一项。《诗经 · 大雅 · 大明》描写婚礼就有“文定厥祥，亲迎于渭”的诗句。《公羊传》中谈到婚姻说，从天子到庶人皆须行亲迎之礼。《礼记 · 哀公问》记载鲁哀公问孔子：“冕冠而亲迎，不已重乎？”孔子答：“合二姓之好，以继先圣之后，以为天地宗庙社稷之主，君何谓已重乎？”可知儒家礼制把“亲迎”之礼看得特别重要。新婿亲迎时必须郑重地穿着冠冕公服前往。后世演变，新郎迎娶时要穿礼服，而且要衣冠盛饰，整齐鲜洁，披红挂花。宋代司马光《温公书仪》中谈到新婿打扮：“世俗新婿盛戴花胜，拥蔽其首，殊丈夫之容体，必不得已，且随俗。戴花一两枝，胜一两枚可也。”可见宋代时

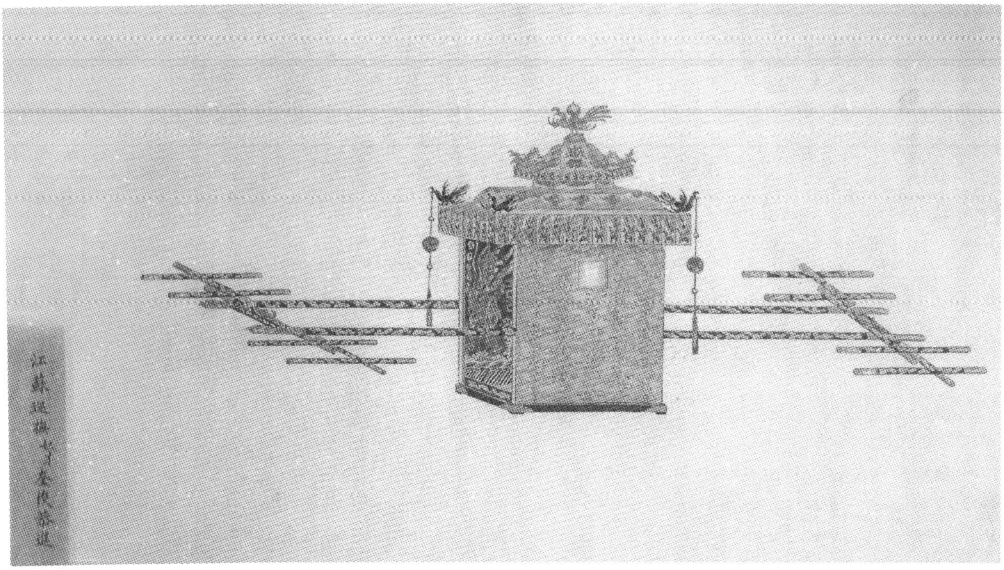

清代佚名绘《皇家喜轿图样》

新婿是花胜簇面以致“拥蔽其首”。司马光主张少戴一些，但也必须戴一两枝。《东京梦华录》也记载“婿具公裳，花胜簇面”。后代新郎迎娶时虽然不是“花胜簇面”那么繁琐，但一般都是身着礼服，斜披花红。有的头上还簪一两枝花插于礼帽上。

冯梦龙《醒世恒言》第七卷《钱秀才错占凤凰俦》中描述亲迎：

> 到了初二清晨，尤辰便到颜家相帮，安排亲迎礼物，及上门各项赏赐，都封得停停当当。其钱青所用，及儒巾圆领丝绦皂靴，并皆齐备。又分派各船食用，大船二只，一只坐新人，一只媒人共新郎同坐；中船四只，散载众人；小船四只，一者护送，二者以备杂差。十余只船，筛锣掌号，一齐开出湖去。一路流星炮涨，好不兴头。正是门阑多喜气，女婿近乘龙。船到西山，已是下午。约莫离高家半里停泊。尤辰先到高家报信，一面安排亲迎礼物，及新人乘坐百花彩轿，灯笼火把，共有数百。钱青打扮整齐，另有青绢暖轿，四抬四绰，笙箫鼓乐，径望高家而来。

在这里，新人乘坐的是漂亮的百花彩轿。而凌濛初《二刻拍案惊奇》卷九的

《莽儿郎惊散新莺燕，邹梅香认合玉蟾蜍》里也有对迎亲的描写："须臾，堂前鼓乐齐鸣，新郎冠带上门，亲自迎娶，新人上轿。冯老孺人也上轿，送到金家，与金员外会了亲。吃了喜酒，送入洞房，两下成其夫妇。恩情美满，自不必说。"

不过，今人很少知道的是，古人结婚是在晚上的，晚上是黑色的，所以一切迎送人等，都全部穿黑色礼服。《仪礼》叙述亲迎之礼说："主人爵弁，缥裳缁袘，从者必玄端，乘墨车，从车二乘，执烛前马。"缯、缁、玄、墨都是黑色，如今结婚时候，要有大红灯笼高高挂的举动，就是古代信奉"暮夜为良辰"，在晚上结婚的习俗遗留。

结婚时，要"以昏为期"，也就是亲迎要在黄昏以后，乃至半夜进行，所以《释名》里的"婚姻"定义说："婚，昏时成礼也；姻，女因媒也。"郑玄注《仪礼》说："亲迎必用昏时。"但是结婚为什么要在晚上甚至深更半夜的？民俗学者有一种观点认为那是人类早期抢夺婚姻的遗风，这是因为晚上方便行动。

新郎亲往女家迎娶新娘时，轿子的作用就很突出了。亲迎有迎亲和等亲两种。迎亲要用双顶轿，新郎乘一顶，另选全福小男孩乘一顶压轿，往女家迎娶。这可能是古时的一种亲迎同车的礼节。《诗经·郑风》记载："有女同车，颜如舜华，将翱将翔，佩玉琼琚，彼美孟姜，洵美且都。"明代李昌祺的《剪灯馀话·鸾鸾传》也记述了这一亲迎之礼：书生柳颖丧偶，将孀妇赵鸾鸾娶为续弦，"御轮之夕，鸾乃私语于颖曰：'妾虽孀妇，然尚处子……'"

等亲是用单顶轿，新郎在家门外迎候。迎娶队伍鱼贯而行，先是开道，引导前进；然后是仪队、新郎坐轿、新娘花轿，最后是媒人的小轿。从女家起轿时，也要向新郎献四喜汤、茶等。等将新娘子迎回男方家，还要举行一系列仪式，如迎轿、下轿、祭拜天地、行合卺礼、入洞房等，以祝福新人吉祥、安康。

关于轿子，日人中川忠英编著的《清俗纪闻》里记载的较详细，书中"新迎"一节中记载："做新之日，中刻时分，媒人来到男家说：'如已做好准备，则请一同前往。'于是，新郎换穿新衣（新朗衣裳只比平日穿着华丽，无固定颜色制式），备花轿（花轿系以缎子、绸绢等装饰之美丽乘具由新郎一方准备），带领乐人（乐人为法师、艺人之类，其中亦有盲人等，平日以奏乐为业）前往女家。此谓之亲迎（此时，亦有女婿不去而只由媒人前往之事。媒人及新郎均乘轿，媒人之轿子在前面领路，其次为新郎之轿子，后面为花轿，顺序连接而行）。"

我国许多主要的习俗，大多起始于周代。"六礼"的发端是在西周初年，《诗

新人花轿（《清俗纪闻》）

经·大雅·大明》有记“文定厥祥，亲迎于渭”的传说。到了隋唐以后，皇太子娶妻，也开始亲迎，于是“六礼”就流行起来了。《宋史·礼志》规定宋朝礼制，“士庶人婚礼，并问名于纳采，并请期于纳征。”《明史·礼志》中说：“问名、纳吉不行已久，止仿《家礼》，纳采、纳币、亲迎等礼行之。”

“大姑娘坐花轿头一回。”花轿是亲迎时最不可缺少的用具。坐花轿有上轿、起轿、喝轿、宿亲、翻镜、压街（颠轿）、落轿等一系列流程，将整个送嫁、迎娶活动的喜庆气氛推向高潮。迎娶新娘，上古时候该是用马车的，用花轿的礼俗是晚唐、五代的事，是从“檐子（肩舆）”的流行开始的。《东京梦华录》《五杂俎》等笔记记载，约从北宋中期起，才开始有“花檐子”迎娶新娘的风气，南宋以后，花轿迎亲流行起来。这和城市生活的发展有很大关系，因为花轿显然容易在街巷中招摇过市，引人注目。而车马在郊野才显得方便些。在里弄里面，车马是无论如何施展不开的。那么，从迎接新娘是如何从马车变成花轿的呢？

东汉魏晋以来，门第高的大姓婚事一直在圈内进行，像唐代的太原王氏、范阳卢氏、荥阳郑氏、清河与博陵崔氏、陇西与赵郡李氏这七大望族就只在自己的圈子里通婚。元稹《会真记》写张生向崔莺莺求婚，崔母自矜博陵望族而瞧不起对方门第，正是这种状况的写照。唐高宗时，出身寒族的李义府官居宰相，想为儿子在这七大望姓中娶个媳妇，竟到处碰壁。李为此怀怨，便劝说皇帝下诏，禁止这七姓子女互相通婚。同时又派人重修《氏族志》，规定不论门第，凡得官五品者皆属士流。从此这七大高门自为婚姻以保持“血统”的门路断绝了。然而这些望族偷偷地议婚论娶，取消了车马送亲等公开热闹的排场，改为天黑后弄一乘花纱遮蔽的“檐子”把新娘抬到男家结婚，日后再流变为花轿。所以，花轿代表某种社会身份。

相传，北宋理学家程颐对传统送嫁婚仪进行了改革。古代婚俗中，大夫以上嫁女有“反马”规矩，即女方用车马把新娘送至夫家，小夫妻过上一段日子（通常不少于三个月）后，倘相处和睦，夫家便留下车子，送还其马，叫“返马”。如果两人合不来，新娘便骑乘自家的马返归娘家，准备离异。这种风气，自先秦传至唐宋。

程颐晚年时，家里先是甥女出嫁未儿，夫妻失和，骑马返归娘家。接着又是侄媳妇因丈夫暴卒，也骑着马回去改嫁他人。程颐认为，婚姻当以白头偕老才是，就决定今后程家送嫁女儿，一概不用车马，男方须用“檐子”来迎娶，断绝“反马”，程家娶亲，也照此办理，以此确保既嫁女子“从一而终”。随着理学的兴盛，这种“从一而终”的观念为社会接受，轿子迎亲的习俗也流行起来。

为什么要撒帐

撒帐是我国的婚俗之一。是指新婚夫妇入洞房后，分左右坐于床。这时，由伴娘抛掷金钱糖果，因为是撒向床内，所以叫“撒帐”。这个风俗的来源，据《事物纪原》记载：“李夫人初至，帝迎入帐中共坐，欢饮之后，预戒宫人遥撒五色同心花果，帝与夫人以衣裾盛之，云得果多，得子多也。”

吕程玉《言鲭》,所记资料更加完整。说的是撒帐习俗是从汉武帝开始的。“李夫人初至，帝迎入帐中，预戒宫人遥撒五色同心花果，帝与夫人以衣裾盛之，云多得子孙也……又唐景龙中，中宗出降睿宗女荆山公主时，铸撒帐金钱，钱径寸，重六钱，内外背面皆有周郭，其形五出，穿亦随之，文曰：‘长命守富贵’，每十文系一彩绦，敕近臣及修文馆学士送婚十钱，皆作却扇诗。”

可见，汉武帝撒帐是在新婚夫妇坐帐饮过交杯酒后，才用五色同心花果撒向新夫妇，新人则以得果的多少，为得子多少之兆。

唐代，撒帐不用花果，而特铸六铢钱，上边刻以“长命富贵”的文字。唐人的取义，不再是祝多子，而是向新人祝福。宋人结婚也有此礼，所用的撒帐之物为金钱彩果等。《东京梦华录》说，“凡娶妇者，……男女各争先后，对拜毕就床，女向左，男向右坐，妇女以金钱彩果撒掷，谓之‘撒帐’。”

明代也讲究撒帐。蒋之翘《天启宫词》有撒帐诗：“两行引赞交迎跪，撒果争闻唱得多。”可见明时撒帐用果子,果子自然也是祝新人“多得子”。再往后，“撒帐”或用糖，或用果，或掺以花瓣，也有夹以铜钱的。

撒帐的风俗,在小说中也有很多记录。《清平山堂话本》中的《快嘴李翠莲记》里有《撒帐歌》:

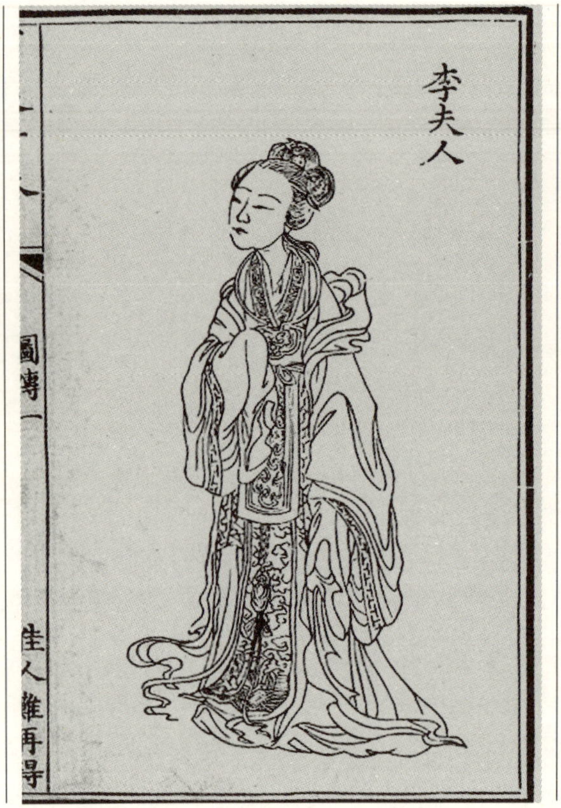

传说撒帐习俗是从汉武帝及其李夫人开始的

> 撒帐东，帘幕深围烛影红，佳气郁葱长不散，画堂日日是春风。撒帐西，锦带流苏四角垂，揭开便见姮娥面，输却仙郎捉带枝。撒帐南，好合情怀乐且耽，凉月好风庭户爽，双双绣带佩宜男。撒帐北，津津一点眉间色，芙蓉帐暖度春宵，月娥苦邀蟾宫客。撒帐上，交颈鸳鸯成两两，从今好梦叶维熊，行见嫔珠来入掌。撒帐中，一双月里玉芙蓉，恍若今宵遇女神，红云簇拥下巫峰。撒帐下，见说黄金光照社，今宵吉梦便相随，来岁生男定声价。撒帐前，沉沉非雾亦非烟，香里金虬相隐快，文箫金遇彩鸾仙。撒帐后，夫妇和谐长保守，从来夫唱妇相随，莫作河东狮子吼。

所歌之辞，是描述洞房之内的风光，闺帷的燕婉，而意旨更是预祝夫妇和谐共处，早生贵子。

《金瓶梅词话》第九十七回《陈经济守备府用事，薛嫂卖花说姻亲》叙及葛家女子结婚时道："到守备府中，新人轿子落下。戴着大红销金盖袱，添妆含饭，抱着宝瓶，进入大门。阴阳生引入画堂，先参拜家堂。然后归到洞房。春梅安他两口儿坐帐，然后出来。阴阳生撒帐毕，打发喜钱出门。"西周生《醒世姻缘传》第七十六回，写狄希陈娶童寄姐时，"狄希陈公服乘马，簪花披红，童寄姐穿着大红丝麒麟通袖袍儿，素光银带，盖着文王百子锦袱，四人大轿，十二名鼓手，迎娶到寓。拜天地，吃交巡 酒、撒帐、牵红，都有李奶奶合骆校尉娘子照管，凡事也都井井有条。"

类似的撒帐，也普遍存在于许多少数民族的传统婚礼上，如保安族的"撒五色粮"、壮族的"撒五谷"、白族的"撒辣椒"等等。那么，撒帐的本来意义是什么？应该还是人们祈求多子多福的原因吧，但也有另外观点，即认为可以禳解煞害。宋代《事物纪原》记载，西汉元帝时，易学家京房将女儿嫁给好友翼奉的儿子。翼奉确定了迎娶新娘的日子后，京房说那一天不吉利，有"青羊""乌鸡""青牛"三煞把守门户，新娘不得进入新房。如果强行进入，就是冒犯三煞。翼奉听后说新娘进我家时，我会用麻豆、谷米和青草来禳解，则三煞必然回避。京房觉得有理，便任其安排，果然平安，"自是以来，凡新人进房，以麻米撒之"，后世撒帐之俗起于此。

又有专家认为，撒帐之类的活动，其实是先秦傩礼的流变。古人往往在秋收后筹办婚事，迎娶新娘大多在冬季或初春，所以办喜事的人家往往在那时同时举行打傩仪式，以将躲在新房里的疫鬼赶走。后来便逐渐简化为由单个巫者主持的撒帐仪式。还有一种观点认为，撒帐之类的用意是祝愿新人早生贵子，民间撒帐活动往往以红枣、花生、桂圆、栗子等为不可或缺之抛撒物，就是暗喻"早（枣〉生（花生）贵（桂圆）子（栗子）"的意思。因为新人是坐在床上帐内接受祝愿的，所以"撒帐"之夜的受孕，也称"坐床喜"，表示着对此应验。其他如玉米、谷粒、芝麻、赤豆等物，也无不蕴含着催生繁殖的文化涵义。

至今仍流传在民间的各种《撒帐歌》，如江苏高淳的《撒帐歌》云："……撒帐北，一双金鸡交颈式，夫妻交拜两和合，生下孩童似贵客"；浙江湖州的《撒帐歌》云："……撒帐下，新娘好比一枝花，好花好朵要结籽，麒麟送子到君家"等等，皆能说明撒帐的原意是乞子，只因民间更重视这种仪式的外在效果，所以反被追求欢快的搞笑氛围冲淡了。撒帐的习俗一直到近现代依然在我国许多地区

闹新房时，新郎、新娘坐床上，伴娘撒果、金钱，小孩兴高采烈地捡着（吴友如《闹新房》）

流行，民国时期的旧式婚礼上，撒的果品如红枣、栗子、桂圆、花生、石榴等，其实都寓意早生贵子的意思。

胡朴安《中华全国风俗志》中有一篇记录浙江海宁婚嫁风俗的文章，其中提到撒帐，说新娘子出轿时，“用米袋直铺至花烛前，新娘脚踏米袋，曰‘步步高’，‘代代好’。参拜天地叫‘拜堂’。新人对席互饮曰‘合卺’。以红绿绸新郎新娘各持一端曰牵红，送入洞房，并坐床上，用果子遍撒，曰‘坐床撒帐’”。

关于撒帐，明李昌祺《剪灯余话·洞天花烛记》中记录了于潜秀才文信美，代仙人撰写了一篇撒帐文，极尽辞赋之华丽，语言优美：

> 伏以细缊未判，固溟涬之无形；清浊既分，便刚柔之有对。粤从开辟之始，已生配匹之名，至道所存，大婚尤谨。恭维震泽新婿郎君，华阳元姬淑女，早锺间气，夙孕真姿。礼乐文章，端可作吴彩鸾之倩；功容言德，允宜为王君回之妻。绯桃自泛于灵源，红叶肯题于流水。

天作之合，神相其成。惟化工不离于阴阳，而道妙造端乎夫妇。曲房窈窕．罗帏翠被郁金香，盛服辉光，火浣单衣绣方领。揭盖露珠冠之饰，交杯互玉单之尝。锦褥平铺，软衬金莲之袜；黛螺浓染，轻描偃月之眉。二姓百年，一双两好。燕婉既谐于伉俪，绸缪宜合于琴瑟。于以采蘩，于以采蘋，克谨烝尝之荐；载弄之璋，载弄之瓦，行膺莞簟之祥。合欢讵让于名花？并蒂宛同于奇果。哕哕似朝阳之凤，嗈嗈类春渚之鸿。响动帏屏，幔蹙龙鳞之轻细；梦回鸳枕，口含鸡舌之芳馨。奇逢已遂于结褵，善颂更陈于撒帐。请歌词语，赓助欢声。

伏愿撒帐之后，姑嫜交庆，家室攸宜。一掬琼浆，谩说裴航之奇遇；五双百璧，可知雍伯之阴功。纵石烂而海枯，谅天长而地久。螽斯秩秩，麟趾振振！

新娘与盖头

杜佑《通典》曰："自东汉魏晋以来，时或艰虞，岁遇良吉，急于嫁娶，乃以纱縠蒙女首，而夫氏发之，因拜舅姑，便成婚礼，六礼悉舍。"说的就是女子嫁人时，要头蒙盖巾。因为东汉魏晋的乱世，人多仓卒成婚，来不及备六礼，所以杜佑认为，新娘以纱縠蒙首，是适应当时情况的权宜之法。

盖巾又称"盖头""盖袱"，是旧时新娘出嫁时蒙头盖面的巾帕。巾以轻纱制成，稀薄不遮视线，或长或方，色用嫣红，取吉祥意。新娘出阁上轿前盖上，举行婚礼时，由新郎揭开，称"揭头纱"或"挑头盖"。新娘盖头被挑的过程，在《清俗纪闻》里记得较详细，新娘到男家下轿时，"新娘衣裳，内穿名为披风袂衣之平常衣服，外穿名为大红圆领之上衣。头上披盖名为头面覆之红色披巾"。这个盖巾一直要到合卺酒后，才能被揭下："合卺完毕后，方可取下新娘头面覆之披巾，脱下大红圆领之上衣，换上天青色上衣。"其中换衣的旧俗，其实在当今的酒席上，也仍然有延续，酒席上，新郎新娘在正式向亲朋宾客敬酒前，新娘往往会换一套衣裳，只是颜色都随意了。

在唐代，新妇障面之物不一，或帏帽，或皂罗，更有全身障蔽者，统称之为"盖头"。宋高承《事物纪原》卷三说："盖头，唐初宫人着羃，虽发自戎夷，而全身障蔽，王公之家亦用之。永徽之后用帏帽，后又戴皂罗，方五尺，亦谓之'襆头'，今曰'盖头'。"宋孔平仲在《孔氏杂说》中说唐永徽以后，"妇人皆用帏帽，拖裙到颈，浅为浅露，若今之盖头矣"。"帏帽"即"帷帽"，是帽子之一种。《事物纪原》卷三说："帷帽到隋代，永徽中始用之，拖裙及颈，今世士人，往往用皂纱若青，全幅连缀于油帽，或毡笠之前，以障风尘，为远行之服，盖本此。又

宝玉见新人蒙着盖头，喜娘披着红扶着……（孙温《绘本红楼梦》）

有面衣，前后全用紫罗为幅下垂，杂他色为四带，垂于背，为女子远行乘马之用，亦曰‘面帽’”。

皂罗就是轻纱头巾之类，幞头即今毛巾之类。王三聘《古今事物考》：“古以皂罗三尺裹头，号‘头巾’。三代皆冠列品，黔首以皂绢裹发，亦为军戎之服。后周武帝依周用绢三尺，裁为幞头，此得名之始也。”

总之，器、帏帽、皂罗这三种东西，用在婚礼上是让新娘蒙头盖面。而新娘蒙头盖面，差不多是古今中外一致的礼俗，不过所用的面料、蒙盖的部位以及名称各有不同。小说中也常有这一习俗的反映，如《金瓶梅词话》第四十回：“只见月亮地里，原来春梅打灯笼，叫了来安儿小厮打着。和李瓶儿后边跟着，搭着盖头，穿着红衣服进来。慌得孟玉楼、李娇儿都出来看。良久，进入房里，玉箫挨在月娘边，说道这个是主子，还不磕头哩，揭了盖头。”

新娘蒙盖巾，一定要在出阁上轿之前，入花轿内也不能揭去，要到婆家举行婚礼时，由新郎动手揭去，让亲友们以瞻新娘的风采。无论是“挑盖头”或“揭头纱”，都是新郎唯一的权利，他人是不能染指的。

美国杂志《Appletons Journal》(1878年)刊登"中国婚礼"插画，新娘盖着盖头

古代结婚时,由于有这块蔽面的盖头,便生出了许多令人或喜或悲的故事。《红楼梦》九十七回写宝玉成亲。他"见喜娘披着红,扶着新人,蒙着盖头",满心高兴,以为新人就是黛玉。与之登堂行礼，完毕同入洞房。宝玉隔着盖头还妹妹长、妹妹短地问好。谁知揭去盖头一看,方知娶的是宝钗,不是黛玉,一时便"心无主意,自己反以为是梦中了,呆呆地只管站着。"这便是王熙凤出的"调包计"酿下的苦酒。

《好逑传》第三回，叙恶少过公子本欲娶水冰心小姐，结果反被水小姐用"移花"之计骗过，错娶了香姑。当时新人"锦帕盖着头，红红绿绿，打扮的神仙相似，人人都认做冰心小姐。……拜过堂，一齐拥入洞房"。那香姑依水小姐吩咐，连合卺酒也不肯喝，"除去盖头，遂入帐幔之中，死也不肯出来"。当晚，过公子醉中糊里糊涂地与她尽了夫妻之事，直到次日天亮才发现木已成舟了。

李渔《风筝误》"婚闹"一出，说戚友先与詹爱娟成婚时，也是"纱中罩面"。行完各项礼，戚友先揭去新人头纱巾，吃惊道原来这样一个货！詹爱娟则反唇相讥："戚郎，我只得一年不见你，你怎么就这么老苍了？"她是将戚郎误作俊生韩琦仲了，故也烦闷不已。其实两人是半斤对八两。

小说家也常常借"盖头"来横添文趣。《金瓶梅》四十回，说潘金莲一时高兴，打扮着丫头模样来逗乐。李瓶儿见了，笑得前仰后合，又与她寻个红布手巾，盖着头，只说西门庆又寻了个丫头，去唬吴月娘等人，逗得全家不亦乐乎。

《西游记》第二十三回，写观音菩萨要试唐僧师徒禅心，便化身为一妇三女，唐僧等不为色欲所动，唯八戒未脱色界，要将三个女子全娶了，说是"省得闹闹吵吵，乱了家法"。那老妇便用一方手帕顶在八戒头上当盖头，让他撞个天婚，在三女中挑一个。结果八戒弄出了"新郎顶盖头"的大笑话，又被着实地戏弄、教训了一番。

南宋吴自牧《梦粱录》记载，盖头这一习俗在宋代已十分流行。也有将盖头一直罩到进洞房坐帐后，才由新郎自己动手挑去的。那么，盖头的用意是什么呢？一般来说，其意有两种解释，一是遮羞，二是避邪。传说古代有位周乾，人称"周公"，善于卜卦，占算皆验。后占术屡为城东小桃树修炼成精的桃花女所破，周公遂设计陷害桃花女，假托媒人上桃花女家，为自己的儿子增福求婚。桃花女将计就计，答应婚事。周公挑选凶日为迎亲婚期，又布置各种恶煞变成树桩、怪石等物蹲在路边，欲侵袭新娘，置她死地。桃花女叫人拿个筛子走在车前，自己用块红布将头脸罩住，又吩咐本家送嫁夫役，沿途凡遇有可疑的怪石等物，马上用红布盖住。原来恶煞最怕红布这类镇厌物，因此不敢接近花轿与新娘。这样，桃花女便得顺利完成拜堂大礼，进入洞房，终使做公公的甘拜媳妇下风。此事传开后，那些欲办喜事又恐恶煞趁袭的人家，都纷纷仿效桃花女的禳解办法。从此，新娘用红布遮盖头脸以及用筛子、盖轿等习俗，成为世代流传的婚娶习俗，甚至直到现在。

民间又传说姜子牙佐周伐商成功后，商纣王被封为天喜星，专管人间婚姻嫁娶的送喜。但纣王好淫贪色，送喜时但见新娘娇美，辄非礼之。姜子牙教老百姓往后送新娘上轿前，先在头脸上蒙块红布，然后放起鞭炮。人们依言行事，纣王果然不敢再作恶了，只得老老实实地将新娘护送到男家。原来，姜子牙随周武王伐商时，是打着大红旗进入商都朝歌的，纣王不仅挨过姜子牙的神鞭，自焚死后还被割下脑袋，挂在红旗上。如今见新娘红巾遮面，又闻鞭炮声响，误以为姜子牙又打旗祭鞭来收拾他，邪念顿消。自此，盖头红布成了新娘降伏喜神、逢凶化吉的护身之宝，连同发轿时燃放鞭炮的规矩，一起流了传下来。

还有学者认为红巾盖头是古代掠夺婚的遗意，即男方趁女子不备，将其关进箱笼或用布罩住头脸，纵马逃逸。秦汉古籍记载，当时“娶妇之家三日不举乐”，“婚礼不用乐”，以及婚礼概在黄昏时举行，都是这隐秘性的体现。

又说新娘盖头是因为要“遮蔽”。因为混沌初开时，世上只有伏羲、女娲兄妹俩。为繁衍子孙，女娲同兄长结为夫妻，但又自感羞耻，便假作为兄说媒，告诉他某时与一女子相合。届时结草为扇，自障面孔，就此与伏羲结合。那片用蒲草编成的扇子也演变为红布。也有说是，象征了女子被破处的含义，盖巾隐喻了女性的处女膜，所以只能新郎官挑开。

另外，新娘的“盖头”用秤杆来挑也有说法，说是秤杆上标明斤两的星星，由天干地支配合而成，南斗六星，北斗七星，再加上福、禄、寿三星，恰合十六之数（旧制十六两为一斤），用以挑盖头则大吉大利。

过门与回门

过门是指新娘子从娘家的“门”过到婆家的“门”,也就是正式踏入男家家门,拜见翁姑及男家其他长辈。古时也把男子赘至女家叫做“过门”。例如《女才子书》卷六《陈霞如》一篇,就把男方入赘女家也说成“过门”:“生虽无意应试,而文字自佳,竟以优等入泮。其父甚喜,即央媒氏,以秦晋恳于玄洲。玄洲许可,立拟赘生为婿。虽婚期尚远,而崔生已选吉过门,仍下榻于堂侧之小斋。其时以甥兼婿,玄洲夫妇款待之殷,比前倍加亲密。”这也很好理解,其实所谓“过门”就是从一户人家到了另一户人家开始新生活的意思,只是传统上,当然是以女子嫁到夫家为主流罢了。

“过门”这个说法来源较早,元代关汉卿《窦娥冤》第一折里有写:“孩儿也,他如今只待过门,喜事匆匆的,教我怎生回得他去。”可知元时就有“过门”的俗称。过门的时候,传说女方的公公和婆婆不可以在家中大厅直接看见新妇进门,认为这样会相冲。所以只有当女方步入男家后,公公和婆婆才会从房间出来会见新人。然后新郎、新娘再拜天地。新人向公婆奉茶、跪拜,公婆再说一些祝福语,并送首饰及礼物给新娘。

过门的说法常见于古代小说中。例如《金瓶梅词话》第九十七回述及葛家小姐出嫁时写道:“阴阳生择在六月初八日,准娶过门。春梅先问薛嫂,他家里有陪床使女没有。薛嫂儿道:‘床帐妆奁,描金厢厨都有,只没有使女陪床。’”

凌濛初《二刻拍案惊奇》卷三十二《张福娘一心贞守,朱天锡万里符名》里也有对过门的描写:“张福娘道:‘初不要我时,凭得你家。今既娶了进门,我没有得罪,须赶我去不得。便做讨大娘来时,我只是尽礼奉事他罢了,何必要得我

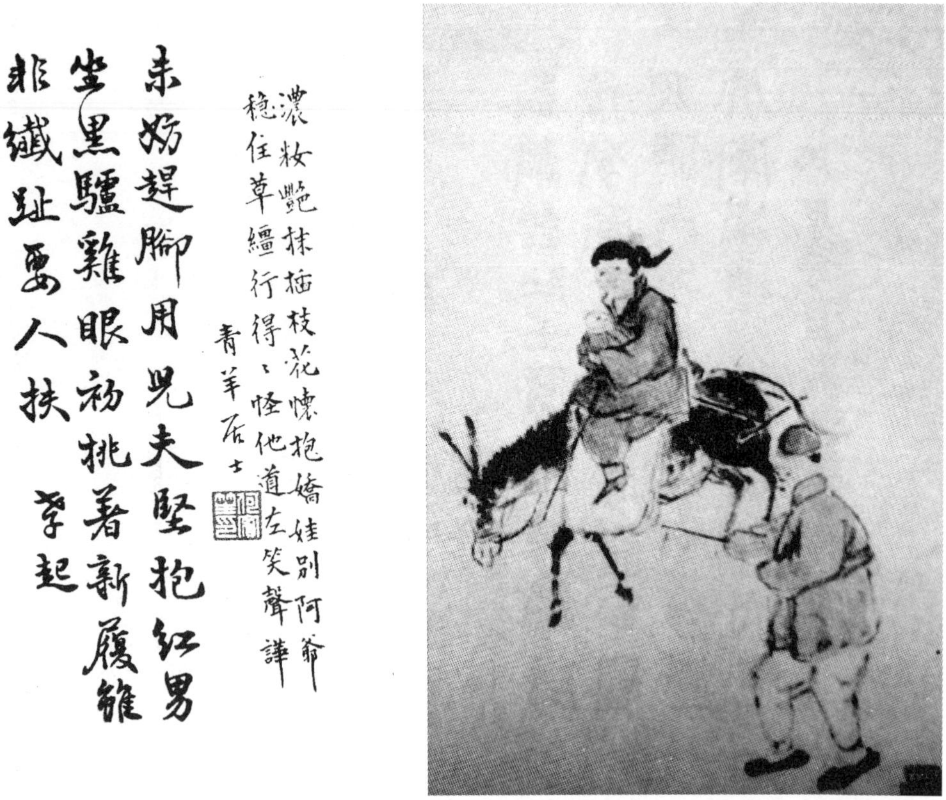

回娘家（陈师曾《北京风俗图》）

去？’公子道：‘我怎么舍得你去？只是当初娶你时节，原对爹爹说过，待成正婚之日，先行送还。今爹爹把前言责我，范家丈人又带了女儿住在境上，要等送了你去，然后把女儿过门。我也处在两难之地，没奈何了。’”

再来说“回门”。已嫁女子在夫家完成各项婚礼事宜之后数天内，新郎新娘要选定一个日子让新娘返回娘家探望父母，这叫“归宁”，俗语又叫“回门”。回门时，一般新娘由丈夫陪同，准备些礼物带回娘家，孝敬父母。传说在先秦时，我国已有这样的习俗。如鲁文公于婚后偕齐姜入齐，就是“回门”。

《诗经》曰：“归宁父母。”《毛传》曰：“宁，安也，父母在，则有时归宁尔。”说的就是出嫁之女子，回娘家问安于父母的情形。据孔颖达疏，周代制度，诸侯的夫人，如果父母健在，可以归宁；如父母已死，夫人本人禁止归宁，但可以派人向娘家兄弟问安。卿、大夫之妻，则无此限制。

凌濛初《二刻拍案惊奇》提到“过门”

那么，新婚第几天后，出嫁的新娘子才能回娘家呢？古时回门之俗，到底是定在婚后三日还是七日，并没有固定说法。到了宋代，孟元老《东京梦华录》卷五《娶妇》记载宋代风俗说：“婿往参妇家，谓之‘拜门’。有力能趣办，次日即往，谓之‘复面拜门’，不然，三日、七日皆可，赏贺亦如女家之礼。酒散，女家具鼓吹从物，迎婿还家。”

近代以来的婚后回门，有二日三日者，有四日者，又有七日者，也没有定制。不过近现代以来，婚后三日回门者较为普遍，所以民间又称之为“三朝回门”。如胡朴安《中华全国风俗志》记录上海浦东的婚礼：“完婚之第三日，谓之‘三朝’，是日新娘归宁父母，新郎亦同去，岳家呼之为新客。”

为什么“三朝回门”的情形比较多？这是因为按一般习俗，新婚第三天，新郎多去女家拜见岳父岳母,俗称“会亲”。这样“回门”与“会亲”就可合并举行了。但新郎如不愿意在新娘回门时同往,则由新娘单独归宁,而新郎则另行择吉去“会亲”。这些礼俗都没有硬性规定,任由各地各家酌情办理,不过若将“回门”与“会亲”合并举行,那可是既经济又合情理的措施。

我们不禁要问,过门的具体情形是怎样一幅景象?《清俗纪闻》中有记:“进门过后数日,有外父(岳父)邀请女婿之事。此时新娘亦同去,此谓之‘回门’。”回门时,“新娘之轿子直接抬至内厅门口,下轿后在养娘等随同下进入厅内”。在内厅时候,“由新娘母亲及姐妹姑嫂之类相陪,款待新娘,父亲亦不时来劝酒”。而这个时候,新娘父亲陪着女婿是在外厅酒宴的,等到外厅酒宴结束,内厅也就差不多同时收席,于是“女婿站起向丈人道谢后,从厅内走出。此时新娘也从内厅告辞姐妹来到外厅,在外厅门口乘轿子,带领养娘等离开家门”。

按礼俗,新娘在回门的当天必须返回婆家,不准在娘家留宿,因万不得已留宿时,新婚夫妇也不能同宿一室。第二次归宁,就不受此限制了。一般回门时,新娘子在娘家住九天左右,俗语叫“住九”。

归宁的风俗也常见于古代小说。冯梦龙《情史》卷二《苏城丐者》云:“苏城有少妇张氏,归宁,使青衣挈首饰一箱随后。中途入厕,遗却。既行,始觉,返觅,则有丐者守之,即以授还,曰:‘命穷至此,奈何又攘无故之财乎!’婢殊喜,以一钗为丐。”在卷九《吴兴娘》中,也叙及归宁一俗:“生惶愧言,曩者,房帷事密,儿女情多,负不义之名,犯私通之律,不告而娶,窃负而逃,窜伏村墟,旷绝音问。今携令爱,同此归宁。伏望恕其罪遣,使得终遂于飞。人人有溺爱之恩,小子有室家之乐,是所幸也。”

《女才子书》女才子卷八《郝湘娥》:“既而与珍姑一同归宁,有婢秋蟾者,亦颇妖媚有姿色。黄生一见,即惊问珍姑曰:‘顷我于回廊之侧,遇见一姬,身衣淡红衫,而发垂眉际者,其即湘娥耶?’”黄生急欲见貌美的湘娥,偶遇妖媚婢女秋蟾,还误以为此人就是湘娥。

还有一则归宁而返、造成灾祸的故事,见纪昀《阅微草堂笔记》:“沧州城南上海涯,有无赖吕四,凶横无所不为,人畏如虎狼。一日薄暮,与诸恶少村外纳凉。忽隐隐闻雷声,风雨且至。遥见似一少妇避入河干古庙中。吕语诸恶少曰:‘彼可淫也!’时已入夜,阴云黯黑。吕突入掩其口,众共褫衣相嬲。俄电光穿牖,见状貌似是其妻,急释手问之,果不谬。吕大恚,欲提妻掷河中。妻大号曰:

‘汝欲淫人，致人淫我，天理昭然，汝尚欲杀我耶？’吕语塞。急觅衣裤，已随风吹入河流矣。傍徨无计，乃自负裸妇归。云散月明，满村哗笑，争前问状。吕无可置对，竟自投于河。”归宁，总是亲切、美好的，但这却是归宁产生的悲剧了，不多见。

为什么会产生这样的婚俗？过门是新婚时的一个具体环节，自然可以理解，但是回门又是为何？有说法认为，表面上回门是因为新娘子想念家人，所以要回去看望父母。但其实是因为在古代，小姐“无才便是德”，在娘家闺房，大门不出、二门不迈，啥都不知道。新婚之时，对于男女交合之道，也是一无所知。而新郎也是年少阳刚，莽撞之时，不懂得怜香惜玉。这些知识都需要长辈教导，但是新娘和婆婆毕竟刚刚接触，婆婆也不好意思说，新娘更不好意思对夫家的人说。所以人们就想出了回门的方式。回到娘家的新娘子，往往被嫂子们叫到一边，询问她夫妻生活是否和谐美满，新娘母亲也会在晚间教女儿些夫妻生活的方法及注意事项（这也印证了为什么回门时，新婚夫妇不能睡在一起的习俗）。如清代《笑林广记》里的一个笑话说，一个女子出嫁之时，不愿离家，哭着问嫂子说，这是谁想出来的法子！嫂子说，是周公。新娘因为要和父母分别，于是大骂周公。等到回门的时候，就问嫂子:周公在哪里？我要做双鞋子谢谢他！还有一个笑话说，有一个姑娘嫁到了异乡。回门的时候，母亲问她，那边的风土人情和我们这儿差不多吧？女儿回答：别的都一样，只有用的枕头不同。我们这里是用来垫头的，他们那儿是垫在腰下的。从上述两则笑话中，我们都可见旧时新娘回门和娘家人的交流情况之一斑。

过门和回门，是新娘子从娘家到夫家，再从夫家到娘家这么一个过程。封建礼制社会，讲求“出嫁从夫”，女子婚后一般不再有机会再回到娘家，回门可能是女子回娘家看望父母的唯一机会，也是人之常情。也正因为这样，人们十分重视这个婚俗。

是怎么回事 盖面衣

旧时丧俗，人死后要用纸或布巾覆盖在死者的脸上或身上，俗称“盖面衣”。

唐代传奇中写鬼，一般都说“群鬼悉有面衣”。如《太平广记·陆余庆》道：“独带面衣……知是亡人。”可知唐代时给死人盖面衣的习俗已经盛行，以至盖面衣成了“鬼”的特征。

因为盖面衣是生活中与老百姓密切相关的习俗，所以文学作品中也常有提到。如明代小说《金瓶梅》中，写潘金莲在西门庆、王婆的撺掇下，将武大毒死后：“与他梳了头，戴上巾帻，穿了衣裳，取双鞋袜与他穿了，将片白绢盖了脸，拣床干净被盖在死尸身下。”

小说还写李瓶儿死后，众妻妾替她穿好了衣裳：“把李瓶儿用板门抬出，停于正寝。下铺锦褥，上覆纸被，安放几筵香案，点起一盏随身灯来。”可见明清时期，死者都有要以纸或绢等物覆面的习俗。即便到了现代，还是有许多地方，保留着这种习俗。那块用作盖脸的白绢等物，俗称“面衣”、“覆面衣”或“盖脸布”，正式的称呼是“幎目”。

《仪礼·士丧礼》记载了“幎目”的形制及其用处：“幎目，用缁，方尺二寸。”郑玄注：“幎目，覆面者也。”从孔颖达的疏来看，可知“幎目”是一块一尺二寸见方的布帛，是面黑里红，用两片布缝制而成，中实丝絮之类。四角有绳，以便打结。孔颖达称此物即后世的面衣。

先秦时代，给死者蒙面用的“幎目”也并非都在夹层中间实以丝绵的，覆面之物也不一定都是可供御寒的布帛。考古发现，战国墓葬中，死人脸上用不同形式的玉片构成人面形，玉片用线穿连在一起或缀附在织物上，然后覆盖在死人脸

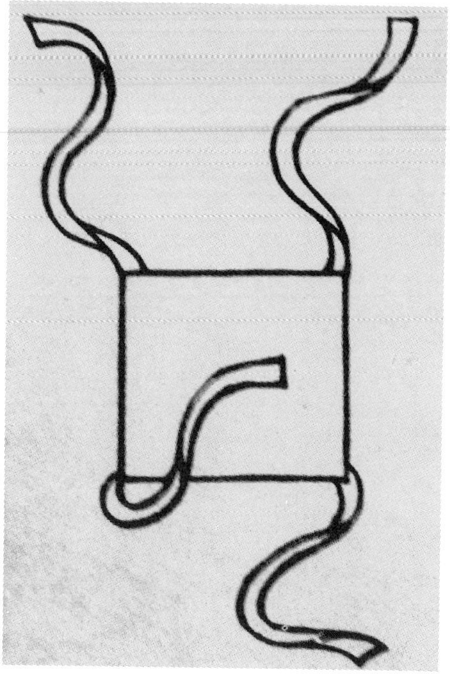

《仪礼》载，幎目用缁，方尺二寸。
（宋代聂崇义《新定三礼图》）

上，也算作覆面衣了。

那么，给死者盖面衣的习俗是怎么来的？据宋高承《事物纪原》记载："今人死以方帛覆面者。《吕氏春秋》曰：夫差诛子胥，数年，越报吴，践其国，夫差将死，曰：'死者如其有知也，吾何面目见子胥于地下。'乃为幂以得冒面而死。此其始也。《风俗通》曰：'吴王羞见子胥，以帛幕面而死，故后人因之制面衣。'"清汪汲《事物原会》也说："《七修类稿》：人死以纸覆面，小说以为起于夫差，临终曰'吾无面目见于子胥，为我以帛冒之。"从中可见，人死以盖面衣这一习俗，先秦时就已有。古人还认为这是春秋时期吴王夫差身死后留下来的风俗。传说夫差不听伍子胥的忠良之言，反而赐死伍子胥。等他到了国灭身亡之时，已经悔之晚矣。他觉得死后没有面目去见伍子胥，只好吩咐从人在他自尽后，用布帛将他的脸盖住。

又有一说认为，盖面衣是为了防止尸身发臭后，影响前来吊唁的宾客感观，所以人们想出来在尸面上覆盖布巾。

但是也有学者认为，盖面衣是因为死人在阴间和活人在阳间一样，也要用面罩等物来御寒之故。由此渐渐生出的一个习俗。古人向有戴面衣的习惯，如《晋

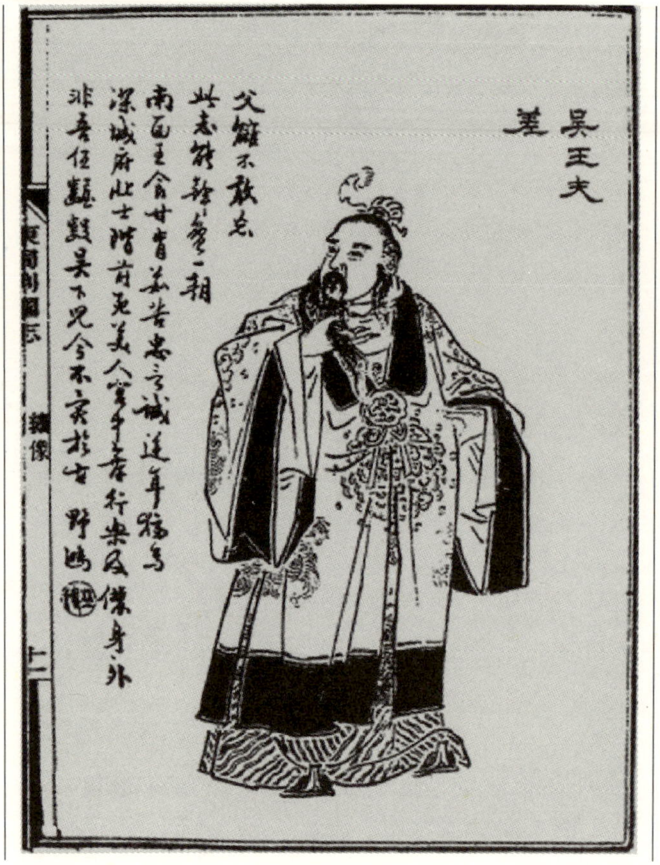

传说盖面衣之俗源自吴王夫差

书·惠帝纪》说：“（帝）行次新安，寒甚，……尚书高光进面衣。”《大慈恩寺三藏法师传》记高昌王为玄奘西行赠送了许多礼物，其中就有“制法服二十具，此西土多寒，又造面衣、手衣、靴韈等各数事”。这里的“手衣”相当于手套之类，“面衣”也和《晋书》里的“面衣”一样，是面罩、口罩之类御寒之物。人死后，阴间是幽晦阴冷之地，“无日月之光”，为了怕亲人在阴间受冻，所以死人也要盖面衣。

人死后，面容必不堪入目。盖之，其实是对逝者的尊重。

神主和点主

神主简称“主”。旧俗，为已死的君主诸侯作的牌位，称“神主”。《谷梁传·文公二年》：“丁丑作僖公主。”范宁集解：“为僖公庙作主也。主盖神之所凭依，其状正方……天子长尺二寸，诸侯长一尺。”因为“主”表示“神之所凭依”，所以叫神主。一般用木或石制成。后世民间也为死者立主。《礼记·坊记》引孔子说：“宋庙之主也，示民有事也，修宗庙，敬祀事，教民追孝也。”说明立主的用意就在于培养孝道，使人们事亡如存。

主有桑主和栗主之分。《公羊传·文公二年》曰：“虞主用桑，练主用栗，用栗者，藏主也。”《旧唐书·礼仪志》载：“东都太庙……谨按典礼，虞主用桑，练主用栗，重作栗主，则埋桑主。”虞主，按古丧俗，人死即葬，回家设祭叫“虞”，这时所立之主用桑木作成。练主，丧十三月举行小祥之祭时所立之主，用栗木作成。举行小祥祭时，把桑主埋掉，把栗主安放到宗庙，岁时祭祀。

立主之俗，后世历代沿袭。《汉书·光武帝纪》载：“大司徒邓禹入长安，遣府掾奉十一帝神主，纳于高庙。”清吴荣光《吾学录初编》对清代制主有详细记述：“作主，用栗。趺方四寸，象岁之四时。高尺有二寸，象十有二月。身博三十分，象月之日。厚十二分，象日之辰。身趺皆厚一寸二分，剡上五分为圆首。首之下勒前为额而判之。一居前，二居后，前四分，后八分，陷中长六寸，阔一寸，深四分，合之植于趺……粉涂其沿面，而以书属称。属谓高曾祖考，称为官谥。旁题主祀之名。陷中书姓名字及行第。左书生卒年月日时。右书葬地方向。加赠易世，则笔涤粉面改书之。”

神主之习俗，古典小说中常有述及。《金瓶梅》第六十二回《潘道士法遣黄

木主，前后两片（逯是道《中国民间崇拜》）

金士，西门庆大哭李瓶儿》中写李瓶儿告诉西门庆，自已死后，身边两个丫头去服侍大娘、二娘，西门庆则让他们守灵。李瓶儿一听，说道："甚么灵，回个神主子，过五七烧了罢。" 意思即死后不要人守孝祭祀了。

曹雪芹《红楼梦》第五十三回《宁国府除夕祭宗祠，荣国府元宵开夜宴》写道："当下已是腊月，离年日近，贾珍那边开了宗祠，着人打扫，收拾供器，请神主。"是说除夕那天祭奠祖宗。

徐珂《清稗类钞》记述了一件事，湘乡有个叫葛大宾的人，四岁丧父，哀戚若成人。十三岁时"值父忌日，出木主以祭，适粉面剥落，审视，微露他姓，盖木工饰废主而为之也。大宾恸哭，引咎告墓，易主，十日乃祭。"这个木工太没

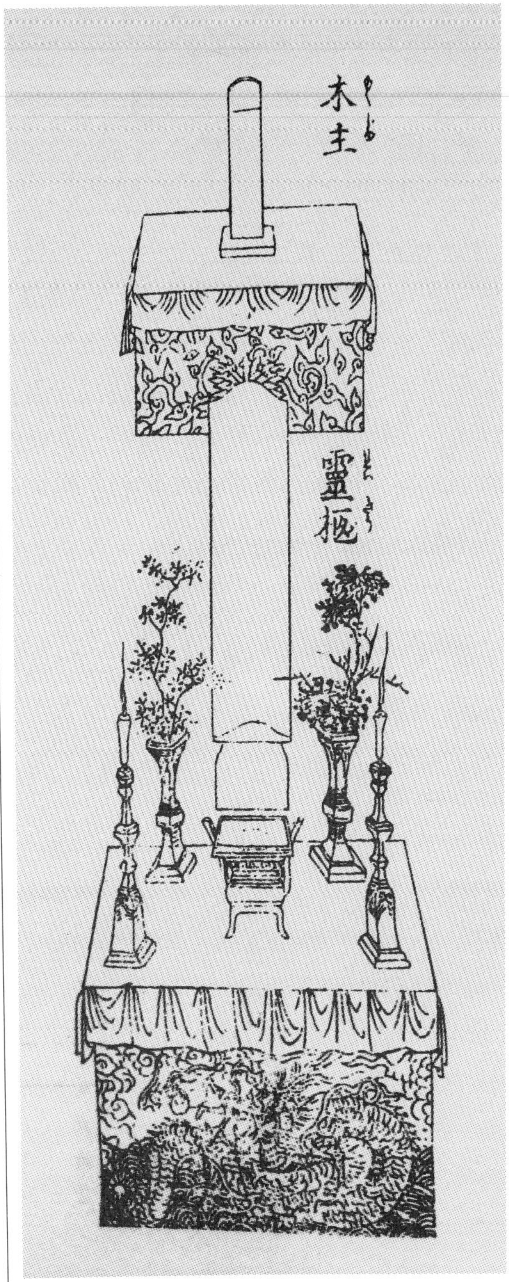

木主的摆放（《清俗纪闻》）

道德了，把别人用过的木主拿去给葛氏用。

神主是要“点”的。《金瓶梅》第六十二回写西门庆为李瓶儿举丧，会拍马屁的温秀才专门请来杜子春替李瓶儿“题了神主”。题主，亦称“点主”“成主”“求主”等，也是流行于我国大部分地区的丧葬习俗，除幼丧及凶死者外，均适用。亲人亡故后，丧家在准备的神主牌的背面，用小楷书写死者的经历、生卒年月、配偶及子女姓名等。木牌的正面，顶端用朱笔写两个较大的字“神主”，但“主”字少一点，是个“王”字，下面写死者的头衔名讳，如“先考某某府君讳某某之神位”，这叫署主。出殡之前，或棺木入墓以后，再专门请人补点“王”字上的一点，成为“主”字，所以又叫“点主”“成主”。贫家无钱请人点主，只好自点，就叫“求主”。

点主是丧葬活动中的大事，礼仪隆重，须击鼓鸣锣燃放鞭炮。被请来点主者称“点主官”，科举时代要请有功名者，如进士、举人、秀才之流或地方上有名望、有身份者充当。这一“点”必须是朱笔，有些地方是以孝子的指血拌进朱砂，也有用小刀割破公鸡鸡冠以鸡血替代的。近世一些农村地区仍流行点主之礼，举人、秀才没有了，便请村里德高望重者或做教师的点主。点主完毕，这块木牌被送进家族祠堂，逢年过节请回家里与儿孙团聚。近世宗祠一类的场所日渐稀少，人们就把这神主牌供在屋里，平时用口袋套上，逢年节忌日除去口袋，焚香祭祀。

那么，为什么要在丧葬中点主呢？

传说，从前有个农家儿郎，由寡母扶养长大。他对母亲忤逆不孝，时常打骂老人。一天他在耕地时，见到一只老鸦衔虫喂食窝中小鸦，触景生情，便懊悔自己以前对母亲的不孝。正在此时，母亲前来送饭，他急于诉说痛悔之情，于是直奔母亲而去。母亲见他手执牛鞭而来，以为又要挨打，转身就跑，孰料一头撞在身后的大树上，死了。儿子悲痛不已，砍下大树，请人刻成母亲的形状，供奉起来。一次他在前晒谷子，请“母亲”坐在一旁看着。突然天降大雨，他弃谷子不顾，赶紧把“母亲”背进屋里。他妻子说，如此孝顺的话，木头都要供活了。他戳了一下木人，果见木人身上流出血来。从此，供亡人牌的习惯便流传下来。老人亡故后，要在一块木牌写上名讳，孝子点一滴指血在其上，置于神龛四时祭奉。

这个故事虽有附会之嫌，但道破了供奉“神主”和刺血点主的意义所在，人们以为，通过这道仪式，把亡灵从棺内的遗体引到“神主”上，神主附有灵魂，可供家人继续供奉。而孝子的指血点主，则表示骨血发肤受之父母，生前既应孝养，死后还要“还血”，以尽人子之道。

供奉“神主”和刺血点主之俗有可能还与古人的木精、树怪的迷信观念有关。民间对制作神主的树材的选用，相当讲究，最好是从旧房拆下的百年老梁取料，否则灵牌不“灵”。但恐物久生怪作祟，故要用鲜血点主，借血解煞。用鸡冠血以及象征血色的朱砂点主，也是这个缘故。

也有人认为，点主之俗的含义与古人敬畏文字的心态有关。世俗以文字乃圣人仓颉创造，故须敬惜如神，遇点主之类的大事，不能轻易落笔，唯恐冲撞神灵，招惹灾祸。所以要请进士、举人、秀才等有“功名”的人完成这道手续，这些人均系“文曲星”下凡。至于朱笔点主，则是为与墨笔“署主”有所区分，直到现在，题墓习俗中，生者还是用红，殁者则是涂黑。

点主习俗还可能是古代丧祭礼仪的简化。春秋礼制，死者安葬后，丧家制作牌位供祭，以慰亡魂，表示不忍一日分离。这种牌位称“木主”，是死者的替身，祭祀称“虞祭”，持续的时间根据死者身份的高低，有长短之分。虞祭用的木主，以桑木制作，故又称“桑主”，取“丧”的谐音。死者去世一年后，丧家要举行练祭，同时用栗木制作的木主替换“桑主”，栗主，就是战栗的意思。练祭表示丧事告一段落，其后便将“栗主”藏于宗庙，长年奉祀。后世的出殡前点主或落葬后点主，其实都是取葬日点主的意思，表示丧葬活动的一个阶段，而把“署主”与“点主”分为两道程序来办，并将“点主”后的灵牌送进祠堂，也是取古礼的意思，但省却了先做“桑主”后做“栗主”的繁琐程序。点主习俗的兴起，已在宋元以后，这与虞祭、练祭等古礼因为繁琐而渐渐消亡是一致的。

是不一样的坟和墓

自古以来，国人埋葬亲人都是入土为安，把逝者遗体、遗骨掩埋在泥土里，谓之“土葬”。而所葬之处，叫做“坟墓”。但是，坟和墓其实是不一样的。简单来说，埋葬死人筑起的土堆叫“坟”，平者叫“墓”。《方言》卷十三记：“凡葬而无坟谓之墓。”可见坟和墓的区别是明显的。

《礼记·檀弓上》记：“古也墓而不坟”，《易·系辞传下》说：“古之葬者，厚衣之以薪，藏之中野，不封不树。”东汉崔实《政论》也说：“古者墓而不坟，文武之兆，与平地齐。”这都是说殷及西周的墓地上是不筑坟堆的。西汉末年，学者刘向《谏营昌陵疏》指出：“殷汤无葬处，文、武、周公葬于毕，秦穆公葬于雍橐泉宫祈年馆下，樗子里葬于武库，皆无丘垅之处。”也是说直到周代前期，贵为王者，下葬之时，也都不堆筑坟堆。

那么，我国传统在什么时候开始在墓上筑坟堆？据考证，当在春秋以后。当时所起坟的作用，主要是作为墓的标志。《礼记·檀弓》载，孔子合葬了他的父母以后说：“吾闻之，古也墓而不坟。今丘也，东西南北人也，不可以弗识也。于是封之，崇四尺。”孔子说自己是到处流浪的人，所以要做坟，以便于识别父母的墓。

战国时期，开始普遍流行坟丘式的墓葬，《墨子·节葬》说，当时王公大人的墓葬“棺椁必重，葬埋必厚，衣衾必多，文绣必繁，丘垅必巨。”此时“坟墓”和“丘墓”也成为坟墓的通称。《吕氏春秋·怀宠》云：“至于国邑之郊，不虐五谷，不掘坟墓。”秦代以后，丧葬筑坟墓之俗历代沿袭。而且帝王在世期间，就开始为自己修筑坟墓。《史记·秦始皇本纪》的集解说：秦始皇用七十二万人为自己建造陵墓，“坟高五十余丈，周回五里余”。

坟茔图，坟前后植树，坟前设祭坛（敦煌石窟北周壁画）

随着坟墓的普及和发展，历代还对坟墓的高低都按官爵作了规定。如《汉律》记:“列侯坟高四丈,关内侯以下至庶人各有差”,而帝王之陵高低不限。《续汉书·礼仪志》记载：“汉武帝坟高二十丈。”唐代通常一品官坟问一丈八尺，一品以下，每低一品减二尺,六品以下高八尺。一直到宋、元,明、清时期,都基本沿用此规定。

历代帝王、贵族墓前神道两旁还会陈列着石刻群。宋高承《事物纪原》:“《炙毂子》曰:秦汉以来，帝王陵寝有石麟、石象、辟邪、兕马之属。人臣墓有石人、羊、虎、柱之类，皆表饰坟垅，如生前仪卫。”

宋代，在墓上起坟，已经颇为流行。司马光《书仪》记载，父母死后，孝子要“负土成坟”。小说中也常见有关坟墓的描述。如吴敬梓《儒林外史》第一回《说楔子敷陈大义，借名流隐括全文》写王冕的母亲死了，“王冕擗踊哀号，哭得那邻居之人无不落泪,又亏秦老一力帮衬,制备衣衾棺椁。王冕负土成坟,三年苫块”。冯梦龙的《喻世明言》第八卷《吴保安弃家赎友》故事说，吴保安早年对郭仲翔有恩,后吴保安死在任所,仲翔前去把尸骨背回,重新殡殓。自己戴孝,雇匠造坟,凡一切葬具，照依先葬父亲一般，又立一道石碑，详细记载了保安弃家赎友之事，使往来读碑者，尽知其善。

随着佛教的传入，人们还把筑坟渗入许多迷信色彩。如高明的《琵琶记》，写赵五娘嫁得蔡伯喈，方才两月，丈夫便赴京应试去了。接着连年饥荒，五娘典尽衣服首饰，置办粮米，奉养公婆。两老经受不住饥饿的折磨，相继亡逝。五娘于是“感格坟成”，唱出她“把裙包土，筑造坟台”的动人场面：

坟茔图，坟两侧人形代表墓中亡灵，坟茔设门道，修造规范，坟外草庐供人守墓（敦煌石窟五代壁画）

把土泥独抱，麻裙裹来难打熬。空山静寂无人吊，但我情真实切，到此不惮劳。苦！何曾见葬亲儿不到？又道是三匝围丧，那些个卜甚宅兆？思量起，是老亲合颠倒。公公，你图他折桂看花早，不想自把一身，送在白杨衰草。漫自苦，这苦凭谁告？

她还唱：

我只凭十爪，如何能够坟土高？苦，只见鲜血淋漓湿衣袄，天那，我形衰力倦，死也只这遭。休休，骨头葬处任他血流好，此唤做骨血之亲，也教人称道。教人道赵五娘真行孝。苦！心穷力尽形枯槁，只有这鲜血，到如今也出尽了。这坟成后，只怕我的身难保。

五娘的善良和悲苦境遇，最后感动玉帝，山神奉玉帝敕旨，差拨阴兵与五娘运化土石，并力筑造坟台。结果坟台告成。

从现有文献来看，孔子似乎是墓上做坟的始作俑者。可能这位喜欢著述的圣人，其潜意识里，在墓上筑坟，也是另一种著述形式吧。

古代也有火化

火葬又名“火化”，是人类的葬法之一。这一习俗大概最早盛行于古印度，据《立世阿毗昙论》记载：“剡浮堤之，若眷属死，送丧山中烧尸弃去。”《大唐西域记》也记载：“送终殡葬，其仪有三，一曰‘火葬’，积薪焚燎。”

火葬出现的时间很早。在我国边远的少数民族地区，火葬也是古已有之。《墨子·节葬》中记载：“秦之西有仪渠之国者，其亲戚死，聚柴薪而焚之，熏上，谓之‘登遐’，然后成孝子。”仪渠在今甘肃庆阳县西南，可见先秦时代有人是实行火葬的。上世纪40年代，甘肃临洮县出土了一个盛有人类骨灰的灰色大陶罐，也可见古代边远地区的火葬习俗甚至可溯源于原始社会时期。

中原地区的汉民族在汉代以前，是把火化视为奇耻大辱和最严厉的刑罚之一。如《史记·田单列传》记载，战国时期，燕军围攻齐国即墨城，掘齐人冢墓，火烧死尸，齐人“望见皆涕泣，俱欲出战，怒百十倍”。所以，在汉族看来，要是将自己的亲人火葬，那是不可想象的。不过汉代以后，佛法东移，火葬之俗传入中土。这个从印度传来的习俗，后来延伸到民间，甚至皇室成员也有火葬。宋代以后，火葬渐渐成俗。如宋吴自牧《梦粱录》卷十五叙述蔡汝拨的庶母沈氏病死后，“汝拨尚幼，父用火葬。汝拨伤母无松楸之地，尝言之辄泣”。等他长大后，他“以木刻母形，以衣衾棺椁择地葬之”。

《东都事略·太祖记》记，宋代火葬的人多了，以至宋太祖建隆三年曾下敕令说：“近世以来率多火葬，甚违典礼，自今宜禁断。”但似乎也没多大效用。到了南宋，江南一带由于地少人多，火葬之风更盛。宋高宗绍兴年间，大臣范同言曾上奏：“今民俗有所谓火化者……河东地狭人众，虽至亲之丧，悉皆焚弃。”他要求朝廷发布命令，让贫无地葬者，许以官地安葬。老百姓没有安葬的地方，只好将亲友尸体一焚了之。但是上层社会为了维护礼治，却不同意，要求“许以官地安葬”。

元代的时候，从《马可·波罗游记》上可知，当时我国北至宁夏，西到四川，东达山东，南到浙江的广大地区都盛行火葬。那可能是因为蒙元立国，少数民族在葬法方面不太讲究的关系吧。到了明清两代，朝廷对火葬仍视之为丧天理的行为而严厉禁止。如《明史·礼志》十四记，朝廷曾下令："近世狃元俗，死者或以火焚，而投其骨于水，伤恩败俗，莫此为甚。其禁止之，若无贫地者，所在官司择宽阔闲地为义冢，俾之葬埋。或有宦游远方不能归葬者，官给力费以归之。"

《明律》还记录可那时制定的惩处火葬的法律："其从尊长遗言将尸烧化及弃置水中者杖一百"；"若毁弃缌麻以上尊长死尸者斩"；"其子、孙毁弃祖父母、父母及奴婢、雇工人毁弃家长死尸者斩"。这"毁弃"就包括火葬。清代法律沿袭明代，还增加了一条："旗民丧葬概不许火化。"但是到了同治年间，火葬习俗还是一度盛行，有些地方就规定地保、左邻右舍知有火葬而不告发者，要一律治罪。

由于明清两代的严禁火葬，火葬在明清时代逐渐衰落，却从未敛迹，但是一般都是贫病无依的下层老百姓在没办法之下将亲人火葬。如明末冯梦龙《醒世恒言》第二十七卷《李玉英狱中讼冤》中写道："那老妪自从李承祖去后，日夕挂怀，染成病症，一命归泉。有几个亲戚，与她备办后事，送出郊外，烧化久矣。"凌濛初《拍案惊奇》卷十一《恶船家计赚假尸银，狠仆人误投真命状》中，写王生三岁的女儿因出痘子而死去，"王生夫妻就如失去了活宝一般，各各哭得发昏，当时盛殓已毕，就焚化了"。卷十三的《赵六老舐犊丧残生，张知县诛枭成铁案》中也述及火葬事，说赵六老夫妇，娇生惯养把儿子赵聪扶养成人。那知赵聪娶妻之后，在媳妇的唆使下，虐待老夫妇俩。赵妈妈气恼成疾，不日去世。赵聪连棺材也不愿买，赵老儿无可奈何，寻了几件旧衣服折了钱买了口棺材入了殓。过了断七，赵老儿要儿子买块坟地安葬。赵聪不高兴地说："寻什么地，依我说时，拣个日子，送去东村烧化了，也倒稳当。"六老听了这话，"眼中直掉泪"。这说明，当时火葬风习一直存在。

明清时代，还设有化人厂。《红楼梦》中，那个"心比天高、命同纸薄"的丫头晴雯被逐出大观园，含恨而死之后，王夫人就传命"即刻送到外头焚化了罢，女子痨死，断不可留"。于是晴雯被立刻入殓，抬往城外化人厂去了。可想而知，

火化时送葬者合十致敬（敦煌石窟五代壁画）

如果王夫人死后要火葬，她自己是断断不肯的。可见在封建礼教时代，上层贵族说的是一套，做的却又是另一套。

火葬的习俗，虽说从汉代前就已有之。但作为中国殡葬文化的一部分，火葬究竟是我国自己产生的，还是外来文化传入的？一般看法，学者多认为火葬发源南亚，是佛教的丧葬礼仪。汉代以后，佛法东移，作为佛教丧俗的火葬也被带入中国。也有人认为火葬是中国固有的殡葬方式之一，从西周初年就有。如《易·系辞下》云："古之葬者，厚衣之以薪。"就是说把尸体用厚衣包住，然后架上草柴焚烧。也有学者认为，火葬虽然在中国古已有之，但最初是游牧民族的殡葬风俗。北方少数民族有火葬习俗，在隋唐时期，就对汉族丧葬习俗有影响。如除氐羌之外，羯族也实行火葬，《晋书·石勒载记》："（石勒）又下书禁国人不听报嫂及在丧婚娶，其烧葬令如本俗。"还有学者综合以上所说，认为火葬在中国古已有之，但能成为盛行一时的风俗，还是依赖于佛教的传播。火葬在中国的起源，可谓一直是个谜。

为何要烧纸钱

纸钱，又称“冥钱”。旧时丧俗，为已亡人焚化纸钱是祭祀活动中的重要仪程。迷信观念认为，冥冥之中有一个同人类社会相同的世界：神和鬼的世界。死了的人都成为那个世界的一员，或鬼或神。活着的子孙、亲友，为了死去的人在那个世界“生活”，便在祈祷祭奠他们的同时，送给他们礼物、钱钞。其中钱钞，便是用纸制成的钱形，通过烧化送给自己在另一个世界的亲友或自己所祈求的神。这就是烧纸钱。

关于纸钱的来历，流传着一个蔡莫烧纸钱的故事。传说东汉造纸的蔡伦有个哥哥叫蔡莫。蔡伦发明了纸，买的人很多，蔡伦发了财。蔡莫妻子慧娘不免心动，于是让丈夫蔡莫去蔡伦处学造纸。三个月后蔡莫也开设了纸坊。谁知蔡莫学技不精，所造之纸无人问津，看着满屋白纸捆，夫妻二人忧愁异常。慧娘聪明，想出一计，嘱咐蔡莫如此这般。

这天三更半夜，蔡莫突放悲声，说妻子慧娘与自己吵架后，上吊死了。他求众乡亲为他作证，证明慧娘得急病而死，以塞责慧娘娘家来人。第二天蔡莫在慧娘棺头长哭不止，甚是悲痛。娘家来人听慧娘是急病而死，又见蔡莫悲痛，便不再追问。蔡莫边哭边说，最终抱来一捆纸，在棺头烧起来道：“想我无能，造此无人愿要的废纸，惹你生气。我要这纸何用？不如烧了，以减心头之恨。”烧着哭着，听见了棺材里的响声，他也不吭声。直到慧娘在棺材里喊起来：“把门开开，我回来了。”

人们全吓呆了，又听喊得紧，才壮着胆开了棺。慧娘坐了起来。她开口说：“开始我是鬼，现在我是人，亲戚邻居别害怕。我到了阴间，阎王让我推磨受苦，多亏我丈夫给我送钱，小鬼、三曹都问我要钱。我把钱全给了他们，小鬼帮我推磨，三曹放了我。”蔡莫假装问：“我没给你送钱呀！”慧娘指着纸灰说：“阳间铜是钱，阴间纸是钱。”蔡莫一听，说：“三曹官，你把我妻送回来了，我感恩不尽。再给你送两捆钱，你善待我的爹妈，没钱花了，我再送！”

在场人听了，才知道纸有这样大的好处，都掏钱向蔡莫买纸。慧娘不要钱，慷慨地每人送一捆草纸，他们都拿着草纸去各自祖先坟上烧起来。这烧纸的妙用便传开来，周围的人很多来蔡莫家买纸，积纸卖尽。蔡莫发了财，烧纸的习俗便也传了下来。

烧纸钱的习俗在中国古代小说中屡见不鲜。《金瓶梅》第七十九回，西门庆命丧黄泉，“到三日，请僧人念倒头经，挑出纸钱去”。人死停灵，他人拜祭，亦烧纸钱：“那日院中李虔婆，听见西门庆死了，铺谋定计，备了一张祭桌，使了李桂卿、李桂姐来上纸吊问”，“韩道国妻王六儿，亦备了一张祭桌，乔素打扮，坐轿子来与西门庆烧纸”。安葬时，亦要备纸钱焚烧：“二十日早发引，也有许多冥器纸札。”《金瓶梅》八十九回写孟玉楼清明节祭祀潘金莲，孟玉楼来到潘金莲坟前：“见三尺坟堆，一堆黄土，数柳青蒿。上了根香，把纸钱点着，拜了一拜……一面取出汗巾儿来，放声大哭。”

《古今小说》第十二卷《众名姬春风吊柳七》：“柳永轻官重妓，深受众妓女爱戴。自葬后，每年清明左右，春风骀荡，诸名姬不约而同，各备祭礼，往柳七官人坟上，挂纸钱拜扫。”

《儒林外史》第二十八回写鲍廷玺从南京来苏州投大哥，刚进阊门，遇见他大哥的小厮阿三，阿三前走，后面跟着一个人，担了些三牲和银锭、纸马之类，一问，才知大哥因大嫂死了，伤心过度也死了，“鲍廷玺哭倒在地，阿三扶了起来。当下不进城了，就同阿三到他哥哥厝基的所在，摆下牲礼，浇奠了酒，焚了纸钱，哭道：‘哥哥阴魂不远，你兄弟来迟一步，就不能来见大哥一面！’说罢，又恸哭了一场”。

求神祈祷，还愿做醮，也要焚化纸钱。《金瓶梅》第八十四回写吴月娘往泰安州娘娘庙进香，“到了岱岳庙，正殿上进了香，瞻拜了圣像，庙祝道士在旁宣念了文书；然后两廊都烧化了纸钱，吃了些斋食。”

冥钱是送给冥间鬼神的钱，所以自五代以后，阳间人们以冥钱为忌讳，把它视为不祥之物。南宋洪迈《夷坚志》叙述了这样一个故事：一个叫王德的少保，

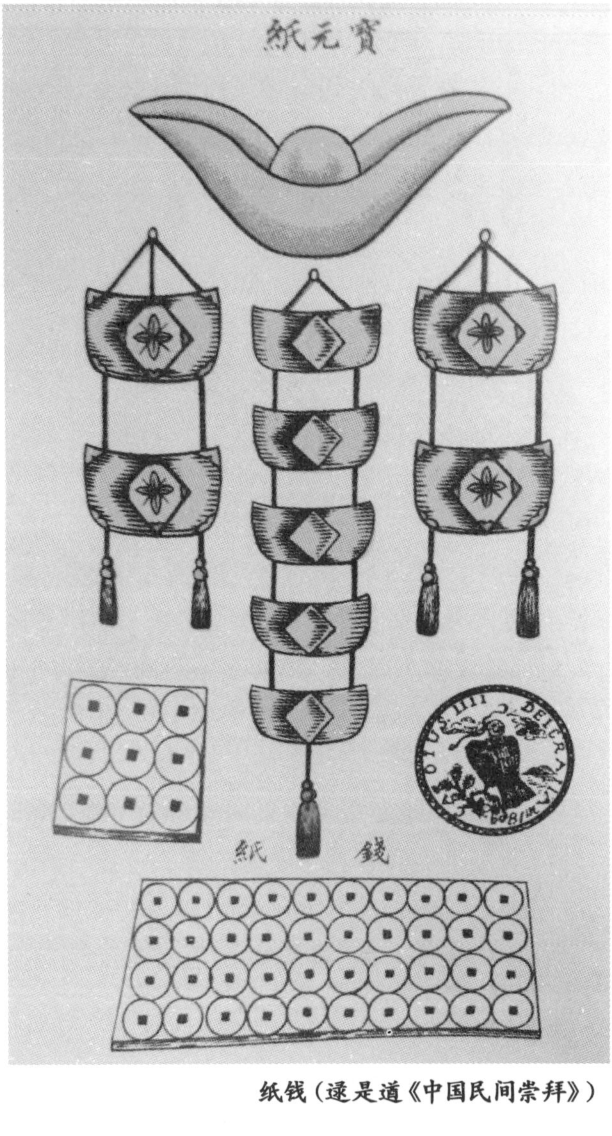

纸钱（逯是道《中国民间崇拜》）

死后葬在离建康数十里的地方。绍兴三十一年，他的寡妻李夫人在寒食节扫墓的前一天晚上，住在城外一个农民家。在黎明的时候，这个农民说：昨夫半夜的时候，王少保路过这里，花了五千钱向我买了谷米喂马，李夫人取过那五千钱一看，原来都是纸钱。于是非常伤感，扫墓祭祀完后，回到家便得病而死。

为什么要烧纸钱？烧纸钱的习俗起于何时？在浙江流行着一个传说，说纸钱是明太祖朱元璋发明的。当地人家都把祖先灵牌供奉在正屋高处的方形匣子内，称为“神堂”。每次祭祀后，都要丢些碎银子进去，供祖先在阴间享用。元朝末年，朱元璋起兵反元，因缺乏军资，就把百姓家神堂内的银子全部“借”来以充军饷，讲定日后归还。及朱元璋做皇帝后，既不便赖账，又不肯掏钱，于是造了大批锡箔，说明这是阴间使用的“冥镪”，以此抵债。从此以后，百姓奠祭祖先时，纸钱成了真钱的替代物了。

宋王应麟《困学纪闻》称，“欧阳子谓五代礼坏，寒食祭而焚纸钱。案纸钱始于开元二十六年，王玙为祠祭使，祈祷或焚纸钱，类巫觋，非自五代始也”。这就是说，纸钱始于唐开元二十六年(738)，发明者是唐玄宗时的王玙。五代以后，寒食野祭都用之。至宋，纸钱则盛行于民间。孟元老《东京梦华录·中元节》云：“又以竹竿斫成三脚，高三五尺，上织灯窝之状，谓之盂兰盆，挂搭衣服冥钱在上焚之。”

清朝学者赵翼认为纸钱源起魏晋时代，其依据有三。一是《法苑珠林》称“纸钱起于殷长史”。二是洪庆善《杜诗辨证》称纸钱起于南朝齐东昏侯萧宝卷。此人好鬼神之术，但又舍不得依古礼用束帛祭祀，便剪纸为钱替代。三是《封氏见闻录》称“纸钱魏、晋以来已有之，今自王公至士庶无不用之”。该书作者封演是唐德宗时人，距六朝未远，所见所闻当有所据，故纸钱起于魏晋似应无疑。

还有说称纸钱始于汉代。《汉书·张汤传》有“会人有盗发孝文园瘗钱”的记载，这一类用于阴间的“冥币”，可能是“阳世”流通的铜钱，也可能以布帛、陶土寓形，所以在造纸术发明的东汉，纸钱的出现也未必不可能。《爱日斋丛钞》谓“丧祭之焚纸钱，起于汉之瘗钱”，就是直接指纸钱为汉已有之。邓子琴《中国风俗史》称：“汉世瘗钱以纸代钱。”

从实钱、实物陪葬到纸质冥币的出现，经历了一个漫长的发展过程。纸钱的出现或者也有可能真的很简单，仅仅是像明器一样，将人世间的生活用品，另做一套，带到阴间去而已。

人死要『做七』

旧俗，人死后每隔七天为忌日，祭奠一次，到七七四十九日止，共为七七。头七，即死后第一个“七”日，余类推为“二七”“三七”“四七”“五七”“六七”，最后称为“断七”或“终七”。

做七，亦称“烧七”“斋七”“理七”“七七斋”等，是民间常见的祭奠习俗。按照佛教的轮回观，人生有六道流转，在人死此生彼之间，有“中阴身”，如童子形，寻求生缘，以七日为一期，若七日终，不得生缘，则续七日，至第七个七日终，必生一处，在此期间举行超度、祭奠，形成习俗。

怎样做七呢？大致是，人死后，亲属每七天奠祭追荐一次，前后七次，共七七四十九天。民间对此尚有种种讲究，如第头七，例由儿子为亡父母设木主、焚纸钱，延请和尚诵经；二七则请道士还受生经；三七、四七俗称“散七”，可由外甥、侄辈来做；五七倍受重视，另有“回煞”仪式；六七由女儿备酒饭，无女则由侄女；七七称“断七”，由丧家供奉酒菜祭奠，并诵经。

清钱泳《履园丛话》曰：“丧家七七之期，见于《北史》《魏书》《北齐书》及韩琦《君臣相遇传》，又顾亭林《日知录》、徐复祚《村老委谈》、郎瑛《七修类稿》皆载之。要皆佛氏之说，无足深考。惟《临淮新语》谓始死七日，冀其一阳来复也。祭于来复之期，即古者招魂之义，以生者之精神，召死者之灵爽，至七七四十九日不复，即不复矣，生者亦无可如何矣。此说最通。”

钱泳还认为，七七之说，始见于北魏胡太后父国珍卒之诏，《魏书·胡国珍传》：“又诏自始薨至七七，皆为设千僧斋。”而唐代则盛行七七斋。《旧唐书·姚崇传》：“崇为遣令诫子孙云：若未能合依正道，须顺俗情，从初七至终七，任设七僧斋。

秦可卿丧事(孙温《绘本红楼梦》)

若随斋须布施,宜以吾缘身衣物充,不得辄用余财。"宋司马光《书仪·斋僧》曰:"世俗……于始死及七七日、百日、期年、再期、除丧,饭僧设道场,或作水陆大会。"

元、明、清时,"七七"之俗尤盛,这在古代小说、戏曲中都有充分的反映。元无名氏《小孙屠》戏文第四出:"你若家里死后,便累七追享,不免请几个僧人。"《孽海花》第二十六回:"谁晓得一经了七,她的原形渐渐显了,常常不告诉我,出去玩耍。"《醒世恒言》第三卷《卖油郎独占花魁》:"十老痛重,医治不痊,呜呼哀哉。朱重捶胸大恸,如亲父一般,殡殓成服,七七做了些好事。"

《红楼梦》第十三回《秦可卿死封龙禁尉,王熙凤协理宁国府》中也有大段文字叙述"七七":贾珍的儿媳秦可卿死后,贾珍"哭得泪人一般",发誓要"尽我所有办好丧事"。他"吩咐去请钦天监阴阳司来择日。择准停灵七七四十九日,三日后开丧送讣闻。这四十九日,单请一百零八众僧人在大厅上拜'大悲忏',超度前亡后死鬼魂;另设一坛于天香楼,是九十九全真道士,打十九日解冤洗业醮。然后停灵于芳园中，灵前另外五十众高僧、五十位高道，对坛按七作好事”。

学界多认为做七习俗来源于生缘说，大约在佛教传至东汉后到南北朝这段时期内形成，从唐初起走向世俗化。为何要规定“七”为忌日？说是人生有六道流转，在一个人死此生彼之间，有一个“中阴身”阶段，如童子形，在阴间寻求生缘，以七日为一期；若七日终，仍未寻到生缘，则可以更续七日，到第七个七日终，必生一处（见《瑜伽论》）所以在这七七四十九天中，必须逢七举行超度、祭奠。这种由“生缘说”催生的做七习俗之所以在南北朝时形成，当为佛教盛行的产物。唐人李翱曾撰《去佛斋说》，对做七习俗及其理论依据予以驳斥，其根据之一便是“伤礼”，不合儒家对人情哀戚的讲求，这也能反证做七本是佛家的事。

也有人认为做七习俗本于道教。从该俗的实践看，做七既请僧众诵经，也请道士诵经，而民间关于做七由来的种种解释，多与道教的地狱结构及功能的宣传相吻合。清赵翼在《陔余丛考》卷三十二还结合做七习俗起于元魏、北齐的历史背景来论证：“按元魏时，道士寇谦之教盛行，而道家炼丹拜斗，率以七七四十九日为断，遂推其法于送终，而有此七七之制耳。”他还引证《韩琦君臣相遇传》，英宗初即位，光献太后对宰臣韩琦说：“当初立他为皇太子时，臣僚多有言不当立者。恐他见后心里不好，昨因斋七，并焚于钱炉矣。”宋朝自太宗以后，道教一直备受尊崇，到真宗时道教跃居“国教”地位。所以太后提到的做七应该是指道教而言。

还有人认为做七习俗源自先秦时代的“魂魄聚散说”：人之初生，以七日为腊，一腊而一魄成，故人生四十九日而七魄全；死以七日为忌，一忌而一魄散，故人死四十九日而七魄散。做七的意义就是祭送死者。此外如天以阴阳二气及金、木、水、火、土五行演生万物，谓“七政”，人得阴阳、五常而有“七情”，故天之道惟七，人之气亦惟七；以及《易·系·复》曰“七日来复”，《礼记·檀弓上》曰：“水浆不入口者七日”，都是本此道理而来，也都是后世做七习俗的信仰内涵所在。

做七之后，就是断七了。前面说过，做七满四十九天后就是“断七”，也称为“终七”。丧事至此，告一段落，要招僧念经，超度死人的亡灵。断七时也要祭奠。《金瓶梅》第六十七回，西门庆妾李瓶儿死后，将要到七七之期，“西门庆道：‘这出月初五是他断七，少不得替他念个经儿。’伯爵道：‘这遭哥念佛经罢了。’西门庆道：‘大房下说，他在时因生小儿，许下了些血盆经忏，许下家中走的两个女僧做首座，请几位尼僧替他礼拜儿卷忏儿罢了。’”

做斋（逯是道《中国民间崇拜》）

清代顾张思《土风录》卷二“谢孝”条载，明清时，亲丧至断七，孝子缞绖至来吊亲友之门拜谢，当时人们把这种风俗称为“谢孝”。《儒林外史》第四回写范进母亲死了之后，“光阴弹指，七七之期已过，范举人出门谢了孝。这可以视为做七的结束。

寿诞

祈子的方式

《诗经·大雅·绵》:“绵绵瓜瓞，民之初生。”《集传》注释说：“瓜之近本初生者常小，其蔓不绝，至末而后大也。”后来人们就用“绵绵瓜瓞”来喻子孙绵延不绝。

古代，由于生殖科学知识的落后，人的生育非常困难。因此，人们非常重视对孩子的生养。如果结婚几年了还不生养，那么对于当事者本人就是一件非常郁闷的事，除了到神庙里求神赐子外，还产生了许多祈子的习俗。

也因为科学还不发达，古人只能依靠祖先流传下来的种种迷信的祈子方法。但是如果用了一种求子方法还是求不得子息，人们就会想出别的来，以致有关祈子的习俗五花八门，所祈求的神祇、方法也因地域不同而各异。如《诗经·芣苢》的主题，有学者就认为与生育有关。《毛传》云：“芣苢，车前，宜怀孕也。”认为车前草是治不孕的药。因此如果将《芣苢》看成是祈子的仪式歌，也未尝不可。

最主要的祈子方式，当然是到主管生育之神面前（如送子观音、送子娘娘等）去求子。已婚妇女特别是久婚不育的妇女，会带着香烛、纸蜡、祭献等礼物，到神前默祷，求神赐子。比如有的地方到送子娘娘像前去“取花”:带上小三牲菜碗、金银纸钱等，由一老妇人陪同。在娘娘像前祭献跪拜、祷告；祈子者跪着撩起衣襟，由陪同老妇将娘娘头上的花或神座前他人还来的花，放入她的衣襟中，并对她说，此去可以给你多生子，生了后，再来拜谢。

《初刻拍案惊奇》第二十四卷记:“离山一里之外，有个大姓仇氏。夫妻两个，年登四十。极是好善，并无子嗣。乃舍钱刻一慈悲大士像，供礼于家，朝夕香花灯果，拜求如愿。每年二月十九日是大士生辰，夫妻两个躬往天竺，三步一拜，拜将上去。

烧香祈祷，不论男女，求子一个，以续后代。如是三年，其妻果然有了胎孕，十月期满，晚间生下一个女孩。夫妻两个，欢喜无限，取名夜珠。”写的就是夫妻俩去坚持不懈地去神庙求子，后来果然生了个女儿的故事。

再先来说说“添灯”的求子习俗。元宵佳节，中国人有“添灯”的习俗。“添灯”实际上是“添丁”，即“人丁兴旺”的意思。广东有“开灯”“庆灯”习俗，如去年生了孩子的家庭要吃“灯酒”，新年回家的妇女一定要在“庆灯”之前赶回夫家，参加“庆灯”之前的仪式——“开大灯”。灯要吊在宗祠大厅的梁上，吊灯时敲锣鼓，放鞭炮，此即“闹灯”。灯愈闹，丁愈旺。显然，这不仅仅是久婚不孕妇女的活动，而且是所有育龄妇女，以至整个家庭宗族都很关心的事。当然新婚妇女要更关心。这其实是原始生殖崇拜意识的流变延续。

从“添灯”又衍生了用送灯、送砖等方法来求子的。《淮安风俗志》记：“旧历元宵节后，二月二日以前，此数十日间有所谓送子者焉。此类亦系出于亲友之所为，盖凡年老无子及成婚多年而无所育者，亲友知其盼子心切，咸乐送之。然所送者非人，乃一纸糊之小红灯耳；间有用砖代者，此砖须取东门外之麒麟桥堍，否则无效，盖取麒麟送子意也。其手续由送者先择吉日，备柬通知受者之家，临时约集十余人，锣鼓喧腾，乐声大作，持灯或砖送往；受者则远迓于门外，以所送之灯或砖悬于塑子者之床中，并以酒

麒麟送子（晚清年画）

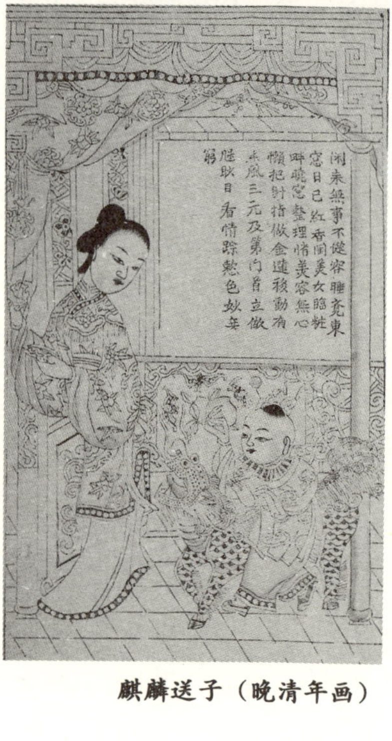

麒麟送子（晚清年画）

送子观音（晚清年画）

天仙送子（晚清年画）

筵款待送者，聊答盛意。如得子，尤须谢以重酬。在送者受之无愧，一若非吾一送，则此子亦不能得也。”

“舞龙灯”当然和“灯”有关，于是人们又想到了“舞龙灯送子”。湖南长沙在元宵夜就有舞龙灯求子的习俗。有多年不育者，待舞龙灯者至家门时，送封仪，求以龙身绕妇人一次，又让龙身上骑一男孩，将龙身缩短，在堂前绕圈，谓麒麟送子。有诗说这个习俗：“妇女围龙可受胎，痴心求子亦奇哉。真龙不及纸龙好，能作麒麟送子来。”

那么，麒麟怎么会和送子有密切关系呢？这也和《诗经》有关。《诗经·周南·麟之趾》里写道：“麟之趾，振振公子，于嗟麟兮。麟之定，振振公姓，于嗟麟兮。麟之角，振振公族，于嗟麟兮！”赞美周文王子孙昌盛。所以后人就用麒麟送子来比喻多子多孙了。

除了“添灯”求子这一大类习俗外，“吃瓜求子”也是求子习俗中的一大类，蔚为壮观。《诗经》里已经说了“绵绵瓜瓞”，既然是瓜有这种繁衍的力量，人们对许多瓜自然产生了膜拜。清末徐珂《清稗类钞》记载，徽州人就有在中秋节送瓜的习俗，对结婚数年尚没有生育的人，亲友就会送瓜给他。而且这个瓜是要在菜园里去偷的，然后在瓜上画上人的脸面，用衣服裹好，鸣金放炮，送到那户人家。那户人家还要设宴款待，长辈将瓜放在床上，口中念念有词“种瓜得瓜，种豆得豆”，妇女就剖瓜开吃。说是这样就会生育了。

还比如，安徽芜湖一带在三月初三这一天，有无子嗣的人家夫妻并肩举箸饱食南瓜之俗。

江南各地大多有吃瓜祈子的风俗。再就是以偷瓜、送瓜等方法祈子。《中华全国风俗志》载贵州偷瓜送子的风俗：贵州中秋节有一种特别之风俗，为各省所无者，即偷瓜送子者是也。偷瓜于晚上行之，偷之时故意使被偷人知道，以惹其怒骂，而且骂得愈厉害愈妙。将瓜偷来之后，穿上衣服绘上眉目，装成小儿形状，用竹舆抬送，有锣鼓送之，送至无子人家。受瓜之人须请送瓜之人 食一顿月饼，然后将瓜放在床上，伴睡一夜，次日清晨将瓜煮而食之，以谓自此可怀孕也。”

还有吃葫芦求子的习俗。南宋孟元老《东京梦华录》里记，“八月秋社，人家妇女皆归外家。晚归即外公、姨舅，皆以新葫芦、枣儿为遗。”说的就是吃葫芦来求早日得子。广州则是偷吃莴苣求子。清末徐珂《清稗类钞》载：“广州元夕，妇女偷摘人家蔬菜，谓可宜男。又妇女艰嗣续者往往于夜中窃人家莴苣食之，云能生子。盖粤人呼莴苣为生菜也。”

吃喜蛋也是民间非常重视的求子方式。一些地方，女子嫁妆里必有个朱漆子孙桶，桶里有五个熟红皮鸡蛋。嫁妆送至男家，那些久不生育的女人就会讨要桶内红蛋吃。据说，一吃此蛋，很快就会有喜。这种求子方式，大概是是想借新娘子的光罢。又如新生儿洗三时，亲友都来添盆，洗儿盆里放着红蛋，人们认为不孕女人吃了，同样可以很快受孕。

再有，就是以“抱娃娃”的方法求子。纪昀《阅微草堂笔记》：“余二三岁时，尝见叫五小儿彩衣金钏，随余嬉戏，皆呼余为弟，意似其相爱。稍长时乃皆不见，后以告先姚安公，公沈思久之，爽然曰：‘汝前母恨无子，每令尼媪以彩丝系神庙泥孩归，置于卧内，各命以乳名，日饲果饵，与哺子无异。殁后，吾命人瘗楼后空院中，必是物也。’恐后来为妖，拟掘出之，然岁久已迷其处矣。”说得神乎其神，主人公说自已其实就是母亲去庙求子后，将神庙里的泥孩儿带回家安置，然后他大概就随这些泥娃娃来到人间的。

这里的“拴娃娃”习俗在《寿春岁时纪》中也有比较详细的记载：“三月十五日烧四顶山香，山在八公山东北，离城相约七里余，山上有庙宇数十间，塑女神曰‘碧霞元君’，俗呼为‘泰山奶奶’，奶奶殿侧有一殿，亦塑一女神，俗称‘送子娘娘’。庙祝多买泥孩置佛座上，供人抱取，使香火道人守之，凡见抱取泥孩者必问之索钱，谓之‘喜钱’。抱泥孩者，谓之‘偷子’。若偷子之人果以神助者得子，则须买泥孩为之披红挂彩，鼓乐送之原处，谓之‘还子’。”

生育繁衍可谓是人类最大的事情了。所以古代文学作品中常有描述。古典文学名著《金瓶梅》第二十一回、五十三回写了吴月娘祈子故事。说的是因为潘金莲挑唆，西门庆和吴月娘有隙。一日西门庆自丽春院中回家甚晚，已是一更时分，来到后边仪门首时却无意中发现吴月娘在为他祈子：“只见丫环小玉放毕香桌儿，少顷，月娘整衣出房，向天井内满炉注了香，望空深深礼拜，说道：‘妾身吴氏，作配西门，奈因夫主流恋烟花，中年无子，妾等妻妾六人，俱无所出，缺少坟首拜扫之人。妾夙夜忧心，恐无所托。是以瞒着儿夫，发心每逢夜于星月之下，祝赞三光。要祈保佑儿夫，早早回心，弃却繁华，齐心家事，不拘妾等六人之中，早见嗣息，以为终身之计，乃妾之素愿也。’”原来自西门庆和吴月娘吵架不说话以来，她每月吃斋三次，逢七拜斗，夜夜焚香，祝祷苍穹，保佑夫主早日回心，料理家事，早生儿子，以为终生之计。西门庆恍然而悟，很是感动。后来李瓶儿果生一子。

吴月娘既为众人祈子，也为自己祈子。第五十三回写吴月娘祈子，已不仅仅是祈子仪式，还有她从道婆薛姑子、王姑子处讨来的生子药。那药方要她壬子日吃了药，和西门庆同床，然后可以生子。于是，吴月娘先一日晚对天祈祷，到壬子日，清早起来，沐浴洗梳完了，闭了房门，烧香点烛，拜了佛，念了一遍《白衣观音经》。再到后房，取出药来，双手捧着，又对天祷告，先吃了薛、王姑子给的丸药和制的头胎衣胞，晚上等着与西门庆同了房，双管齐下，后来果然生了一子，即是孝哥儿。

那么多复杂和多样的祈子方法，究其源头，还是因为古代生产力低下，科学不甚发达使人产生迷信所致。但是像吴月娘那种祈子方法，其实也分两方面来看，一方面她是通过求神拜佛以求得心理安慰，一方面她毕竟也要服用生子药才行，如此双管齐下了，求子才会有效果。

送红蛋的秘密

《礼记》说，生男子，要设弧于门左。《孔子家语》里对“悬弧之义”注道：“弧，弓也。男子生则悬弧于其门，明必有射事也。”即生了男孩，要在门左设一木弓，用以象征男子之阳刚，左为天道所尊，标志生男尊贵；生了女孩，则在门右设一佩巾，象征女子之阴柔，右为地道所尊，表示卑顺。古人常在儿子诞生三日后举行此礼，称作“三朝”，再由外祖母家送红蛋等礼品祝诞生。等婴儿满月时，家长还会广泛分送红蛋，将染红的鸡蛋送给亲友、邻居以及同事等，让大家分享自己的“弄璋”或者“弄瓦”之喜。

红蛋，吉祥、喜庆，已固定为婴儿出生和满月时向人们报喜的一种礼物了。可是，生了孩子，中国人为什么要送红蛋呢？

旧时民间有许多关于生孩子要送红蛋的传说。最著名的是“刘备招亲”的故事，讲的是东汉末年，东吴都督周瑜想用假招亲、真扣留的计策，以刘备做人质逼其交还荆州。诸葛亮将计就计，命赵云护送刘备过江成亲，同时带去大批染红的鸡蛋。到了东吴，逢人便送，道是刘皇叔要与贵国公主孙尚香结婚，请吃红蛋，让大家同喜，来年还可让吴国太抱上小孙子。此事一传十、十传百，家家户户都知道孙尚香要与刘皇叔成亲了。吴国太得讯大喜，命令孙权马上为他们办喜事。孙权无奈．只好假戏真做，结果刘备娶了个好夫人，周瑜则“赔了夫人又折兵”。自此以后，江南地区每逢结婚或生孩子，都会向亲友分送红蛋。

这个刘皇叔送红蛋的传说情节曲折起伏、生动有趣。但它只说了“送红蛋”的故事，而没有解释其来历，也就是人们依然要问：刘皇叔为什么要送红蛋，而不是染成其他颜色的蛋？

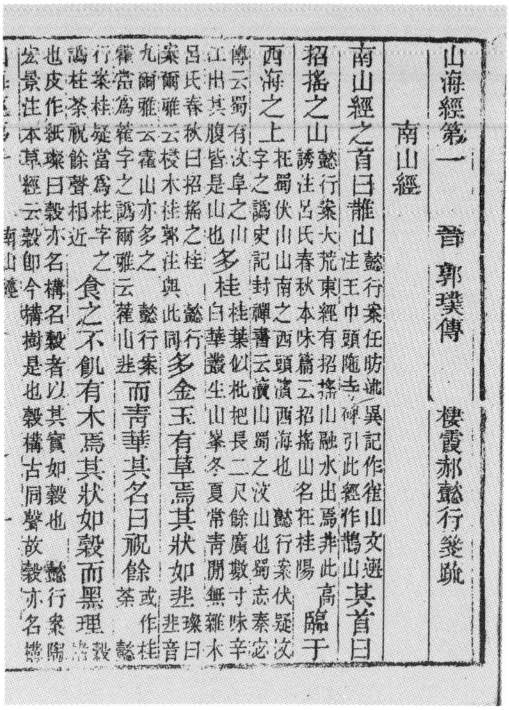

山海經第一　晉郭璞傳　棲霞郝懿行箋疏
南山經
南山經之首曰䧿山懿行案任昉述異記作雀山文選注王巾頭陁寺碑引此經作鵲山其首曰
招搖之山懿行案大荒東經有招搖山融水出焉非此高誘注呂氏春秋本味篇云招搖山名在桂陽臨于
西海之上在蜀伏山山南之西頭濱西海也懿行案伏疑汶字之譌史記封禪書云瀆山蜀之汶山也蜀志秦宓
傳云蜀有汶阜之山江出其腹皆是山也多桂桂葉似枇杷長二尺餘廣數寸味辛白華叢生山峯冬夏常青閒無雜木
呂氏春秋曰招搖之桂懿行案爾雅云梫木桂郭注與此同多金玉有草焉其狀如韭璨曰韭音
九爾雅云藿山亦多之懿行案藿當爲藿字之譌爾雅云藿山韭而青華其名曰祝餘或作桂荼懿
行案桂疑當爲桂字之譌桂荼祝餘聲相近食之不飢有木焉其狀如穀而黑理穀楮
也皮作紙璨曰穀亦名構名穀者以其實如穀也懿行案陶宏景注本草經云穀即今構樹是也穀構古同聲故穀亦名構

《山海经·大荒南经》记载“有卵民之国，其民皆生卵”，透露出红蛋习俗为先民鸡图腾的遗存

民间传说分红蛋习俗来自“刘备招亲”

我们再来考察，其实分食红蛋的习俗，也并非仅在江南一带流行，我国许多地方都有流行，甚至可以说是一个全国性的风俗，而“蛋”就是这个风俗的关键因素。

先来看“蛋”，也就是古文里的“卵”。《艺文类聚》引《三五历纪》载：天地没有开辟前，宇宙还只是个浑沌一体的大鸡蛋，大神盘古便生于其中。在经历了一万八千年之后，天地开辟，阳清为天，阴浊为地，盘古在其中，一日九变，神于天，圣于地。《史记》等古籍里，也有殷人先妣简狄吞卵而生契、秦人先妣女修吞卵而生大业的神话记载。由于先民在幻想中把天地的开辟、人类的诞生、万物的起源，都归结于“卵”的造化，于是对“卵”的崇仰也随之而来。又由于原鸡是最先被人驯化的禽类，鸡蛋又是人所拥有最多的“卵”，因此鸡蛋自然而然地被原始先民当作具有生命力的吉祥物，衍生出了“卵生崇拜”来。如贵州苗族古歌中就有先妣“生了十二个蛋，其中的一个蛋生成人类”的传说。

另一方面，鸡蛋既能孵鸡，故人吃蛋便能生子，因此古人每以“鸡子”代称鸡蛋，却很少有以“子”去叫鸭蛋、鸟蛋或蛇蛋的。“鸡子”

之“子”与“子嗣”之“子”相同,鸡蛋之“蛋”与降诞之“诞”相谐,“卵”或“蛋”还是男性睾丸的俗称，这也透露出中国人对“蛋”(即“卵”)的生殖崇拜。除了上述盘古等卵生的传说外，有专家还认为送红蛋的习俗与图腾崇拜有关。据河姆渡、良渚、马家窑文化中的鸟纹形象，古人所谓“玄鸟”，包括后来成为中华民族代表性图腾之一的凤凰，是以未经驯化的原鸡为原型。如《山海经·大荒南经》的“有卵民之国，其民皆生卵”，这些信息都透露出红蛋习俗实为先民鸡图腾的遗存。

壮族青年男女经“歌圩”定情后，便双双持染红的熟鸡蛋，互相碰击，如男方的蛋先裂壳就给女方吃，反之男方先吃。这种动作，也具有母鸡孵蛋、蛋破雏出的象征。说到这里，我们不禁要问，鸡蛋染成红色又是怎么回事呢？回答是，既然知道了“卵生崇拜”的由来，揭开染红蛋的秘密，就相对简单一些了。专家认为，红蛋染成红色，这红色不一定是代表中国传统的喜庆之色，而是先民的经血崇拜。传说远古时代，人类不能生育。天长日久，大地上只剩一个女人，叫植祖。这时来了人王公和人王婆两人。他俩让植祖裸身在自己的胯缝中躺一躺。人王公和人王婆的胯缝中淌出了一股股热水。植祖在温水中睡着了。等她醒来，发现手里捏着两个红蛋。她吃完红蛋，就怀孕生子。从此，人们就模仿植祖的方式以乞育求子。在传说中，明显有以胯缝的热水暗喻女性经血、以两个鸡蛋暗示男性睾丸的意味。

总之，送红蛋的习俗大多与祈求子嗣或降诞之喜有关，吃红蛋不但是古人用以禳灾迎祥的法宝，也是生命力的象征。

剪胎发的用意

国人庆贺婴儿满月的仪式和活动多种多样，但延续至今最为重要的一项就是剪胎发，一般在婴儿满月或百日时实行，又称为“落胎毛”。

在古代，落胎发一般在婴儿满百日时进行，男婴剃的发式是“角”，即只留头顶两边的两撮头发；女婴是“羁”，即留头顶纵横各一撮。《礼记·内则》云：“三月之末，择日翦发为鬌，男角女羁，否则男左女右。”即孩子出生三个月后，择一吉日剪头发，剪时要保留部分胎发。男孩在囟门两旁留“角”，女孩在头顶中间纵横各留一行叫“羁”（鬌），或者男孩留左边，女孩留右边。可见这种剃头礼包括留毛于头顶的规矩，在先秦时代已经形成。后来，人们渴望提前为新生儿祝福，所以落胎发时间后来就提前了，有了满月剃头的习俗。

落胎发的具体做法也随着时代的变迁而有所变迁。如古人会将婴儿剃下的胎发妥为收藏，有着种种郑重其事的保管方式，如裹以红布送进神庙、搓成一团悬挂床钩及缝人小儿棉妖背心等。宋代时，人们常将胎发搓成团，用红绿线穿起，挂于堂屋高处，认为这样可使婴儿将来有胆有识。长大后，本人如果有病，胎发还可入药治病。

落胎发的具体做法，各地域也不尽一致。据《清俗纪闻》记，“胎发有全部剃去者，也有在脑后、额前、额头等处留有少许类似总角者。或于四五岁之前全部剃去，而于四五岁时留发结成总角。但自婴儿时起，均戴花帽子。”例如，河北一带的人们，在剃头时把胎发剪下拴在手上，认为有保护作用。山东临沂一带，婴儿在一百天时剪胎发。这天，先由舅舅剪第一刀，再由三个不同姓氏的女孩接着剪。剪下的胎发被收在一个布袋里，放在灶君像前，然后任其随风飘去，大人嘴里还要念道："随风走，活到九十九；随风刮，活到八十八。"嘉兴农村至今还保存着做"头发团"的仪式，人们将剃下的胎发和从小狗、小猫身上拔下的毛混在一起，喷上茶叶水搓成头发团，挂在床头，以为可以镇邪。

人们还有用胎毛来做笔的习俗，也一直流传至今。在婴儿出生之后，胎发留到一定的长度时，父母往往会请理发师将它小心翼翼地剪下，然后请笔庄精心制成一支具有特殊意义的毛笔留作孩子的终生纪念。那为什么要在婴儿满月或百日后剪胎发呢？

民间传说，这婴儿剪下来的头发叫"孝顺发"，也叫"胎里带"，保留它是因为"身体发肤，受之父母，不可毁伤，孝之始也"。并能促成做儿女的孝思。

又说，俗以人头像天，正头顶部是"天灵盖"，也是道家听称"泥丸之宫"，这是"神灵"聚集的地方，必须用娘胎里带来的物品遮盖住，进行保护。民间有忌讳别人拍打"天灵盖"的禁忌，都是这种观念所致。

也有说，所留的一绺头发名为"鬼见愁"，有镇厌鬼魅的作用，想伤害小儿的鬼怪见这块像镇物一般的东西，便会发愁，不敢下手，小

剪胎发一般在婴儿满百日时进行（敦煌石窟北宋壁画）

清代丁观鹏《照盆婴戏图》（局部）中的婴儿胎发已剪去。

晚清年画《哺乳图》中的婴儿胎发也已剪去

儿的生命就得到保护与延长。俗谓“头上留一绺，活到九十九”，也是这个意思。新生儿出生时，囟门末合，封闭后也时呈波动起 伏之状，古人以为这是灵魂出入的孔道，所以特别重视这块地方的隐蔽。所以理满月头的习俗也是古人禁忌的遗存。

古人还认为婴儿的胎发是从娘胎里带来的，所以不能剃光，一般在头顶心或近脑门处留下一撮，俗称“桃子头”“桶盖头”“米囤头”等。或者在额顶留一绺“聪明发”，脑后留一绺“撑根发”。在苏州一带，男孩留的是桃形发，表示长寿；女孩则前后左右留四丛，扎小辫。广东东莞男孩在头顶囟门处保留一撮一寸多的胎发，叫作“孝顺发”或“舅舅发”，意思是不忘养育之恩，后脑勺也留下一撮胎发，用来扎成小辫，寓意“揪住孩子，不让阎王爷抢走”。这是古时卫生条件差，小孩常常夭折，所以父母要用头发来为之祝福的缘故。

剃下的胎毛要珍藏起来，这也有许多讲法。民间认为孩子长大离家后，胎发还安放在家里，可以永远受到家人的护佑。有的地方是还将胎发用红布包起来，缝进小儿的背心、夹袄中，以为如此便能促进小儿健康成长。古人以血为精气之本，发须则为血余，故娘胎里带来的胎毛尤可珍贵，对主人的身体康健有重要作用。后世珍藏胎发的习俗，应是从这种须发神化的观念衍生出来的。

抓周和未来人生

抓周，既是我国的传统生活习俗，又似乎是一个长辈们制造的令人兴致盎然的游戏。所谓抓周是指小儿周岁时，在其身旁陈列各种玩具、生活品和不同职业的用具让其抓取，人们认为，可通过婴儿所抓取的东西来预测其一生性情志趣、造化际遇和功名前途，所以又称“试儿”。

古代对抓周的描述，无论是具体的所抓之物，还是场景，南北朝的名著《颜氏家训》的描述都较为精到：“江南风俗，儿生一期，为制新衣，盥浴装饰。男则用弓矢纸笔，女则刀尺针缕，并加饮食之物及珍宝服玩，置之儿前。观其发意所取，加以验贪廉愚智，名之为‘试儿’，亲表聚集，致宴享焉。”

南宋孟元老《东京梦华录·育子》也有记载抓周的情形：“生子百日，置会，谓之‘百晬’，至来岁生日时，谓之‘周晬’，罗列盆盏于地，盛果木、饮食、官诰、笔砚、算秤等经卷针线应用之物，观其所先拈者，以为征兆，谓之‘试晬’。”

婴儿满百日、婴儿周岁，古人都称为“晬”。这说明南宋时不但有婴儿出生百日的抓周，也有后世流行的周岁抓周，只是当时叫“试晬”。放东西的盘子就叫“晬盘”。宋楼钥《攻媿集》中就有一首《阿虞试晬戏作》的诗，其中有句云：“阿虞匍匐晬盘中，事事都拿要学翁。”阿虞这个孩子，盘中什么东西都要拿，很是憨态可掬的样子。

到了清代，日人中川忠英编著的《清俗纪闻》，也记载当时中国的抓周风俗：“周岁时，为观察婴儿成长之方向，于厅上设桌，上铺毛毡，列置笔墨、书籍、金银、算盘等物，令婴儿抓取。如取笔墨，则将善于文章，抓书籍，则将爱好学问，以后则教以书法训以儒学。抓取金银、算盘，则以后将令其从事买卖之类。此日请

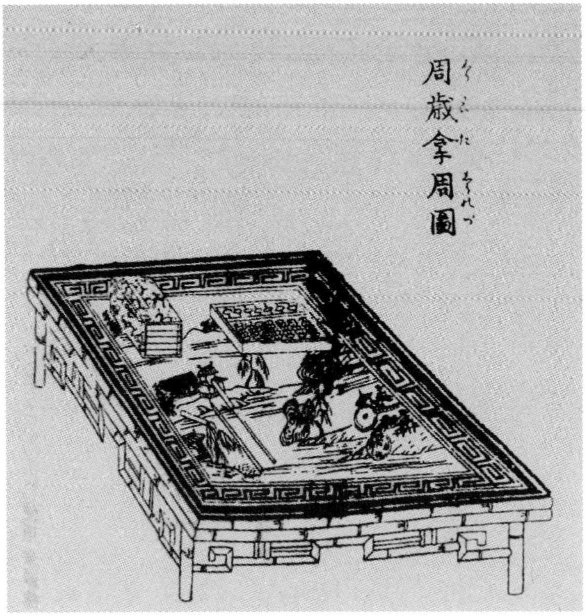

周岁拿周图（《清俗纪闻》）

亲友举办庆祝宴会，亲友馈送物品与满月时相同。”

抓周习俗曾广泛流行于我国各地，只是因民族不同、地域不同，摆放的物品也不同。

北京一带的小孩抓周，摆放士、农、工、商等各种社会角色所用的器具，除笔、墨、砚外，还有算盘、尺、印等。据《中华全国风俗志》记载，北京“试儿”非常慎重，小儿要梳洗干净，穿上新衣服，然后抱至桌前，供其随意抓取；浙江则“列锦席于中堂，烧香炳烛”。所放东西是“顿果儿饮食，及父祖诰敕、金银七宝玩具、文房书籍、通释经卷、秤尺刀剪、升斗等，彩绣花朵及一切应用物件”。在江西，“试儿”则是“苟取得者为书，则家人必欢声雷动……前清时，更加入彩珠一种，若小孩一取此物，家人尤为高兴，必大众 贺曰：某孩长大能做官。于是为父母者，益喜形于色”。这彩珠，就是官员帽子上的红顶子，自然是做官的象征了。

朝鲜族抓周摆的是弓箭、书、笔、糕点、钱、剪刀、红豆粥等；侗族抓周，则把小孩置于一竹筛上，由父母端着，围炭火绕三圈，还说“坐筛过火，心眼满多”。这是把坐筛过火当作一种困难和危险来考验，象征小孩长大后聪慧、勇敢有魄力。有的地方摆放的物品还有让祖先认同的意义。

古代抓周摆放之物，也是因男女性别而异的。当然也有例外，像《红楼梦》

里的贾宝玉抓周，“将那世上所有之物摆了无数，与他抓取。谁知他一概不取，伸手只把些脂粉、钗环抓走。政老爷便不喜欢，说将来不过是个酒色之徒，因此甚为不悦”。

抓周起源于何时呢？民间传说源自三国时期。当时吴大帝孙权的太子去世，各子争权，孙权担心一世功业付诸东流，心中颇为苦恼。有个叫景养的人为他出了个主意，让众皇孙去抓周。结果，孙和的儿子孙皓一手抓授带，一手抓简册，这分明寓意孙皓是当皇帝的料。于是其父孙和就靠自己儿子当了皇帝。后来，孙和被废，孙亮、孙休继任。按理说，孙皓是没希望继承皇位了。可是阴错阳差，皇位最后还是落到了孙皓身上。抓周预测人生竟然这么灵验，老百姓闻风而动，于是这风俗就在民间流行了。

抓周最早在吴国所处的江南一带流行，文献记载也有所本。宋叶寘《爱日斋丛钞》转引宋僧文莹撰的《玉壶野史》记："曹武惠王（曹彬）始生，周晬日，父母以百玩之具罗于席，观其所取，武惠王左手提干戈，右手提俎豆，斯须取一印，馀无所视。曹，真定人。江南遗俗乃在此，今俗谓试周是也。”就是说，北宋大将曹彬一周岁时，他的父母将各种玩具器物摆在席上让他抓取。曹彬左手抓住武器，右手抓俎豆（古代贵族之家祭祀所用的器具），一会儿又抓住一只官印，其余的东西就像没看见一样。他所拿的东西，和他后来的成就是相符合的，而作者认为抓周是“江南遗风”。

抓周这个风俗源于何时现在还难以说得清，但按《颜氏家训》所记，起码最晚在南北朝时已经有了这种风俗，至隋唐时逐渐普及全国。古人对抓周深信不疑，乐此不疲。也有人认为，类似抓周这种“试儿”的习俗的源头可以溯及先秦，其实也是楚人崇神信巫文化的产物。《左传・昭公十三年》记，楚共王无嫡子，想在五个受宠爱的庶子中选嗣，于是遍祭名山大川，请神来选择继嗣问题。楚共王又用一块玉璧来做“阄”，他说："当璧而拜者，神所立也，谁敢违之？”然后将玉璧秘密埋在祖庙的庭院里，让五个儿子依长幼次第进庙拜跪祖先，谁正好压在埋玉璧的位置上，他就是神灵所确立的王嗣。年龄最小的楚平王被抱进祖庙后，两次下拜，均压在了玉璧的璧纽上。但楚共王最终把下跪时两足各跨玉璧一边的长子（即楚康王）立为太子。大臣斗韦龟以为此举违背了天命。之后，楚平王到底还是在楚国内争中坐上了王位。这段故事也可看作是抓周风俗的滥觞。

抓周试儿的风俗到底是怎样来的，也有不同说法。有人认为这个风俗源于原始的征兆观念，即以为自然界的各种现象、人世间的吉凶祸福，在其发生之前都是有征兆的。它本是原始人因无法解释和把握强大的自然力量与人类自身命运，即所谓“天命”而产生的心理观念。也有人认为，抓周其实是人的第一个生日纪念日的庆祝方式，它与产儿报喜、满月礼、百日礼等一样，同属于传统的诞生礼仪，其核心是对生命延续、顺利和兴旺的祝吉，还体现了父母对子女的深情，同时具有一定的家庭游戏性质，是颇有人伦味的风俗。

超自然力量与长命锁

在我国，人们有佩戴护身符的习俗。这是因为古代养孩子不容易。因此人们对喜获子女，自然非常珍重。为了能使孩子平安顺利地长大成人，人们想出各种消灾福佑的办法，戴长命锁便是一种。长命锁是一个泛称，又包括百家锁、寄名锁等各种戴在身上的工艺性锁具。定型后的长命锁是一种挂在项间的锁形饰物，人们认为长命锁有一种超自然力量，希冀借此以保佩戴者长寿，并含有为佩戴者性命担保之意。如《红楼梦》第三回，贾宝玉第一次正式登场，这也是林黛玉与贾宝玉首次见面，曹雪芹写贾宝玉："仍旧戴着项圈、宝玉、寄名锁、护身符等物。"这里的"寄名锁"便是长命锁。

长命锁一般由白银制作，但也因家庭的经济状况不同而制作有异，如用金或铜等材料。长命锁有的两面镌字，亦有单面镌字的，不外乎"长命百岁""富贵安乐"之类。长命锁有自己制作的，也有满月时由前来朝贺的至亲赠送的，主要由孩子干爹、干娘赠送。

长命锁中以"百家锁"为贵，百家锁取"百家福佑"之意。旧时，由父母到各家去索要铜钱，用五色彩线编成锁形而成。此举在北京，也被称为"化百家锁"，即由幼儿的家庭派人沿大街小巷乞讨，每家一文钱，然后凑起来给幼儿打锁戴上。因为乞丐的钱是向多家乞讨而来的，因此也有向乞丐换钱给孩子打锁的。

江南一带也有"百家锁"，但讨钱的方法和北方不同。如江西一带，在婴儿满月这一天，长辈向亲友散发包有白米 7 粒、红茶 7 叶的红纸包数百个，收到红包的亲友则加上数十或数百文铜钱连同红包一起送回，婴儿家中便将集得的钱去买银锁，正面刻"百家保锁"，反面刻"长命富贵"，挂在婴儿颈上，意思是借百家的福寿来保全孩子的寿命。

民间还有一种简易的做百家锁的方法，即用一百或数百文钱与一乞丐对换成小钱，然后将换来的钱购买锁，同样取其从百家讨来的意思。

长命锁也有用布来缝制的。先用红布做成链形锁或编结成锁形，或做成项圈，下坠“长命百岁”银牌。旧时，到了孩子每年过生日时，都要加一层红布，表示层层加锁，以保孩子安全万无一失。直到孩子长到十二岁，才把它割下焚化，以示成人。还有的长命锁是用丝线与铜钱制成的，用丝线编成三尺长的丝辫，折回，中间挽一结作锁，下坠铜钱数枚。小孩戴锁之前，要在神前用“表”（一种供神用的黄纸）燃烧燎烤一下铜钱锁，似乎是借助神力来增添锁的神秘力量，保佑小孩无病无灾。

那么，长命锁是怎么来的呢？这就要追溯到更早的名称了。最早的时候，长命锁又叫作“长命索”、“长命缕”、“百索”等，从名称上就可知道，早先的长命锁是用绳索类编织物做成的。长命缕以红、蓝、黄、白、黑五色丝线编织而成，按迷信的说法，五色是东、西、南、北、中五个方位，古人认为它具有神奇力量，可避邪，还引申为可“锁”住生命，因此坠饰物有的做成锁状，也有做成如意状，上面多刻有“长命富贵”等吉祥语。

汉代时，每逢过端午节，人们就“以五色朱索饰门户，以避恶气”。后代相沿成习，便于这天用五色线带在小儿颈上，以避不祥，谓之“百索”，又叫“长命缕”。《事物纪原》引晋周处《风土记》曰：“荆楚人端午日，以五彩丝系臂辟兵鬼气，一名‘长命缕’，今‘百索’是也。”梁宗懔《荆楚岁时记》云：“仲夏茧始出，妇人染练，咸有作务，日月星辰鸟兽之状，

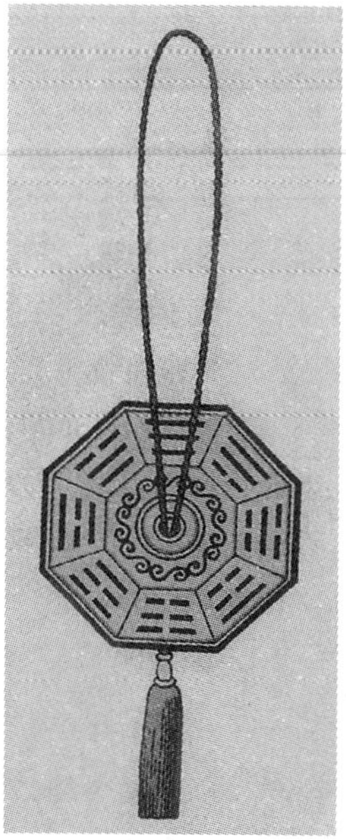

八卦挂件（逯是道《中国民间崇拜》）

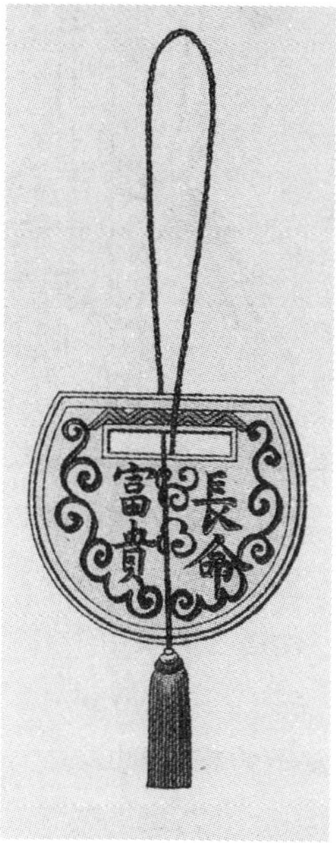

长命锁（逯是道《中国民间崇拜》）

贾宝玉胸前挂着通灵宝玉（清改绮《红楼梦图咏》）

文绣金缕，贡献所尊，一名‘长命缕’，一名‘续命缕’。”又明代田艺衡《留青日札》记：“小儿周岁，项带五色彩丝绳，名曰‘百索’。”长命缕是丝制而成，不像金银那般经久耐磨，也不像金银那般光彩闪烁、耀人眼目，所以制作材料从丝织发展到金银，也在情理之中。

从古代小说描述看，在明代长命锁还未形成现在的形状，也不是至亲而是由寄名干爹赠送的。不过在当时，已有在婴儿周岁时将长命锁挂于其颈项的风俗了。

压岁钱的来历

小儿行礼说辞岁，长辈分他压岁钱。
一见簇新原辫子，磕头领去喜连天。

这首《成都年景竹枝词》具体描述了赠送压岁钱的情景。《燕京岁时记》记载：“以彩绳穿钱，编作龙形，置于床脚，谓之‘压岁钱’。尊长之赐小儿者，亦谓之‘压岁钱’。”给压岁钱，是旧时除夕守岁、辞岁习俗之一。这晚，合家团聚欢宴娱乐，最后辞岁时，长者上坐受下辈礼拜，礼拜毕，要由长者散给小辈钱物，谓之压岁钱。《帝京岁时纪胜·岁暮杂务》记：“除夕为尊亲师长辞岁，……阖家团拜，更尽分岁，散黄钱金银锞锭，亲朋友辈来辞岁者，留饮啜，答以宫制荷包，盛以金银锞饰。”

有关压岁钱的一个流传甚广的传说是，有一个黑手白脸的小妖叫“祟”，趁年三十晚上出来祸害小孩。有一对老年夫妇晚年得子，他们害怕祟来祸害孩子，于是便在大年三十晚上，明烛高照，用红纸包了八枚铜钱放在孩子枕边，当祟在深更半夜来祸害孩子时，孩子的枕边迸裂出一道闪光，把祟给吓跑了。从此民间纷纷开始效仿这个做法。因为和过年有关，所以后来“压祟钱”的叫法，又开始变成“压岁钱”。

旧时人们对压岁钱重视程度远胜于今，不但给钱，而且很讲究。钱要讲究大钱、新钱，还必须用新的大红线串起，或用红线将钱穿成鲤鱼形、如意形，也有编作龙形的，置于床脚，即“钱龙”之意，如清代樊彬《燕都杂咏》所咏：“油花纸窗换，扫舍又新年；户写宜春字，囊分压岁钱。”除“压岁钱”外，除夕之夜，还有给金银锞子的，实际也是压岁钱。当然这种锞子只有豪贵之家才散得起。

孩童身上挂着压岁钱（逯是道《中国民间崇拜》）

清代宫廷、贵戚之家还赏送荷包，因为荷包里装的就是钱，所以性质与押岁钱大致相同。如《清稗类钞·时令》："除夕之晨，孝钦（清帝〉偏礼神佛祖宗。礼毕，入宫者络绎不绝，计有孝钦之嗣女……既见孝钦，退至他室休息。午后二时，咸集于殿，依次由皇后率领行礼，即辞岁也。礼毕，各赏红缎、平金荷包一个，中装小银锞一锭，以押岁。"清富察敦崇《燕京岁时记》："每至元旦，凡内廷行走之王公大臣，以及御前侍卫等，均赏八宝荷包，悬于胸前。"

《红楼梦》中记除夕分发压岁钱的情形就十分热闹。如第五十三回写除夕，两次提及压岁钱。离年将近："正值丫头来捧一茶盘押岁锞子进来回说：'兴儿回奶奶：前儿那一包碎金子，共是一百五十三两六钱七分，里头成色不等，总倾了二百二十多个锞子。'说着递上去。"

之后写除夕之夜祭祖。祭毕饮茶。贾母回至荣府，"众人围随同至贾府正房中，亦是锦茵绣屏，焕然一新。当地火盆里焚着松柏香，只见两三个老妯娌已进来了，大家挽手笑了一回，让了一回，吃茶去后，贾母只送至内仪门便回来。归了正座，贾敬、贾赦等领了诸子弟进来，贾母笑道：'一年家难为你们，不行礼罢。'一面男一起，女一起，一起一起俱行过礼，左右设下交 椅，然后又按长幼挨次归坐受礼，男女小厮、两府丫环，亦按差役上中下行礼毕。然后散了压岁钱、荷包、金银锞等物。摆上合 欢宴来，男东女西归坐，献屠苏酒、合欢汤、吉祥果、如意糕 毕。贾母起身，进内间更衣，众人方各散出。"

过去的压岁钱和今天不同，现今的压岁钱一般用的是流通货币，过去需要专门铸造。《博古图》载："压胜钱有五，一体之间，龙马开着，形长而方。"汉代的压岁钱上有各种各样的图案，如龙凤图案、双鱼图案、龟蛇图案、太极图案、星斗图案等,正面还刻有各种吉祥语,如"长命百岁""平安吉祥""万事如意""驱邪降福""财源茂盛"等。

小孩接受了压岁钱之后，有压于床下，有佩戴起来，还有用红线串起来放在身上"压腰"的。农村穷人家也有用芝麻壳代替铜钱的，当是取"芝麻开花节节高"之意。穿铜钱与穿护身符都要用红绳，这与现今长辈给压岁钱时要用红纸包裹一样，因为红色在我国民俗观念里表示禁忌，也代表吉祥。

那么，压岁钱的习俗是从何而来的呢？从古代文献记载来看，似乎早在汉唐时期就有了。其习俗源于汉唐时宫廷里的新年赏赐行为，以及宋明时已在民间蔚成风俗的"利市",即逢有节庆喜日给家人佣工发钱以讨吉利,类似后来的发红包。"压岁"本身也有辞旧迎新的意思。

但是，也有不少学者又认为，"压岁钱"的源头，与迄今仍为钱币收藏家所热衷收集的"厌胜钱"有关。压岁钱的来历应从厌胜钱币与流通货币的转换关系中寻溯，即铸造时并非为流通用的厌胜钱，因其铜材纯真而进入流通领域，如唐代的撒帐钱、元代的供养钱、清代的罗汉钱等。反之，也有某些流通货币，因其铭文图案投合民俗心理，结果被派作各种驱邪求吉的"厌胜"之用。所以，至迟在唐五代时，已经出现以流通货币用于春节祝吉以及为小儿祝福的风俗，如王建诗云:"宫人早起笑相呼，不识阶前扫地夫。乞与金钱争借问，外头还是此间无。"说的就是节日时，宫中散钱庆祝的情形。

从春节散钱祝吉，演变成除夕向小儿赐钱"压祟"，又有一个过程，但至晚不过明代后期，已蔚成流行风俗。它与"专职"厌胜钱功能相比，发生了一定程度的变化，如以通行的钱币用红绳贯穿后派厌镇用场，固定于年终岁末，一般专施于小孩子，须放在枕边床脚或随身佩挂才能生效，乃至命名“压岁钱”等，这些习俗渐渐基本定型。如吴曼云《江乡节物词》小序称：“杭俗，儿童度岁，长者与以钱，贯用红线，置之卧所，曰压岁钱”。蔡铁翁诗：“铮铮排户投琼响，半掷床头压岁钱”等，都是当时风俗的写照。

给压岁钱的风俗，以清代最为流行。当然明代也已有了给压岁钱的形式。如《金瓶梅》第七十八回，写了除夕之日，西门庆置酒于后堂：“然后才是王经、春鸿、玳安、平安、来安、棋童儿、琴童儿、画童儿、来昭儿子铁棍儿、来保儿子僧宝儿、来兴女孩儿年儿来磕头。西门庆与吴月娘俱有手帕汗巾银钱赏赐。”

清代顾禄《清嘉录》记吴中风俗：“长幼度岁，互以糕果、朱提相赉献，谓之‘压岁盘’。置桔、荔诸果于枕畔，谓之‘压岁果子’，元旦睡觉时食之，取谶于吉利，为新年休澂。”长久以来，给压岁钱是人们祝福美好生活的一种形式，并一直流传至今。

做生日的习俗

人诞生的那一天为“生日”，即“寿诞”，也叫“寿辰”。

“生日”是人生一个很重要的日子，因此人们习惯于在生日这一天举行庆贺活动，这就是“过生日”“做寿”。清末徐珂《清稗类钞·风俗类》记当时的习俗：“人之生日曰‘寿诞’，亦曰‘寿辰’。至日，家属、宗族、戚友皆拜而颂祷，曰‘拜寿’。其前夕亦有往视者，曰‘预祝’。亦曰‘拜生’。初度之翌日，若有人往祝，则曰‘补祝’。”

我们从《红楼梦》第七十一回写贾母过八十岁生日的那段文字，就可见旧时富贵之家寿诞的安排和豪华排场。先是，因为贵宾亲朋人数太多，恐怕宴席排设不开，于是贾府商量后，“议定于七月二十八日起，至八月五日止，宁荣两府，齐开筵宴。宁国府中单请官客，荣国府中单请堂客”。官客就是男性客人，堂客就是女性客人的意思。然后：“二十八日请皇亲、驸马、王公、诸王、郡主、王妃、公主、国君、太君、夫人等；二十九日便是阁府督镇及诰命等；三十日便是诸官长及诰命并远近亲友及堂客。”这是招待贾府外的宾客，而贾家家宴开张，也要排设好几天：“初一日是贾赦的家宴，初二日是贾政，初三日是贾珍贾琏，初四日是贾府中合族长幼大小共凑家宴，初五日是赖大、林子孝等家下管事人等共凑一日。”

这是过生日时的宴请方面，另外还有送礼。因为贾元春是贵妃的关系，她送母亲的礼物是：“礼部奉旨，钦赐金玉如意一柄，彩缎四端，金玉杯各四件，帑银五百两。元春又命太监送出金寿星一尊，沉香拐一支，伽楠珠一串，福寿香一盆，金锭一对，银锭四对，彩缎十二匹，玉杯四只。余者自亲王驸马及大小文武

贾母做寿开筵宴（孙温《绘本红楼梦》）

官员家，凡所往来者，莫不有礼，不能胜记。堂屋内设下大桌案，铺了红毡，将凡有精细之物都摆上，请贾母过目。先一二日，还高兴过来瞧瞧，后来烦了，也不过目，只说，叫凤丫头收了，改日闷了再瞧。”这也是人之常情，礼物数不胜数，八十岁的贾母肯定看得是眼花缭乱，以她的精力如何看得过来。

小说里详细描写了二十八日请皇亲国戚那场生日宴会，先是“两府中俱悬灯结彩，屏开鸾凤，褥设芙蓉；笙箫鼓乐之音，通衢越巷”。然后贾母等都要穿着正式的礼服来接待贵客，之后再到荣庆堂上，按位次入席，此时筵前戏也开了场，主客所点当然都是吉庆戏文。

一般人做寿、过生日，规模较小。权贵或有钱人家做寿，自然规模大，如上述贾母过生日。再如《水浒传》中，大名府知府梁中书为庆贺岳父太师蔡京生辰，要提前以十万贯金钱，采购各色珠宝，让杨志押解，名之为生辰纲，这就是一份过生日的大寿礼。再者，过生日时，因为年龄身份的不同，做寿规模、形式自然也各异。一般而言，四十岁以上，逢十的大寿比较重要，不同于一般规模。过寿时，

做生日时，寿堂香案上还要陈列寿桃等物（逯是道《中国民间崇拜》）

亲朋好友要为寿星准备寿幛、寿烛、寿桃、寿面等。四十岁以上多以寿桃、寿面为礼。本家还要外加白糖五片。未满四十的为馒头、切面。十岁、二十岁只用切面。寿桃被视为仙桃，八百年结果一次，面条取其绵长的意思。

做寿隆重的话，要设寿堂，摆寿烛，张灯结彩。寿星坐在正位，接受亲友、晚辈祝贺、叩拜。仪式完毕，共吃寿宴。寿堂香案上，陈列寿桃、八仙人等。寿烛要红色。中堂有大寿字，拜寿礼由主持者喊礼。辈份不同，拜礼也有区别。平辈一揖，子侄孙辈四拜，有的还要以寿盘盛熟鸡蛋四枚、或枣汤一碗奉于寿者。除寿日拜贺外，还有寿日之前拜寿，为预祝，寿日之后拜寿，叫补祝。

做生日之习俗广受人们欢迎。那么在我国做生日习俗源起何时？从文献来看，大约在战国时期就产生了。据宋高承《事物纪原》："汉兴，叔孙通定仪。七年，长乐宫成，诸侯朝贺，礼毕置酒殿上，尊卑次起上寿。其事本起于此。《史记》，项羽与汉王饮鸿门，项庄入为寿。则兹事已见于汉初矣。按《淳于髡传》，髡对齐威王有'侍酒于前，奉觞上寿'之语，及'楚庄王置酒，优孟为前寿'。皆战国时事，盖非自汉始也，春秋之间亦无闻焉，疑即七雄之礼云。"就是说，刘邦建立汉朝后，正式定下了"上寿"的制度。但是之前的战国至秦代，像项庄为项羽祝寿，齐威王、楚庄王时的祝寿例子无不说明，过生日祝寿的形式在那时就已经有了。又《汉书·卢绾传》记载，卢绾的父亲与刘邦的父亲同住一个街坊，交情极深。两人的妻子又在同一天各自生下卢绾和刘邦，里中父老具羊酒为他们庆贺，"及高祖、绾壮，学书，又相爱也。里中嘉两家亲相爱，生子同日，壮又相爱，复贺羊酒"。卢绾和刘邦同一天生日，所以街坊邻居也在那天为他们一起过生日。

说过生日的习俗最早起源于战国时期，其实也仅仅是文献可考的最早时间，如以习俗的形成来说，过生日的做法产生在更早的时代也未可知。那么，问题又来了，这种以吃吃喝喝为主的过生日，其原本的意义又在哪里？

《颜氏家训·风操》说，南朝梁元帝的生日是八月初六。每逢这天，都在宫甩设"斋讲"。这也是一种茹素思亲的仪式。有关做生日的来历，有一个传说说的是，有个少年不幸患了重病，因他事母至孝，远近闻名，就有人教给他祛病延年的方法：某时某日，八仙将于此路过，你摆酒席于路旁，等到他们吃完了，再去求情，他们就会给你添寿。少年依计而行，八仙果然每人给他添寿十岁，并对他说："今日是你的再生之日，往后每到此日，你都要办酒宴客，为你祝寿。"于是少年遵嘱行事，顺顺当当地多活了八十年。此事传开后，人们每逢生日，也都办酒请客为自己祝寿，做生日的风俗就此产生了。

传说归传说，其实还是象征意义大于实际，做生日的原始意义，可能就是定时禳解，消除灾难邪祟，确保生命安宁。民间流行的“本年禳解”“做九不做十”等过生日习俗，实际上都隐藏着觉得“生日”为具有某种危险之时的恐惧心理，所以必须举行一定的仪式，作为自我保护措施，办酒请客做生日，应该就是这些活动的一部分，其本意原是用来供神的。

也有人认为，做生日的本义就好比《诗经》里说的“哀哀父母，生我劬劳”，民谚所谓“儿的生日，娘的苦日”，在生日那天，人们不禁回想起母亲分娩时的痛苦来，就此增加孝顺之道，所以古人做生日时不会有举酒祝贺这一套礼仪。据《隋书·高祖纪》载，隋文帝杨坚就认为：“六月十三日，是朕生日，宜令海内为武元皇帝、元明皇后断屠。”就是说，杨坚生日这天，追思其生父杨忠和生母吕氏，所以这天全国民众都不能吃荤的。但这种举措似乎也仅仅是某位人物自己的做法，毕竟从战国起，人们过生日就以国人惯有的喜好在大吃大喝了。

寿面和寿酒

过生日的时候，为了庆生或祝寿，人们往往要吃寿面和喝寿酒。

旧时，寿面还经常被作为馈赠生曰的最佳礼品。富裕人家凡遇亲友大寿，就要专门派人用竹筐抬送寿面到其家中，一般寿面的长度多在三尺以上，份量重达十余斤，还要凑成双数。摆放寿面时，先要将寿面装成一束束的面束，盘成高高的塔形，给人以“高寿”的感觉，然后在顶上插上寿字，外面再罩以红绿缕纸拉花，隐喻做寿者福星高照、寿运绵长。经过这样装束的寿面送到做寿人家，整个寿庆仪式也变得隆重、热烈起来。

寿面和寿长联系在一起，大概还是因为面条的缘故。有一种说法，因为面条形状绵长不断，与“绵长”谐音，所以是长寿的代名词。清末徐珂《清稗类钞》中有记：“馈人以米面及炒热之面，面条长，取其绵绵不断长寿之意也。”也有一种说法是，民间一直传说人的人中长、面孔长，这个人的寿命就很长。由于“面孔”的“面”与“面条”的面谐音，于是就开始形成了吃面条会长寿的习俗。明代浮白斋主人《雅谑》据此讲了一个笑话，说汉武帝对群臣云：“《相书》云：‘鼻下人中长一寸，年百岁。’东方朔忽大笑，有司奏不敬。朔免冠云：‘不敢笑陛下，实笑彭祖面长。’帝问之，朔曰：‘彭祖年八百，果如陛下言，则彭祖人中长八寸、面长一丈余矣。’帝亦大笑。”

这是说汉武帝对群臣说：“《相书》中说，人鼻子下的人中长有一寸的，能活到一百岁。”东方朔听到了，突然放声大笑。敢在皇帝面前突然大笑，那是失礼的行为。有关官员就奏请治东方朔的不敬之罪。东方朔就脱下帽子，对皇帝说：“我怎么敢笑话陛下呢，我是笑彭祖这个人的脸长啊。”汉武帝问原因。东方朔说：“彭

东方朔说："彭祖活了八百岁，人中有八寸长。"

祖活了八百岁，如果真像陛下说的那样，彭祖的人中就有八寸长，脸就有一丈多长了。"于是武帝大笑，也就不提治罪的事了。

寿酒就是祝寿的酒。寿酒一般是为长辈和年高者而设，但也有为晚辈及年少者而设的。如《红楼梦》中，贾府除先后曾为贾母、贾敬、贾政办寿酒外，还曾为凤姐、宝钗、宝玉及宝琴、平儿、岫烟等人办寿酒，其实也就是庆祝生日了。在中古以前，人们摆寿酒有两个特点：一是寿酒不一定与寿辰同时；二是寿酒不一定要喝。如《史记·项羽本纪》："沛公奉卮酒为寿。"《史记·魏公子列传》："酒酣，公子起，为寿侯生前。"《汉书·外戚传》："傅昭仪为人有材略，善事人，下至宫人左右，饮酒酹地，皆祝延（延寿）之。"饮酒酹地，就是将酒洒在地上，以示祝祷。

中古以后，寿辰之时喝寿酒的情形开始出现，而且寿酒也不再有洒地一说了。人们还讲究庆寿的一方设筵，请人喝寿酒。如明末小说《醒世恒言》第二十七卷写："见桌上有个帖儿，便是焦榕请妹子吃寿酒。"《警世通言》第二十八卷："那员外道：'妈妈，十三日是我寿诞，可做一个筵席，请亲眷朋友闲耍一日，也是一生的快乐。'次日，家家户户都送烛面手帕物件来。十三日都来赴筵，吃了一日。"

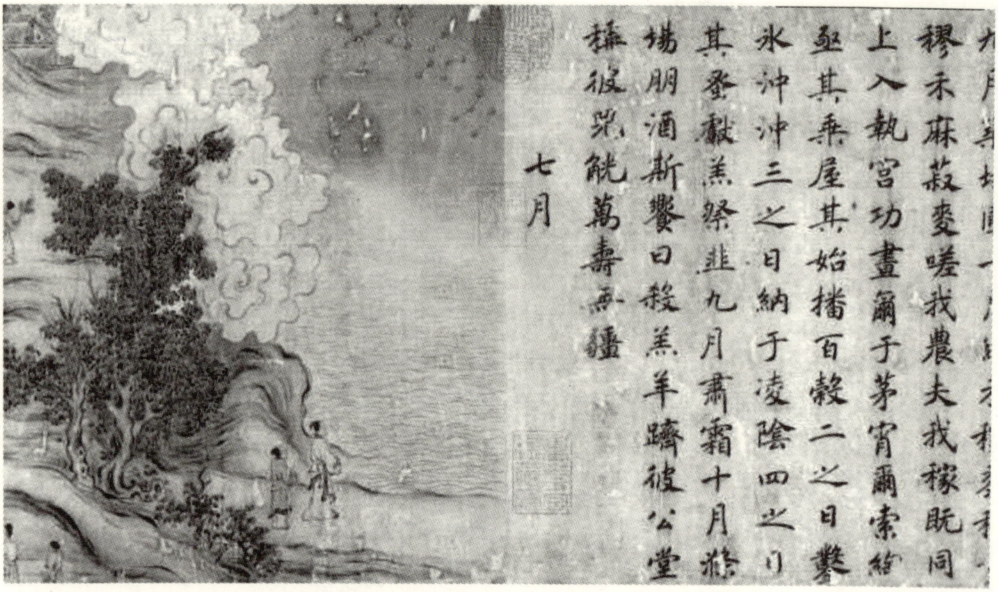

《诗经·豳风·七月》："称彼兕觥，万寿无疆。"谓举杯祝主人万寿无疆（南宋马和《豳风图》卷局部）

《红楼梦》第六十二回：宝玉和宝琴同一天过生日，"两家皆办了寿酒，互相酬送，彼此同领。至晚，宝玉又请来宝钗、湘云、黛玉、李纨、宝琴、探春等人和自己的贴身丫环们吃了一夜的酒"。

那么，吃寿面和喝寿酒的习俗源于何时呢？

做生日吃寿面的习俗起源很早。《新唐书》上载有一则有趣的故事，说的是唐代开元年间，唐玄宗的王皇后恩宠渐衰。于是她很是不安，一天就向玄宗哭诉说："陛下独不记阿忠脱紫半臂易斗面，为生日汤饼邪？"话里的阿忠是指王皇后的父亲，半臂是唐时妇女的一种服装，汤饼就是面条。王皇后是说，过去她父亲曾经用女儿的一件紫色衣服去换一斗面粉做寿面，给唐玄宗做生日的事。她想诉说旧事来博回唐玄宗的欢心。不过，唐玄宗那时的心，恐怕早在杨贵妃身上了，说和不说的效果估计也差不多。

唐代还有举行汤饼宴、贺生子的习俗。刘禹锡有《赠进士张盥》诗，云："忆尔悬孤日，余为座上宾。举箸食汤饼，祝辞添麒麟。"吃面和喜庆之意挂上钩，推测起来，吃寿面的习俗应该早在唐代就有了。

寿酒的起源就更早了。以酒祝寿，在我国早已有之。《诗经·豳风》说："跻彼公堂，称彼兕觥，万寿无疆。”说的就是众人跻身公堂，举起牛角酒杯，祝主人万寿无疆。这是先秦时期以酒祝长寿的习俗。说明早在先秦时代，我国就有以酒祝寿的习惯。只是那时虽有以酒祝寿之举，却无“寿酒”的说法。文献记载，自晋代以后，“寿酒”就开始大为盛行了，如南朝沈约《宋书·乐志》记：“上寿酒，乐未央。”

宋代大诗人黄庭坚有诗云：“欲将何物献寿酒，天上千秋桂一枝。”可见宋代还有以桂花酒作为寿酒的。在古代，寿宴中，人们还要祝酒行令，酒足诗多，场面喜气洋洋，洋溢着欢乐。

做九不做十

当人们遇到五十、六十、七十或八十、九十等整十岁寿辰时，是一个特别值得庆贺和纪念的日子，但民间却往往将其提前到虚岁四十九、五十九、六十九、七十九岁时来举行隆重的祝寿仪式。到了整十岁生日时，则反而无所表示。这就是过寿诞的“做九不做十”的习俗，直到当代依然如此。

我国民间流传着一个有关“做九不做十”的习俗传说。说的是八仙之一的张果老，有一天倒骑着毛驴来到花果山，路遇一砍柴的后生，他仔细一瞧后，十分惊讶，对他说：“小伙子，别砍柴了，你的寿数已尽，是明天午时三刻，快回去准备吧。”这个砍柴的后生名叫王儿，当他得知老头是神仙张果老时，就双膝跪地，求大仙救命。他说家中有年迈老母需要侍奉。张果老被他说得心软，就设下一计，叫王儿去照办。

第二天，张果老邀集众仙及十殿阎罗，去花果山水帘洞孙悟空那里喝酒。来到花果山上空，只见半山腰摆着一桌丰盛的酒席，并无一人。众仙禁不住酒香的诱惑，不管三七二十一，围桌畅饮。酒至半酣，张果老将手在空中摆了三下，躲在树丛中的王儿便走了出来，他向仙人说道：“各位，我这桌酒席是摆给天神和阎王爷吃，好为我添寿的。现在你们将它吃了，这便如何是好？”众仙听了，不禁面面相觑，一时无言以对。这时张果老故意问道：“你年纪轻轻，求的什么寿？”接着叫阎罗取出生死簿来查看，一看，果然写明王儿只有十九岁阳寿。恰好今日午时三刻寿终。众仙大惊，张果老叫阎罗帮忙改一改，阎罗怕违犯天条，不敢答应；但又禁不住众仙纷纷劝说，又加上吃了人家求寿酒，只好在十九前面加了个“九”字，于是王儿活到了九十九岁。后来，民间就逐渐演化成了逢“九”做寿可延年

传说逢“九”做寿可延年益寿的做法和张果老有关（元代任仁发《张果见明皇图卷》局部）

益寿的习俗。因为这个“九”还是一个人生关口，所以有些地方还流行做生日时，请和尚、道士来念经做道场的习俗，以求安全度关。

传说当然只是传说，那到底为什么要“做九不做十”呢？这是因为在我国传统观念中，认为“十全为满，满则招损”。“十”有着到头、到顶的意思，做了整十岁的生日，似乎就意味着已将寿做完，这当然是很不吉利的。因此，人们往往将整十岁的寿辰提前到虚岁逢九的寿辰来做，以表示寿还远没有尽头。此外，“九”在我国人的心目中是一个吉利的数字，九是阳数，且“九”与“久”相谐音，寓有生命长久、时日持久等意，因此逢“九”也十分适合举行庆贺、纪念一类的活动。

民间还有“做三不做四”的习俗。俗语云“贺三不贺四，贺四要淘气”；“活人不拜四十，死人不拜四七”。这当然是因为“四”与“死”谐音，是一个不吉利的数字，所以人们认为四十岁寿辰是不应该大肆渲染庆贺的。还有一种说法认为，“男不做三十，女不做四十”，男到三十岁，刚到而立之年，年纪尚轻，无须做寿；而女的上了三十，已经“老”了，所以要做，但到了四十岁，是真的老了，又怕人家说老，所以不做。

另有一种说法，“三”和“散”以及“四”和“死”谐音，不吉利，不做生日是为了回避。那么，女做三十、男做四十，就不怕“散”和“死”吗？这又有一种解说，即旧时妇女没有地位，就怕“散”，做了就已经散过了，就不怕了；男的也一样，做了“四”就破了法，该死的也不会死了。这种自圆其说，也是为了图吉利、求长寿。

七十三或八十四岁，旧时在北京一带谓之“大坎”，有钱人家过生日时，一定要大办三天。头天为庆寿；正日子为诞辰；第三天为祝寿。正日子要举行一个礼佛仪式，旧传“孔圣人活了七十三岁，佛祖活了八十四岁”，自己与圣人或佛祖齐寿，所以要礼佛，要请僧众来念寿经。

花甲·古稀·耄耋

花甲、古稀、耄耋、期颐是国人对人进入六十岁以后各个年龄段的美称。

花甲指人进入六十岁这个年龄段。古代文学作品中，常见“花甲”一词。如计有功《唐诗纪事》卷六十六记:“(赵牧)大中咸通中效李长吉为短歌，对酒曰:手挪六十花甲子，循环落落如弄珠。”

古稀指人进入七十岁这个年龄段。汉代王充在《论衡》中说:“上寿九十，中寿八十，下寿七十。”可见汉代时七十岁也只能算作下寿。

耄耋指高龄长者。在先秦古籍中,对耄耋也没有阐明具体岁数,一般来说,耄、耋不论是分用还是合用，古人用来是指七十岁到九十岁左右的老人，也可泛指高龄老人。

说起这些对高龄的称呼，还有个趣事。郭沫若有一次在住院期间巧遇数学家华罗庚。两人就闲聊起关于寿称的话题来。华罗庚问郭沫若:古人对高寿的美称,如称六十为花甲之年，七十为古稀，八九十岁为耄耋，百岁为期颐。那么，如果没有到整数，比如只有七十七岁、八十八岁、九十九岁时，又该怎么称呼呢?郭沫若回答说:“七十七岁称为喜寿，八十八岁称为米寿，九十九岁称为白寿呀。”

我们看到这里也不禁要问，花甲、古稀、耄耋、期颐，或者喜寿、米寿、白寿这些雅称到底是如何来的呢?

原来，“花甲”一词源于古代用天干地支计算年龄的方法。天干地支顺次组合为六十个纪序名号。自“甲子”到“癸亥”一个轮回,错综参差相配,因而叫“花甲”。人从出生到花甲之年，也就是一个甲子的轮回，正好是六十，意味着已经度过了天地宇宙的一个完整周期，所以就把六十岁叫作花甲之年。有些地方，还因此把

寿为先（逯是道《中国民间崇拜》）

六十岁寿宴叫作“还甲宴”。另外，六十岁也被称为“耳顺之年”，这是因为儒家的老祖宗孔夫子有过人到了六十岁后，“六十而耳顺”的说法。

“古稀”一词源于唐代杜甫《曲江三首》的诗，其中有“酒债寻常行处有，人生七十古来稀”之句，后人觉得是句实在话，就相沿而用了。

“耄耋”一词出自我国第一部诗歌总集《诗经》。《诗·大雅·板》里有“匪我言耄”的句子，《诗·大雅·抑》里有“亦聿既耄”的诗句，说的都是人到了高龄了。东汉许慎《说文解字》认为“年八十曰耋，字亦作耋”。而东汉经学家马融在《周易·离》的注解里认为“七十曰耋”。耄、耋两字合在一起成为一个词，最早出自魏武帝曹操的《对酒歌》：“对酒歌，太平时，吏不呼门。王者贤且明，宰相股肱皆忠良……人耄耋，皆得以寿终。恩德广及草木昆虫。”曹操在这首诗歌里期盼出现一个太平时代，就是说耄耋老人都能够只因为自然寿命到头而过世（不是因为战乱、杀戮、疾病、贫苦等而亡）。

寿称里，还有“期颐”一词，指人满百岁。《礼记》：“百年曰期颐。”陈浩《集说》解释：“人寿以百年为期，故曰‘期’；饮食居处动作无不待于养，故曰‘颐’。”颐，也就是“养”的意思。因为人到了老年，需要小辈来照顾了，所以又叫“颐养天

桃花坞木板年画“寿”字

年”。如苏轼《次韵子由三首》中有“到处不妨闲卜筑，流年自可数期颐”之句。百岁以上的寿星，还有以“天年”作喻的，意思是上天赐予的高寿。

再来说“喜寿”，因为“喜”的草体字，就犹如“七十七”这三个字，所以人们把“七十七”岁唤作喜寿。而“米寿”，则是因为“米”字是由“八、十、八”这三个字组成，“白寿”，是因为“白”字是“百”字缺一，这些都是用字谜来做称呼。

另外，人们还把一百零八岁称作“茶寿”。这又是为什么呢？原来这也是一个字谜。“茶”字是双“十”构成草字头，即二十；中部是“八”，下部是“木”即由“十”和“八”构成“十八”。草字头的“二十”再加下部的“八十八“，一共是一百零八。

也正因为如此，祝寿时候，送老人茶叶就表示祝愿长寿的意思。

神怪

门神

桃符仰视艾人骂道：你是什么草芥，要在我上面？

艾人俯首回应：你都半截子入土了，还要和我一争高下吗？

桃符愈发火了，两个人争吵不已。门神劝解说：我辈已经不肖了，要傍人门户，还要争什么闲气呀！

这是苏东坡在《东坡志林》里的一番幽默语言，用拟人手法写了发生在桃符、艾人（艾草）与门神间的纠纷，读来莞尔。《随园诗话》记载有赋门神的诗说：“四门唐博士，万户汉通侯。爵封千户外，秩满一年中。”写门神的门面阔大，也神情活现了。

我国旧时风俗，过春节时家家门口都要供门神。所谓“供”，不外是买两张门神，分贴在两扇大门上。门神是两个武将，金盔甲胄，一持鞭，一执枪；一黑脸浓须，一白脸疏髯，形象雄健，威风凛凛。

关于这两位门神的身世，有两种不同的说法。一说认为是神荼、郁垒。据《山海经》载：传说在黄帝时，有“神荼”“郁垒”能捉鬼，常在度朔山章桃树下检阅百鬼，遇无理害人的恶鬼，即用草绳捆起，给老虎吃。后来，人们为了避邪就用桃木雕成神荼、郁垒的形状，并在门上画一老虎。

另一说则是与唐太宗李世民有关。唐太宗玄武门之变，杀了哥哥和弟弟之后，情绪很不好，晚上睡觉常常听到卧房外抛砖掷瓦，鬼魅呼叫，弄得后宫夜夜不宁。他很害怕，将此事告知群臣。大将秦叔宝说：“臣戎马一生，杀敌如切瓜，收尸犹聚蚁，何惧鬼魅？臣愿同敬德披坚执锐，把守宫门。”李世民同意。当夜果然

门神

无事。自此以后，便让二将夜夜守卫，后李世民嫌两人辛苦，命画工绘两人如往常守卫的全身像，悬挂在门口，邪祟从此便绝迹了。上有所好，下必效仿。于是门神便传到了民间。至今民间所贴门神便有秦琼、尉迟敬德字样。这个说法，《新搜神记·神考》认为不太靠得住："今世俗相沿，正月元旦或画文臣，或书神荼、郁垒，或画武将，以为唐太宗寝疾，令尉迟恭、秦琼守门，疾遂愈。皆小说之言也。"

"门神"两个字最早见于《礼记·丧服大记》。郑玄注："释菜，礼门神也"。就是说在唐之前已有门神之俗，桃符上有神像以驱邪也早在唐代以前已经成俗。《荆楚岁时记》："帖画鸡户上，悬苇索于其上，插桃符其傍，百鬼畏之。"但经唐代，门神的内容和形式有了丰富和完善是肯定的。后经五代，桃符内容有了新的变化，向春联演变，门神方获独立地位。此从宋代除夕时，宫中仍有扮门神驱鬼的习俗可知。《东京梦华录》："至除日，禁中呈大傩仪并用皇城亲事官诸班直戴假面，绣画色衣，执金枪龙旗。教坊使孟景初身品魁伟，贯全副金镀铜甲，装将军；用镇殿将军二人，亦介胄，装门神。"同时亦可知道门神在宋代已非常普遍了。

神荼、郁垒

神荼、郁垒

宫中扮门神，民间自然只有悬像了。百岁寓翁《枫窗小牍》记：“靖康以前，汴中家户，门神多番样，戴头盔，而王公之门，至以浑金饰之。”《东京梦华录》记：“近岁节，市井皆印卖门神，钟馗、桃板、桃符。”

《红楼梦》第五十三回写贾府的辞岁家宴，礼仪繁复。其中，腊月二十九日：“两府中都换了门神、对联、挂牌，新油了桃符，焕然一新。”

作为旧时民间普遍信仰的神灵，每当农历岁除，人们就把新买的门神画像贴在大门上，以求镇鬼驱邪，保佑全家平安。那么，贴神把门的习俗是怎么形成的？除了以上所说神荼、郁垒以及秦琼、尉迟敬德的传说外，东汉应劭《风俗通义》记，当时确有于腊日、除夕刻桃木为人形并垂苇索于门的传统。河南新郑汉画像砖上绘有一圆目瘦脸、竖耳长角、束腰肩斧的怪面人身造型，这一形象被认为就是神荼、郁垒的画像。贴门神的习俗源起于神荼、郁垒的神话，大概始于汉代。尽管门神的形象与称谓又有文、武的区分，如以和合二仙、刘海善财、天官喜神为文官门神，以秦琼、焦赞、赵云、马超等为武将门神，但资格最老、影响最广的一对门神，依旧还推神荼和郁垒。

贴门神习俗的源头果真是如此吗？也有人认为，贴门神习俗的源头是原始的自然崇拜。古人以为，凡与日常生活有关的事物皆有神在，故祭之以报德。《礼记·曲礼下》：“祭五祀。”郑玄注：“五祀，户、灶、中霤、门、行。”因知以门户有神居焉的观念由来已久。最先将“门”“神”两字连用并对择时祭奉现象作出解释的，是东汉的郑玄和高诱。《礼记·丧服大记》“君释菜”，郑玄注：“释菜，礼门神也。”高诱认为，早春时节，“蛰伏之类”开始活动，都由“户”出，所以这时要祀户；初秋时节，“蛰伏之类”开始闭藏，俱由“门”入，所以这时也要祀门（《吕氏春秋》注）。所以在对鬼神迷信甚为相信的汉代，对门、户的原始自然崇拜已经异化，被看成是人与“蛰伏之类”的界限，这“蛰伏之类”既包括现实中存在的蛇虫五毒，也包括观念中存在的妖魅鬼怪。因为它们出入活动要经过门户，所以传统的门户自然神便从“五祀”中独立出来，被赋予禁劾或镇厌的社会性职能。这种独立使原先分开的“门”“户”配成一对，这种社会性职能又使原先并无“面目”的自然神获得世俗化的脸谱与事迹。所谓神荼、郁垒执鬼的神话，是在原始自然崇拜向“人格”神祇崇拜转变过程中编造出来的。

先秦祀礼中的孟春祀户、孟秋祀门在合为一处双双把门为神后，又根据什么观念要选用桃木刻削形象（即“斩桃为人”），或绘神像于桃木板上？有人认为贴门神习俗的源头是古人的桃木御凶的信仰。在《周礼》《礼记》《左传》等文献记载中，有如下事例：一是君王参加臣子的丧事时要先派巫祝用桃棒和苕帚扫除不祥；二是举行盟誓或祭祀活动时要用桃棒和苕帚赞襄；三是从冷库里取出藏冰前要用桃木弓弩禳除凶邪。可见在春秋时，人们普遍相信桃木有祓除凶邪的功能。至于桃木插门厌鬼的观念，见《玉烛宝典》卷一引《庄子》：“斩鸡于户，悬苇炭于其上，插桃其旁，连灰其下，而鬼畏之。”《艺文类聚》卷八十六引《庄子》：“插桃枝于户，连灰其下，童子人不畏，而鬼畏之。”可见至少在汉代鬼怕桃木的俗信已经形成，这种俗信从先秦时桃能驱邪御凶的观念发展而来。与此同时，“斩桃为人（即桃梗）”的艺术性门饰也产生了，《战国策·齐策》有“土偶人”与“桃梗”对话的寓言；《太平御览》卷九六七引《典术》：“桃者，五木之精也，故压伏邪气者也。桃之精生在鬼门，制百鬼，故今人作桃梗著门以压邪。”汉魏文献中所谓神荼、郁垒在桃树下把门执鬼的事迹，正是对既有风俗现象的附会与演绎。

桃梗辟凶以及由此演变的贴门神习俗，为何要选在腊日或岁除时开张呢？有人认为，以桃木守门户之俗在春秋时即已形成，刻桃人、挂桃板以及画神荼、郁垒之像等，均是从中演 变而来，其信仰的根源的确出自古代的“度朔山”神话，包括为何要在春节贴挂门神，均与“度朔山”神话有关。朔，本指平旦，夏代以平旦为朔，殷商以鸡鸣为朔，周代以夜半为朔，把这个与黎明相联的地名作为安

秦琼、尉迟敬德

置亡魂的“鬼岛”，有抚灵安魂的寓意。古人想借此将亡灵统管安顿，不让阴魂飞扬以扰生民。同时，朔又指初一、初始，旧时春节也叫“三朔”，即年之朔、月之朔、日之朔，“过年”就是“度朔山”之“度朔”，因此，贴门神实为对“度朔山”神话的落实。

此外，《汉书·广川王传》有记：“殿门有成庆画，短衣大裤长剑。”这个门神似乎比东汉时始见流传的神荼、郁垒的神话资历更深。《汉书·广川王传》，颜师古注引晋灼说，成庆就是行刺秦王政的荆轲。颜师古认为，成庆是“古之勇士”。还有人谓门神本自道家书，左曰门丞，右曰户尉，后来才有神荼、郁垒、秦琼等人名对号入座。

钟馗

钟馗，中国民间传说中驱妖逐邪之神。

传说开元年间，唐明皇患疟疾，住在偏殿。晚上作梦，见一小鬼赤着一只脚，把一只鞋悬在腰间。偷了杨贵妃的紫香囊，并拿着明皇的玉笛吹，呜呜咽咽的非常嘈杂。明皇呵叱它，它说："臣叫虚耗。"明皇发怒，正要叫武士捉它，忽见一个大鬼，戴一顶破帽，穿蓝袍子，腰里扎着角带，径直赶过去捉住小鬼，用指头抠出小鬼眼睛，一口吃掉。明皇问他是谁，他说："臣是终南进士钟馗，因多次应试不举，在大殿台阶撞死，陛下恩宠赐我绿袍安葬。臣愿为 陛下除尽天下虚耗妖孽。"说完，唐明皇便醒了，疟疾也好了。于是便召来吴道子，按梦中所见，画出钟馗形象，并将其挂在宫门口。后来民间争相效仿，把钟馗像挂在门扉上以驱邪。南宋周密《武林旧事》："十月杭人竞售锦装新历，门神、桃符、钟馗、狻猊、虎头，及金缕、彩花、春帖幡胜之类，为市甚茂。"

从资料看，挂钟馗像的时间不大一致。一般讲五月端午节在门扇上贴钟馗捉鬼像以驱邪。据《中国民俗大观》："钟馗捉鬼是端午节习俗。在江淮地区，家家悬钟馗像，用以镇宅驱邪。"至今晋江一带，每逢端午则有以"唆啰连"舞蹈驱邪的活动。届时，人们唱着南曲"唆啰连"，由四个化了装的孩童抬着一个龙头。走在队伍前面的是一个小丑，肩扛木棍，前挂铜锣，一步一敲；后是一新尿壶，内装烧酒。接着是采莲队，每人手举一支彩旗，上插榕叶和艾叶，接着是几位男扮女装的"花婆"，手提放着红、白鲜花的篮子。这支队伍载歌载舞，所到之处，人山人海，鞭炮齐鸣。至放鞭炮的店铺前，还要进去表演，花婆从花篮中取出三朵白玉兰一朵红花，交给店铺，再收走店铺给的红包。因为采莲队是驱邪的，故

钟馗（桃花坞年画）

各家都欢迎。

这个风俗是否就是钟馗驱鬼的变异，尚无更多的证据，但它和钟馗驱鬼有联系却是肯定的。这种活动在陕西渭南亦有，活动形式相似，只是时间不同。《渭南县志》：除夕，优人扮钟馗，遍诣人家，鸣锣击鼓，曰驱鬼。同渭南一样，大致在五代宋时，钟馗驱鬼活动均在除夕。《东京梦华录》：“近岁节，市并皆印卖门神，钟馗、桃板、桃符及财门钝驴……”又据沈括《补笔谈》：“熙宁五年，上令画工摹拓镌板印赐两府辅臣各一本。是岁除夜，遣入内供奉官果楷，就东西府，给赐钟馗之像。”叶梦得《石林燕语》：“元丰元年初日，神宗梦中忽得吴道子画钟馗像，因使镂板赐二府。”可见，当时除夕挂钟馗像为朝廷中所提倡。此事《梦

钟馗（晚清神马）

粱录》亦有载："除夜，换桃符、门神、钟馗，夜则迎神……"

清代烟霞散人所著《斩鬼传》第七回有五鬼闹钟馗故事，写钟馗酒醉，靠在一棵树下睡着了。来了五个鬼，有的脱它的两只鞋子，有的偷它的宝剑，有的拿它的笏板，有的把它的乌纱帽藏起来，弄得钟馗露顶赤脚，不成模样。大致可推断，宋时除夕挂钟馗像，后来江淮一带端午挂，北方沿旧习，除夕挂，清代以降此俗日渐消没。

钟馗是中国民间俗神信仰中最为人们熟悉的角色，贴于门户是镇鬼驱邪的，悬在中堂是禳灾祛魅的灵符，出现于傩仪中是统鬼斩妖的猛将，由此派生出形形色色的钟馗戏、钟馗图，连《本草纲目》里，也收录用钟馗像烧灰以水冲服或配和其他药以治疗难产、疤疾等症的"秘方"。时至20世纪90年代，甚至还有人为治病，延请巫师举行所谓"镇钟馗"捉鬼驱妖、安宅保太平的仪式。虽然"钟馗打鬼"之类的故事几乎人人熟知。钟馗信仰在民间的影响既深且广。但钟馗这位神通广大的神祇来历到底是怎么回事？这个问题自唐代以来就令许多学者争论不休。迄今尚尤定论。

目前所知最早记载钟馗其人其事的是唐卢肇的《唐逸史》，说的就是前面讲的唐明皇的故事。卢肇是唐武宗会昌三年（843年）的进士，距开元时代（713—741）已有一百多年。另外，人们还在敦煌遗书中发现了唐写本《除夕钟馗驱傩文》，是为钟馗已在大傩仪中扮演主角的实证。凡此，可见钟馗信仰至晚从盛唐起已成为全社会的风尚。所以，也有人估计钟馗故事的起源可能早于唐代。

在钟馗信仰方盛未艾的热流中，北宋沈括首先对唐玄宗梦钟馗的故事提出质疑。宋仁宗皇祐年间，金陵上元县曾发现一处古冢，乃南朝宋征西将军宗悫母郑夫人墓，由碑文可知，宗悫有妹名叫钟馗。此外，后魏有李钟馗，隋将有乔钟馗、杨钟馗。因此，沈括在《梦溪笔谈》中说，"钟馗之名从来亦远矣，非起自开元之时"。明人郎瑛、胡应麟等也附和其说，但郎瑛认为钟馗的原型就是北朝人尧暄，其人本名钟葵，字辟邪，"馗"乃"葵"字讹传，由于他表字"辟邪"，所以后人才附会出捉鬼的故事。胡应麟提出，钟馗捉鬼的传说"盖自六朝之前固已有之"，所以尧暄曾取名钟葵而字辟邪，南北朝时名叫钟馗的人很多，可能都取义于此。

明杨慎和清顾炎武、赵冀等根据《周礼·考工记》："大圭，长三尺，终葵首"，以及《方言》"齐人谓椎为终葵"等资料，认为所谓钟馗系由"终葵"演变而来。"终葵"是一种利器——椎，"大圭"是古时天子的仪仗，上端形状像椎，故云"大圭终葵首”。“椎”的发音是“终葵”的音切。古人以椎为作战的利器，以椎逐鬼。南北朝时许多人取名钟葵或钟馗，就是希望像古人用以刺鬼的武器终葵那样，令鬼魅望而生畏，这种意义到了唐代最终传变为人格化的“钟馗”。

随着秦汉文书大量出土，古代盛行以椎击鬼的事实已被证明。秦简《日书·诘篇》云，人被哀鬼缠上，可“以棘椎、桃秉以敲其心，则不来。”西汉帛书《五十二病方》也记有用铁椎击鬼治病的法术，所以有人认为顾炎武等人对钟馗起源的解释是可信的。

也有学者认为钟馗本来就是人名，与所谓“椎”或“终葵”毫不相关。钟馗的原型，应该是商汤时的巫相仲侠，其名在《尚书》《左传》《荀子》中又作“仲虺”“中归”“中垒”。也有另外的观点，认为钟馗其人及历代驱鬼辟邪的观念，实起源于上古巫术，他是由先代位居祝融之号的重黎衍生而来。重黎在上古史中有重黎、重闽、句芒等称呼。句芒在传说中又被描绘成介于天地、神人之间的负有特殊使命、生有特殊形貌的人物，其使命之一便是居巫职，《史记·大官书》有记载。到了商代，秉其职而取其名的是仲虺，实际上是仲虺即重回（重黎）的音转。至于“终葵”，本指一种椎形体，由于重黎在从事神巫职能时所戴羽冠取自此形，故在商代约定俗成为从事巫职的标记。商代通行以职为氏，所以由仲虺形成的族系也被称为“终葵氏”。但也有人以为重黎或句芒都是神话传说中的形象，未必能印证实有其人，何况为何汉晋文献中不见“终葵氏”的记载，而直到南北朝时才冒出了许多“终葵”或“钟葵”“钟馗”呢？

灶王

农历十二月廿三或廿四，是为我国古代腊日之一，俗称“小年夜”，民间在那天有“祭灶神”的习俗。

民间祭灶的原因，相传是灶神“常以月晦日上天白人罪状，大者夺纪，纪三百日，小者夺算，算一百日。故为天帝督使，下为地精。己丑日，日出卯时上天，禺中下行署，此日祭得福（《酉阳杂俎》）”。这就是说灶神要按例上天禀报所在人家一年的善恶，如果被他说了坏话，就会被夺去一百到三百天的寿命。因此，人们于腊月二十三或二十四日祭灶送灶神上天，目的是希望他在玉帝前多说好话、少说坏话。

祭灶这一天，家家户户都要将灶台、几案、锅碗瓢盆收拾得干干净净，准备设供祭灶。设祭之前，先将墙上的旧神像揭下，在香炉前焚化，表示灶神已上天，然后张贴新的灶神像。灶神像两旁还要贴上千篇一律的“上天言好事，下界保平安”对联，“家家具酒果饴糖，送灶神上天，置刍豆于灶前，以秣神马，其置饴糖者，俗意为塞满口，使之上天不得多言也。”（胡朴安《中华全国风俗志》）

南宋孟元老《东京梦华录》载，腊月“二十四交年，……贴灶马于灶上，以酒糟涂抹灶门，谓之醉司命”。其用意也是想让灶神醉酒，上天不说人短处。宋代诗人范成大曾写了一首《祭灶诗》，对古人祭灶的习俗作了生动的淋漓尽致的描摹：“古传腊月二十四，灶君朝天欲言事。云车风马小留连，家有杯盘丰典祀。猪头烂熟双鱼鲜，豆沙甘松粉饵圆。男儿酌献女儿避，酹酒烧钱灶君喜。婢子斗争君莫闻，挺犬触秽君莫嗔。送君醉饱登天门，杓长杓短勿复云，乞取利市归来分。”

沈榜《宛署杂记》记载明代灶王节风俗：“祀灶，坊民刻马形印之为灶马，

卖送灶轿子（《图画日报》）

每年十二月二十四日，农民鬻以焚之灶前，谓送灶君上天。别具小糖饼，奉灶君。具黑豆寸草宛许为养马具，群一家少长罗拜，即嘱之曰：辛甘臭辣，灶君莫言。至次年初一日，则又具如前，谓为迎新灶。”

到了清代，祭灶习俗广为盛行。乾隆皇帝最迷信灶神，“每岁于十二月二十四日之夕，祀灶于坤宁宫”，“六十年中无岁不然”。民间则“二十三日更尽时，家家祀灶，院内立杆，悬挂天灯。祭品则羹汤灶饭、糖瓜糖饼，饲神马以香糟炒豆水盂。男子罗拜，祝以遏恶扬善之词。妇女于内 室，扫除炉灶，以净泥涂饰，谓曰挂袍，燃灯默拜”（《帝京岁时纪胜》）。“祭毕之后，将神像揭下，与千张、元宝等一并焚之。至除夕接神时，再行供奉。是日鞭炮极多，俗谓之小年小”（富察敦崇《燕京岁时记》）。这种由来已久、流传广泛的祭灶习俗，今天在农村仍可看到。

那么，这位灶神，也叫“灶王”“灶君”“灶王爷”“灶公灶母”“东厨司命”等名号的神，其出身究竟为何？怎么造就了他成为中国民间信仰最普遍的神祇？这是一个不容易搞清楚的问题。一种说法是灶王是上古帝王或其后裔，他是“火官之神”，所以都被奉为灶神。《淮南子·汜论》曰：“炎帝作火死而为灶。”高诱注：“炎帝、神农，以火德王天下，死托祀于灶神。”《太平御览》卷百八十六引《淮南子》佚文云:“黄帝作灶，死为灶神。”《礼记·礼器》中孔颖达疏：“颛顼氏有子曰黎，为祝融，祀以为灶神。”但也有说灶王是鬼神或精变来的。《礼记·礼器》中说：“奥者，老妇之祭也。”郑玄注：“老妇，先炊者也。”这是说灶神既非火神，亦非灶的发明者，而是一位主司厨房烹调事务的女神，叫先炊，因为烹调须在灶上操作，所以对她的祭祀表现为祭灶。所以，灶王可能是一位女子。《庄子·达生》记齐桓公问皇子告敖：“到底有没有鬼？”告敖答曰：“有。水下有鬼叫‘履’，灶中有鬼叫‘髻’。”西晋司马彪注：“灶神，其状如美女，着赤衣，名髻也。”还有一种意见认为，灶神即是《史记·封禅书》索隐《白泽图》

灶君（神马）

灶君夫妇（朱仙镇年画）

所述“火之精曰宋无忌”。《三国志·魏志·管辂传》记载：“王基家贱妇生一儿，堕地，即走入灶中。辂曰：‘直宋无 忌之妖，将其入灶也。’”显然，管辂是把宋无忌当作灶神的。

还有说灶神是一对夫妇的，即“灶公灶母”，《荆楚岁时记》记：“灶神名苏吉利。”《玉烛宝典》十二引《灶书》：“灶神姓苏名吉利，妇名博颊。”《灶王经》说大下灶君，以种火老母为尊。有人认为，这是 俗信“灶君奶奶”的由来。

民间还有传说，灶王是人死变的神。《酉阳杂俎·诺皋记》云，灶神姓张名单，又名隗，字子郭，貌如美女。其妻小字卿忌。生有六女，都取名察洽。传说张单是一个负情浪子，因羞见休妻而钻人灶内，成为灶神。一说，古时候有一贪官，生性嘴馋，每天须找美味食用，百姓不堪其扰。一位神仙幻变的民女将他掴到锅台上，变成“灶王”，只能看人家吃美食。

此外，学者或者民间传说还有多个有关灶王来历的版本，真是众说纷纭。好在不管怎样，在小年夜祭灶神的习俗，大家还是一致的。

西王母

《艺文类聚》:“哀帝建平四年夏，京师郡国民，聚会里巷阡陌，设张博具歌舞，祠西王母。”

西王母是一位知名度较高的女神。在民间俗神信仰中，西王母是历史悠久而面貌多变的形象。在记录远古神话传说的《山海经》里,西王母是一个蓬发戴胜、虎齿豹尾的神人，能发出清越的啸声，职掌瘟疫和刑罚。在《庄子》《穆天子传》等战国时代的作品中，原本相貌丑陋、性别模糊的西玉母，已经成了一位雍容华贵的得道妇人,或半人半仙的贵妇,能弈会唱,使前往她处做客的周穆王乐而忘返。

自秦汉起，崇祀西王母的风俗开始盛行民间，其身份与形象愈益复杂:在《汉武内传》中，她是一个年约三十，容颜绝世的美妇，曾坐着紫云车自天而降，把三千年才结一次果实的蟠桃赐给汉武帝。在《枕中书》里,她是元始天王的女儿，称“九光玄女”，号“太真西王母”，列为群仙领袖。在民间的神话传说中，她是玉皇大帝的王后,号称“王母娘娘”;又以干涉小女儿同人间孝子董永的自由恋爱，成为不近人情的象征。后代小说、戏曲，则称之“瑶池金母”，为她塑造了定期举办蟠桃盛宴，接受群仙贺寿的众多故事。

其实，“王母娘娘”一词，出自中国古典小说《西游记》，且与另一名词“玉皇大帝”也并无实质关系，实际上“西王母”这个称谓更早、更有来历。其始见于《山海经》，因所居昆仑山在西方，又叫西昆仑，故称“西王母”，又称“金母”或“金母元君”。

对于她的信仰，在中国由来已久。《山海经 · 西山经》载：“西王母居住在玉山之山，其状如人，豹尾虎齿而善啸，蓬发戴胜，是司天之厉及五残。”是说西王母大致像个人，形状威猛，是掌管瘟疫和刑罚的。另据《列仙全传》所载，西工母是西华至妙之气化生而成，与东王公分掌天下三界十方之男女仙籍，配位西方，其神格仅次于三清，十分崇高。瑶池金母居住于中国西方的岩山峻岭之中，其第一座主奉庙宇位于现今甘肃省泾川县境内的回山。由此可见，瑶池金母仙居圣地应不出甘肃一带。仙居圣域，非凡人所能达，因此古人难得一见瑶池金母之圣颜。西王母居住在昆仑山上的悬圃里，是一座空中花园，叫做“阆风”的苑中，一共有玉楼九层，左绕瑶池，右环翠水。有五女，名华林、媚兰、青娥、瑶姬与玉卮。传说，王母有件宝物，是吃了能长生不老的仙桃，此桃三千年开一次花，三千年结一次果，吃了可以增长寿命。王母娘娘每逢蟠桃成熟时，就会召集群仙，大开寿筵，称为“瑶池集庆”。因此，民间遂以王母娘娘为长生不老的象征。神话传说中的嫦娥，就是偷吃了丈夫后羿弄来的西王母不死药，而飞上月亮的。西王母掌管西方，举凡天上或地上所有成仙之女子皆由她来治理。《列仙全传》记载：“西王母即龟台金母也，系西华至妙洞阴之极尊，育化诞生于神州伊川，俗姓侯或杨，讳回，字婉妗，一字太虚。”

纷繁庞杂的传说和记载，形成了一个一直萦绕在古今学人脑际间的问号：姿彩多异的西王母信仰究竟是怎样形成的？

清人翟灏和赵翼认为，西王母其实是由地名误为人名的。《尔雅》载，觚竹、北户、

王母娘娘（神马）

西王母（《仙佛奇踪》）

西王母、日下，谓之“四荒”。《大戴礼》有舜帝时西王母献白玉琯的记载。《山海经》及《汲冢周书》等皆因《尔雅》有“西王母”三字，遂造为其状如人或穆王西巡等神话，竟成典故。所以，西王母信仰起源于对一边远地区称谓的错解发挥，其后以讹传讹，递相增益，使子虚乌有的西王母的形象和事迹愈益鲜明丰满，最终形成广泛的民间信仰。

但是又有学者指出：《尔雅》是汉初学者缀缉周秦诸书编成，而《山海经》的最后成书时间，至迟不会晚于战国。因此不存在《山海经》反过来在《尔雅》记载的基础上加以发挥编造的可能。所以西王母之名最早见于《山海经》而非《尔雅》，其“西”表示方位，“王”有“神”的意义，“母”是“貘”的音假，貘即豹的别名。所谓西王母，犹言西方神豹，从《山海经》关于西王母的居处、形状和服饰等的记载来考察，当为西方貘族所奉祀的图腾神像。

《山海经·西山经》说，“玉山是西王母所居”，貘族所建立的图腾神祠在玉山之上。《大荒西经》说“有人”，说图腾神像与人相似；《西山经》说“豹尾虎齿而善啸”，谓图腾神像虽然具有人形，却还存有其本来面目和特征。至于《西山经》《大荒西经》俱云“戴胜”，这是附加在图腾神像上的服饰，以显示其威严。此类似人非人、半人半兽的人物，在原始氏族社会时代奉以为宗神，是人类文化发展过程中必经的阶段。随着社会的发展，这一豹图腾的本意渐次消亡。一方面由于名词的误解（“母”字的女性化）与无意的附会，使之在民间传说中演变为黄帝的后妃“貘母”，一方面还保存其本来面目而演变为西方的山神。同时与燕、齐方士服药求仙的方术结合，转化为汉代长生不死的女仙。

学术界中以西王母为部族图腾神的相似见解还有不少，有些人以“瑶池”为线索，落实地点为今新疆阜康或甘肃酒泉；有人以“玉山”为线索，认为应在今新疆和田、墨玉一带；此外亦有以祁连山区域一言以蔽之的。关于这个以虎或豹为图腾的神秘部族的存在历史年代，一般多以为是商周时期，但也有推前到原始社会母系氏族公社时期的，并认为这个西王母部族是中国最早的有关“女儿国”的记载。

《史记·大宛列传》记载张骞出使西域返回长向天子述职时，也涉及“西王母”，大意是安息以西数千里滨临西海（今波斯湾）处，有个受安息役属的条支国（在今伊拉克境内），据安息长老传闻，“条支有弱水、西王母”。为此，其后又有不少学者认为西王母是外来神话。丁谦《穆天子传地埋考证》以为，“西王母者，古加勒底国之月神也”。刘师培则以为“西王母之邦”在“波斯东北”（《穆天子传补释》），此外还有人认为西王母原在两河流域（即美索不达米亚），而后又东迁的。吕思勉先生也曾作《西王母考》，推测“所谓西王母者，将愈推而愈西，而因有王莽之矫诬，乃又曳之而东，而致诸今青海之境”。现在，多数人认为西王母信仰发源之处的西北地区，仅仅是其东迁过程中的一个中转站。东汉王充《论衡》中有塞外羌人内属汉朝，“汉遂得西王母石室”之语，有人认为可作为吕思勉之观点的佐证。学者丁山却认为，“西王母藏有不死的灵药，固然值得怕死的统治阶级祈请，而姮娥服了灵药，即成月精，也无异说西王母本是月精了”。他还举了不少文献上的例子，来证明西王母是“刑神”，是“月神”。

总之，西王母的身世可真是一个“剪不断，理还乱”的谜。

二郎神

《西游记》第六回名曰《观音赴会问原因，小圣施威降大圣》，这里的小圣就是大家熟悉的二郎神杨戬。他带着哮天犬，与齐天大圣孙悟空斗智斗力，变化不比孙悟空少。后来孙悟空变作二郎神逃向灌江口，被托塔天王用照妖镜照出，二郎神率领梅山六兄弟将其围住后，终于捉拿了孙悟空。

《西游记》中借观音菩萨之口介绍二郎神，说他是玉皇大帝的外甥，“现居灌州灌江口，他昔日曾力诛六怪，又有梅山兄弟与帐前一千二百草头神，神通广大。奈他只是听调不听宣。”从中可见二郎神是个心比天高的高傲角色。在中国民间信仰中，二郎神也是一个广为人知的神仙，享受着人间的祭拜。

那么，这位二郎神究竟是怎么回事，却又是一个迷。以四川灌口的二郎庙为例，就有着种种异说。按《三教源流搜神大全》记载，此庙应为道观，所奉二郎神是宋真宗敕封圣号，曰“清源妙道真君”的赵昱赵二郎。可是当年此庙中的二郎神塑像，却是位顶盔戴甲、粉面无须的青年郎君，其额上多一只眼睛，手执一把三尖 两刃刀，皂靴前还有条神犬，一看便知这就是《西游记》《封神演义》中描绘的杨戬杨二郎。但是，历代文人墨客在庙中所题匾额楹联及文章、诗词，又毫无例外地把二郎神当作先秦蜀郡守李冰之子李二郎来赞颂。《蜀都碎事》卷一载：“蜀人奉二郎神甚虔，谓之曰川主，其像俊雅，衣黄服，旁从扈立，擎鹰牵犬，然不知为何神。”又说，“上古禹治洪水，西南经界未尽。迨秦昭王时，秦蜀刺史李冰行至湔山，见水为民患，乃作三石人以镇江水，五石牛以压海眼，十石犀以压海怪，遣子二郎董治其事。因地势而利导之，先凿离堆山，以避沫水之害，三十六江以次而沛其流。由是西南数十州县，高者可种，低着可耕，蜀中沃野千里，号为陆海。

二郎神（清刻《西游真诠》）

一日巡视水道，至广汉郡，游石亭江而上，故有马沼河之名。至后城山，遇羽衣徐谓李公曰:公之德泽,入于民也深矣。上帝有命来迎。遂升天而去。今祠岭之西，即后城治，上应毕宿。又有礼斗峰、升仙台之名，要非浪传也。事闻当宁，敕封昭应公。至汉时，加封大安王，以其大安蜀民故也。元至顺元年，更封圣德宽裕英惠王，其子二郎神，封为英烈昭惠灵显仁佑王。而平武县玉虚观，有宋御制封二郎神碑，今见存可考。世以为姓张，为天帝之甥，则流俗传讹也。”

这段文字中，又说二郎神“世以为姓张”，就是说民间又认为二郎神和张仙是一个人了。那么，张仙又是哪位高人？世人传说的通常是“送子张仙”。《历代神仙通鉴》卷十九记北宋嘉祐中的事：“帝昼寝，见一美男子粉面五髯，挟弹而前，曰:‘君有天狗守垣，故不得嗣。赖多仁政，予为弹而逐之。’帝请详其说，曰:‘予桂宫张仙也,天狗在天掩日月,下世啖小儿,见予则当避去。’帝顿足而觉，即命图像悬之。”自此以后，民间无子的人，都供奉张仙了。可是《古今图书集成·神异典》卷四六又引《贤奕》说：“二郎神衣黄弹射拥猎犬，实蜀之王孟昶像也。宋艺祖平蜀，得花蕊夫人，奉昶小像于宫中。艺祖怪问，对曰：‘此灌口二郎神也。乞灵者辄应。’因命传于京师，令供奉。盖不忘昶，以报之也。人以二郎挟弹者即张仙，误也。二郎乃诡词，张仙乃苏老泉所梦仙挟二弹，以为诞子之兆，因奉之，果得轼、辙二子。见集中。”那又是说，灌口二郎神的形象，其实是蜀汉王孟昶了。

到底谁是二郎神的真身，或者说，民间二郎神信仰到底是谁？排比资料，我们发现，首先是李二郎说。李冰是秦蜀郡守，在任期间，领导民众建成了功德绵延千年的都江堰。而蜀中民间传说，在这个浩大的工程中，他的次子“二郎”有协助父亲凿离堆、开二江的大功，因而被民众作为神灵奉祀。此类传说见于文字记载的时间，似始于北宋。《宋会要》记，宋仁宗嘉祐八年（1063 年），封永康军广济王庙郎君神为惠灵侯，并言“神即李冰次子”，表明“二郎”即次子之意。南宋范成大曾任四川制置使，大概曾瞻仰过这位“郎君神”，其《吴船录》称：“崇德庙在（永康）军（今灌口镇）城西门外山上，秦太守李冰父子庙食处也。”《通俗编》引《朱子语录》进一步点明：“蜀中灌口二郎庙，当时是李冰因开离堆有功立庙。今来许多灵怪，乃是他第二儿子。”其后，这位李二郎曾被元朝封为“英烈昭惠显圣仁佑王”，被清朝封为“承绩广惠显英王”。当四川巡抚上疏清雍正帝给二郎加封号时，礼部认为封儿子而不封父亲，似不妥当，所以雍正同时给李冰加封“敷泽兴济通佑王”（《清朝文献通考》），这就是灌口二郎庙由原名崇德祠改为现名二王庙的由来。由于皇帝敕封，方志见载，李二郎享祀灌口的说法长期流传。

又有赵二郎说。据《古今图书集成·神异典》卷三九引《龙城录》载，隋朝时有个赵昱，隐居青城山学道，因隋炀帝迫其入仕，出任四川嘉州太守。时有老蛟兴风作浪，成一方祸害。昱乃持刀投江，与老蛟大战，顷刻间江水尽赤，石岸半崩，吼声如雷。最终赵昱左手持蛟首，右手持刀，奋波而出。于是州人顶戴，奉为神明。其后赵昱弃官隐去，不知所终。但又在嘉陵江水涨溢为患时，几度“显神”。唐太宗从地方官的奏折中获知后，即封他为神勇大将军，在灌江口为之立庙。后来唐玄宗避安史之乱逃到四川时，又加封赤城王。据学人考证，《龙城录》乃宋人托名唐柳宗元而撰，有关赵昱入江斩蛟的事迹，应在五代时已经流传。据《三教源流搜神大全》卷三称，在唐太宗封神以前，当地民众已为赵昱立庙于灌江口，俗曰“灌口二郎”。北宋真宗时，益州大乱，张乖崖奉旨入蜀治之，曾诣祠下求助于神，事后请皇帝追尊圣号，曰：“清源妙道真君”，从此，这位“二郎神”也声望日隆。宋元时代小说戏曲及民间传说中的二郎神，基本上就是这位赵二郎的形象和“神迹”，并对其后《西游记》《封神演义》等神魔小说中二郎神形象的塑造产生了重要影响。

还有杨二郎说。杨二郎的形象是明清以来人们最熟悉的。这位“二郎神”在《西游记》第六回，称他是“显圣二郎真君，见居灌洲灌江口”。又借孙悟空之口，点出其来历，当年玉帝妹子思凡下界，配合杨君，生一男子。《封神演义》更明指其名叫杨戬，是玉鼎真人的徒弟。其实杨戬本系北宋徽宗宠信的一个宦官，宋元时代民间流传有一些他的轶闻，其中一则后来被编进明话本小说《醒世恒言》第十三卷，叫“勘皮靴单证二郎神”，大意是徽宗后宫有一韩夫人因患病，奉旨借居杨戬府中休养。某日，韩夫人由杨戬内眷陪同去清源妙道二郎神庙里拈香。庙官孙神通窥其貌美，假扮二郎神，趁夜潜入杨府，诡称与韩夫人有仙缘，诱其苟合。后被杨戬识破，设计捉拿治罪。有人认为，故事中孙神通所冒充的清源妙道二郎神，就是赵昱。但有意无意，这个杨戬捉拿假二郎的轶闻在辗转流传过程中走样了，最终杨戬变成了二郎神，再经《封神演义》《西游记》等小说，在民间俗信中的各种二郎神里，杨戬最为大众熟知了。有人指出，远在北宋初年，“杨二郎”之说就已在民间流传，如《太平广记》引《通幽录》，即有卢顼之舅在塔上“与杨二郎打双陆”等故事，因知俗信以二郎神姓杨并非没有由来。

那么这个原本与杨戬无关的“杨二郎”又是谁呢？有学者认为原型是南北朝时氐族的英雄人物杨难当，他是氐王杨盛的第二子，继承长兄杨玄之位，故在传说中称为二郎。历史上，杨难当的统治中心在甘肃武都的仇池，曾据有今邻近灌口的松潘一带，还曾派兵深入川境。四川本是羌氐族旧地，于是由传说而信仰而立庙崇祀，便成为唐宋以来所谓灌口神的起源。

氐族先民最早生活在我国西北部，一直保持有“黥额为天”的习俗，即用刀在额上刻上痕迹，然后在伤口涂上墨，使长入肉中，形成永久的痕迹，看上去像一个竖起来的眼睛，即所谓“天眼”，这就是二郎神有三只眼的来历。东汉以后，氐人由今陇南扩散到川北、西康，这一带不仅二郎神的庙很多，以“二郎”名山者也很多，最著名的便是西康的二郎山。《邛崃县志》卷三记：“蜀中古庙多蓝面神像……头上额中有纵目”，反映了氐人宗教的遗存。

唐以后，氐人逐渐融合于汉族等民族中，氐族的三目祖先神即二郎神也随之成了大一统中华民族神仙世界中的成员。另外，也有人提出“杨二郎”可能是“羊二郎”的谐音。认为灌口二郎的原型是古羌民祖先神大禹，杀羊祭神是羌人的习俗。《博物志》所记“川西杨姓为羊化于孙”的传说，以及以羊命名的地名，如

一种传说是，二郎神就是张仙（逯是道《中国民间崇拜》）

羊蒙山、羊渠县、羊飞山等，还有范成大《离堆诗序》说的“民祭赛（李冰）者率以羊，杀羊四五万计”的祭祀习俗，可推知许多杨姓大多是羌族牧羊同胞所改的。所以灌口二郎神可能是羌、氐族的牧神兼猎神。射猎必须携带弓箭，唐末五代的灌口神都是是披甲胄持弓矢的，明代小说中二郎神是驾鹰牵犬的造型，或就是从猎人形象演变而来。

还有“外来神祇”说。《十国春秋》记，五代时，前蜀王衍“被金甲，冠珠帽，持弓矢而行。百姓望之，谓如灌口袄神”。有人考证此“袄神”即波斯的拜火教神祇，而西南一些少数民族确有火崇拜，故推测二郎神之原型应是隋唐时从西域传进中国的波斯神灵，其后才逐渐本土化。

另外，著名学者张政烺先生认为二郎神是将几个民间神，如李冰儿子、赵昱、张仙、杨戬等归并混合而成的。关于二郎神的原型，还有其他学者的石二郎说、白族传说中的“二楞神”、羌族传说中的“罗和二王”、彝族传说中的“支格阿龙”等许多种。有一点倒是万变不离其宗，都认定此神信仰发端于我国西南地区。

伏羲

伏羲，又称“庖牺”“包牺”“伏戏”“宓羲”“羲皇”“太昊”“虙羲”等，是我国民间信仰中影响最为广泛的先神。在古文献中，他教会初民结网捕鱼、耕田种植，并首创了观察天象、演绎数理、文字刻画、乐曲演奏等文化科学知识，从此把茹毛饮血的初民引向文明时代。

一般来说，传统观点认为，伏羲，风姓，生于陇西成纪（今甘肃天水市），所处时代约为旧石器时代中晚期。伏羲是古代传说中中华民族人文始祖，是中国古籍中记载的最早的王，是中国医药鼻祖之一。相传伏羲人首蛇身，与女娲兄妹相婚，生儿育女，是繁衍和养育华夏族的始祖，故称“人祖”或“人祖爷”。虽然伏羲是兄妹结婚，但他却制定了人类的嫁娶制度，实行男女对偶制，用鹿皮为聘礼，并以所养动物为姓，或以植物、居所、官职为姓，以防止乱婚和近亲结婚，使中华姓氏自此起源，绵延不绝。

伏羲还根据天地万物的变化，发明创造了占卜、八卦，创造文字，结束了“结绳记事”的历史。他又结绳为网，用来捕鸟打猎，并教会了人们渔猎的方法，发明了瑟，创作了曲子。

《帝王世纪》称：“伏义尝百药而制九针”，所以伏羲还是我国医药学、针灸学之始祖。我国汉、苗、瑶、壮、彝、傣、佤、侗、水、哈尼、拉祜、布依等数十个民族，均流传有伏羲、女娲兄妹托庇葫芦得免洪灾，结婚繁衍人类的故事，而在相传是伏羲葬地所在的今河南淮阳地区，一年一度的“人祖庙会”代代相传，至今仍是中原大地上最为隆重的民俗文化盛典。

崇祀伏羲的历史，悠远而多彩，可是伏羲的真实面目究竟如何，乃至历史上究竟有无这个伏羲，抑或是人格化的神还是神性化的人？所有这一切，自“伏羲”之名首先出现于《庄子》《易·系辞传》等战国时代的作品以来，就一直在迷雾中。

有人认为伏羲是远古时代的神祇，历史上并无此人，而有关他与女娲兄妹成婚的传奇，是先民对遥远的原始社会血亲婚俗的追忆和记录。也有人指伏羲是父系社会帝王神话中的一位帝王大神，而女娲成是母系社会的神祇，分别代表两个不同社会发展阶段的神，他们兄妹成婚的传说，当是从比之更古老的盘古、女娲神话演变而来。

对于伏羲在远古神祇崇拜中的职能，人们也有争论。如《太平御览》《史记·补三皇本纪》等古籍在叙述伏羲来历时，称天帝的女儿华胥在雷泽踩着了履迹（蛇迹），因此怀孕而生伏羲。但“华胥”是农作物的籽神，“履迹”是把籽种撒在地垄里，“伏羲”是籽种在土里萌芽成长，“雷泽”是表示春天来到，万物开始生长。所以“华胥履迹生伏羲”是一则农业现象神话。

也有人从“帝女游于华胥之渊，感蛇而孕”（《路史·后纪一》罗苹注引《宝椟记》）的记载入手，认为伏羲是蛇神，旁证资料有东汉武梁祠石室有两幅伏羲及伏羲、女娲图石刻，均为人首蛇神形象，其他如《帝系谱》等书描写伏羲外貌时，作“人头蛇身”“龙身”“麟神”等，故伏羲亦为龙神。也有人解“雷泽”为雷神，这一来伏羲便成雷神之子。在我国淮阳地区，还流传有一个故事：很久

伏羲（明刻《三才图会》）

伏羲氏画八卦（《清刻《廿一史通俗衍义》）

伏羲、女娲(敦煌石窟西魏壁画)

以前，雷神经常发怒，雷雨大作，导致河水泛滥，人畜被灾。有一位美丽的华胥姑娘为拯救百姓，自愿陪伴雷神，从此风调雨顺。后华胥生一男孩，就是伏羲。

还有人认为伏羲是太阳神，本名应作“溥曦”，即伟大的“曦”神，指的是太阳神。

传统上，人们还认为历史上确有伏羲其人，如《帝王世纪》将伏羲的出生地、所都之地、在位多少年都一一指出，说他出生于“成纪”，“都陈”，“在位一百一十年后崩”。后人考证成纪在今甘肃天水，陈在今河南淮阳。今天水市还有伏羲庙等建筑群，淮阳则有伏羲陵等古迹名胜。

总之，伏羲是我国远古时代的杰出人物，作为氏族部落首领、发明家和巫师，伏羲因生活在农业发明以前，而且对渔猎工具和技术的改进有重大贡献。他在文化上的伟大贡献是，他根据天地间阴阳变化之理，创造了八卦，即以八种简单却寓义深刻的符号来概括天地之间的万事万物。传说有一天，伏羲在蔡河里捕鱼，捉到一只白龟，他赶快挖了一个大水池，把白龟养了起来。一天，伏羲正在往白龟池里放食物，有人跑来说蔡河里出了怪物。他来到蔡河边一看，只见那怪物说龙不像龙，说马不像马，在水面上走来走去，如履平地。伏羲走近水边，那怪物竟然来到伏羲面前，老老实实地站那儿一动不动。伏羲仔细审视，见那怪物背上长有花纹：一六居下，二七居上，三八居左，四九居右，五十居中。伏羲取一节蓍草梗，在一片大树叶上照着龙马背上的花纹画下来。他刚画完，龙马大叫一声腾空而起，转眼不见了。大家围住伏羲问："这是个啥怪物呀？"伏羲说："它像龙又像马，就叫它龙马吧。"

伏羲拿着那片树叶，琢磨上面的花纹，怎么也解不开其中的奥妙。这天他坐在白龟池边思考，忽听池水哗哗作响，定睛一看，白龟从水底游到他面前，两眼亮晶晶地看着他，接着向他点了三下头，脑袋往肚里一缩，卧在水边不动了。他面对白龟聚精会神地观察起来。渐渐地，他发现白龟盖上的花纹中间五块，周围八块，外圈儿十二块，最外圈儿二十四块，顿时心里亮堂了，悟出了天地万物的变化规律惟一阴一阳而已。伏羲画出了八种不同图案即八卦图。

从汉代画像石上伏羲的形象看，伏羲呈人首蛇身，说明当时已进人图腾时代，处于母系氏族社会的早期。在当时生产力极端低下的条件下，人们依靠群体的力量命生存，氏族部落首领是血缘纽带和群体力量的体现者，他们死后就成为氏族部落的祖先神和神话中的人物。

近现代学者中否定伏羲确有其人的学者也有不少。他们认为造成确有伏羲其人这种误解，是由于一些古代学者错把神话当作了历史。

岁时

春节：总把新桃换旧符

爆竹声中一岁除，春风送暖入屠苏。
千门万户曈曈日，总把新桃换旧符。

一千年前，王安石写的这首《元日》至今被人反复吟咏，特别是在春节期间。春节，即是夏历正月初一，古人又称作“元旦”“元辰”“元日”“元朔”等。春夏秋冬，四季轮回，这是全新一年的开始。春节，可以说是中国最大的节日，时至今天，甚至可以号称是全世界最大的节日。

过春节，俗称“过年”“过大年”，一般从腊月二十三的祭灶就开始了，人们掸尘、办年货、贴门神、贴春联、守岁、放爆竹、吃春酒、放灯，活动内容丰富，祈盼在新的一年中欢乐、如意。而每年春节前后，回家过年的亿万人流，人类像候鸟般回到老家团聚，也可以说形成了一个迁移奇观，而春节期间的鞭炮声，也是一年中最为热闹的……这些仅仅是最为表面的感受，春节其实充满了丰富的深层次的文化含义。

春节历史悠久，起源于殷商时期年头岁尾的祭神祭祖活动。古时，春节曾专指二十四节气中的立春那一天，后来改为夏历正月初一，这一天被中国人认为是一年的开始，即岁首。当然，民俗意义上的春节，是从腊月初八的腊祭或腊月廿三、廿四的祭灶就开始了，这是一整个节庆的日子，要一直到正月十五日闹元宵才结束，这就是过年。在庆贺新年到来的日子里，中华民族形成了非常明显的春节风俗，这些民俗大多以祭祀神佛、祭奠祖先、除旧布新、祈求丰年为主要内容，2006 年 5 月，“春节”民俗经国务院批准列入第一批国家级非物质文化遗产名录。

放爆竹(《吴友如画宝》)

为什么要过春节？民间一直有一个传说，虽然各地说法不尽一致，但主要情节还是差不多的。说的是中国古时候有一种叫“年”的怪兽，头长触角，凶猛异常。“年”长年深居在山中，每到春天将要来临之时，就出来吞食牲畜、伤害人命。因此，每到那时，人们都要扶老携幼逃往别处，以躲避“年”。后来，人们摸准了“年”的习性特点后，等“年”快要来临之时，就聚在一起，祈求祖宗神灵保佑。因为“年”怕红色怕巨响，所以家家贴红对联、燃放爆竹，户户烛火通明，把“年”吓走了。在这个传说中，“年”有时也被置换为“夕”，过“年”就是除夕。这其实是上古人们在和大自然作斗争中，逐渐发展生产力的一种生活习惯映射。

也有人说春节起源于殷商时期，人们在年头岁尾的祭神、祭祖活动：蜡祭。西周初年，就有了这种一年一度的在新旧岁交替之际，庆祝丰收和祭祀祖先的风俗活动，这被认为是“年”的雏形。汉族过春节的习俗，一般以吃年糕、饺子、汤圆、全鱼、美酒、苹果、花生、瓜子、糖果、香茗及肴馔为主，并伴有掸檐尘、备年货、贴春联、贴年画、贴剪纸、贴窗花、贴福字、放鞭炮、守岁、给压岁钱、拜年、走亲戚、闹社火等众多活动，极尽欢乐。乾隆时期的《古禾杂识》记载，人们“元旦（即农历正月初一）黎明即闻拉燃爆竹声，谓之开门炮仗。先礼佛像、宗庙，次拜尊长。食团圆饵、长寿面，男女多持斋者。俗谓不可食汤饭，食之，

接财神(《图画日报》)

一年出门逢雨。禾俗崇信鬼神，每烧香填街巷，城隍庙为最闹”。这是清代地处江南的嘉兴的过春节风俗。

上海松江，早前每年春节期间，茶馆有“喝元宝茶”的习俗。新年中，从大年初一起，至正月三十这段时期内，茶房见老茶客第一次光顾，以橄榄两只加泡茶中（称元宝茶），再以香烟一盒、桔子两只、西瓜子数十粒待客。每位老茶客都得喝上一次元宝茶。老茶客必以钱币犒赏，金额视当时市况而定。

秦荣光的《上海县竹枝词》写道：“拜年未了接财神，爆竹通宵闹比邻。”张春华的《沪城岁事衢歌》记录清代道光年间上海过春节的景象：“万国衣冠拜冕旒，尧天春色丽江洲。桃符户户开新序，第一良辰人唱酬。”又写拜年的景象:“满城裙屐此匆匆，宾主循环一例同。卓午出门归路晚，绕阶名纸拾梅红。”春节中，放爆竹是大人小孩都喜欢的活动，民间有“开门爆竹”的说法，即在新的一年到来之际，家家户户开门的第一件事就是燃放爆竹，以哔哔叭叭的爆竹声除旧迎新。那为什么要放爆仗呢？除了可以创造喜庆气氛外，如果追溯爆竹的起源，就会了解古代人燃放爆竹的本意。《荆楚岁时记》载：“正月一日，鸡鸣而起，先于庭前爆竹，以避山臊恶鬼。”这说明爆竹在古代是一种驱瘟逐邪的音响工具。又据《神异经》说，古时候，人们途经深山露宿，晚上要点篝火，一为煮食取暖，二为防止野兽侵袭。然山中有一种动物既不怕人又不怕火，经常趁人不备偷食东西。人们为了对付这种动物，就想起在火中燃爆竹，用竹子的爆裂声使其远遁的办法。这里所说的动物，名叫"山臊"。到了唐初，瘟疫四起，有个叫李田的人，把硝石装在竹筒里，点燃后使其发出更大的声响和更浓烈的烟雾，结果驱散了瘴气。以后火药出现，产生了爆仗。到了宋代，民间开始普遍用纸筒和麻茎裹火药编成串，做成"编炮"即鞭炮来使用了。

在古代，拜年是大年初一清晨的一件大事，《燕京岁时记》载："京师谓除夕为三十晚上。是日清晨，皇上升殿受贺，庶僚叩谒本管，谓之拜官年。"春节里拜年时，长辈要将事先准备好的压岁钱分给晚辈，据说压岁钱可以压住邪祟，因为"岁"与"祟"谐音，晚辈得到压岁钱就可以平平安安度过一岁。压岁钱有两种，一种是以彩绳穿线编作龙形，置于床脚，此记载见于《燕京岁时记》；另一种是最常见的，即由家长用红纸包裹分给孩子

明代盛懋烨《岁朝图》(局部)

清代周鲲《写春联图》

请年酒

的钱。压岁钱可在晚辈拜年后当众赏给，也可在除夕夜孩子睡着时，由家长愉偷地放在孩子的枕头底下。 民间认为分压岁钱给孩子，当恶鬼妖魔或“年”去伤害孩子时，孩子可以用这些钱贿赂它们而化凶为吉。清人吴曼云《压岁钱》的诗中云:“百十钱穿彩线长，分来再枕自收藏，商量爆竹谈箫价，添得娇儿一夜忙。”张春华的《沪城岁事衢歌》说：“春盘八簋启家厨，压岁钱还重五铢。有客颜酡逢巷口，夕阳红处送归途。”说的就是亲戚间给小孩压岁钱的情形。

春节吃年糕也是一项习俗。年糕又称“年年糕”，与“年年高”谐音，意寓人们的工作和生活一年比一年“向高处走”。明崇祯年间刊刻的《帝京景物略》

一文中记载当时的北京人每于“正月元旦，啖黍糕，曰年年糕”。不难看出，“年年糕”是北方的“粘粘糕”谐音而来。清人有诗词说:“人心多好高,谐声制食品,义取年胜年，藉以祈岁稔。”

丰子恺先生在20世纪30年代说，“希望每年有一个像‘新年’的新年，以调剂一年来工作的辛苦，恢复一年来工作的疲劳。我想这像‘新年’的新年一定存在着，将来总有一天会来到的。”新春佳节，万象更新，走在大街小巷，所见热热闹闹、熙熙攘攘，人们欢天喜地，互致节日祝贺，一直到过了元宵夜，才算是真正过完年。

元宵节张灯的由来

法轮天上转，梵声天上来。
灯树千光照，花焰六枝开。
月影凝流水，春风含夜梅。
幡动黄金地，钟发琉璃台。

这是风流天子隋炀帝的《上元夜于通衢建灯，夜升南楼》诗作，描写元宵夜张灯结彩的情景，估计在通衢大道张灯的习俗，还是他下的旨意所形成的。

农历正月十五日，在古时为上元节，那天晚上因而被叫作“元夜”“元宵”“元夕”，所以又称“元宵节”“元夕节”。元宵节是我国古代最隆重的节日之一，观灯、吃元宵、猜灯谜、放烟火的风俗一直流传至今。因为在这天民间有挂灯、打灯的习俗，所以元宵节也被称作“灯节”。

关于元宵节张灯的来源，有说是始于唐睿宗。明郎瑛《七修类稿》卷二十七《元宵灯》中记载，元宵张灯，始于唐睿宗，成于玄宗年间。但是我们看上述隋炀帝的诗就可以知道，起码隋代已有此风了。而更早留下来的文献还有南朝梁简文帝之《列灯赋》，赋中说：“何解冻之嘉月，值蓂荚之盛开。”“解冻之嘉月”就是正月，《列灯赋》描绘的即是正月十五张灯结彩的情景。

传说元宵张灯的习俗源于西汉。说的是刘邦死后，诸吕专权，周勃、陈平等灭诸吕，迎立代王刘恒为帝。因为平诸吕的日子是正月十五，所以这以后的每年此日，汉文帝刘恒就出宫与民同乐，以示庆贺，并将此日定为元宵节。老百姓也张灯结彩，表示欢迎。这里又掺入佛教的传说，说是东汉的汉明帝时佛教传入中

明木刻《元宵灯景》

土，明帝特别敕令在元宵节点灯，也用以表示对佛的尊敬。从此，元宵张灯就成为一个民间习俗。

元宵节张灯的习俗来自汉代，还有一个说法是，因为汉武帝的缘故。因为正月十五是古人祭祀天帝、祷求福祉的日子。每逢这一天，汉武帝都要在宫内遍点灯烛，祭祀天帝。之后就形成元宵节张灯的习俗。又传说汉末的时候盛行五斗米道，把天、地、水尊为“三官”，而正月十五、七月十五和十月十五这三天正与之相配，称为“三元”。正月十五那天，就是天官赐福的日子，被称为“上元”。这天，人们可以放纵一下自己，尽情游玩，所以也称为闹元宵。

《北史 · 柳彧传》记载，南北朝时的元宵节风俗是：“正月望夜，充街塞陌，鸣鼓聒天，燎炬照地。人戴兽面，男为妇服。竭资破产，竞此一时。”可见当时的元宵节还没有像后世的灯节那样，以观灯为主，而是鼓乐喧天，点着火把，化装游乐。当然，元宵夜的灯火照明还是很突出的。《隋书 · 音乐志》载：“每当正

闹元宵（《吴友如画宝》）

月，万国来朝，留至十五日，于端门外建国门内，绵延八里，列为戏场，百官起棚夹路，从昏达旦，光烛天地，百戏为之胜，亘古无比，自是每年以为常焉。”

这是说隋代的元宵观灯盛况，真可谓空前。但还不是绝后，我们且看《明皇杂录》记载，唐玄宗曾在上阳宫大陈灯影，以丝绸“建灯楼二十间，高一百二十尺，饰以珠玉，微风一至，锵然成韵。其灯如龙凤虎豹踊跃之状”。《开元天宝遗事》载，杨国忠子弟在度元夕时，以千炬红烛围于左右，时人称为千炬围。杨贵妃之二姐“韩夫人置百枝灯树，高八十尺，竖之高山，上元夜点之，百里皆见，光明夺月色也”。唐人小说《仙传拾遗》讲述唐明皇元宵观灯时，连带写到当时不仅京都长安大张花灯，就连偏远的西凉府也有连绵数十里的灯彩，游人车马繁盛。

隋朝时元宵节张灯还只是正月十五一夜，唐宋以后，扩大到好几夜。宋朝，元宵节是“一入新正，灯火日盛”，灯节的期限也延长到正月十八。首都开封的灯市长达四十多里，《东京梦华录》记：“正月十五日元宵，大内前自岁前至冬至

乾隆坐在楼阁上，看人舞龙灯（清《乾隆元宵行乐图》）

后，开封府绞缚山棚，立木正对宣德楼，游人已集御街，两廊下奇术异能，歌舞百戏，鳞鳞相切，乐声嘈杂十余里。”宋徽宗时，将万盏灯彩垒成灯山，叫作“鳌山”。《水浒传》中就有描写宋江在青风寨观赏“鳌山”的情景：“土地大王庙前扎缚起一座小鳌山，上面结彩悬花，张挂五六百碗花灯；土地大王庙内，逞赛诸般社火。家家门前，扎起灯棚，赛悬灯火。市镇上，诸行百艺都有。虽然比不得京师，只此也是人间天上。”

这个时候，早在春秋时代就有的猜谜活动，也与观灯习俗相结合，元宵张灯再加上猜灯谜，就渐渐成为一种风俗。宋代周密《武林旧事》就记载：“有以绢灯剪写诗词，时寓讥笑，及画人物，藏头隐语及旧京诨语，戏弄行人。”

在金代初年，因为女真人没有张灯的习俗，传说那时有一个来自中原的僧人在女真统治地区张灯庆祝元宵节，结果竟然被看成是“啸聚为乱”的暗号，遭到杀害。后来，金朝统治者逐渐汉化，也热衷张灯起来。史载，金海陵王曾在贞元元年（1153）张灯：“正月元夕张灯，宴丞相以下于燕之新宫，赋诗纵饮尽欢而罢。”

明代规定正月初八上灯，十七日落灯，连张十夜灯，这是我国史上最长的灯节。

元宵节街头兜售彩灯的人
(清董棨摹《太平欢乐图》)

小说《金瓶梅》里有不少篇幅对明代的元宵节详加描绘，如第十五回里，西门庆家的女眷在元宵节夜晚临街观灯，“村里社鼓，队队喧阗；百戏货郎，桩桩斗巧……王孙争看，小栏下蹴踘齐眉；士女相携，高楼上妖娆炫色”。第七十九回说，“灯市中车马轰雷，灯球灿彩，游人如蚁，十分热闹”。

清代的灯节也盛行一时，《帝京岁时纪胜》载：京师地区，每岁元宵佳节，“自十三日至十六日四永夕，金吾不禁。悬灯胜处，则正阳门之东月城下、打磨厂、西河沿、廊房巷、大栅栏为最。至百戏之雅驯者，莫如南十番。其余装演大头和尚，扮稻秧歌，九曲黄花灯，打十不闲，盘杠子，跑竹马，击太平神鼓，车中弦管，木架诙谐，细米结作鳌山，烟炮攒成殿阁，冰水浇灯，簇火烧判者，又不可胜计也。然五夜笙歌，六街骄马，香车锦辔，争看士女游春，玉珮金貂，不禁王孙换酒”。

在江南一带，乾隆间的《古禾杂识》记嘉兴一带元宵盛况：“上元灯市，十三日上灯，十七日收灯。杂彩扎缚鳌山、绣球、人物、楼台；灯有五色，明角、宫纱、剔墨、料丝。好奇者作三层幔悬挂，流苏摇曳，冰盏玲珑，登桥望之，恍如万点星攒也。珠帘揭处，微闻巧笑；而宦门姬侍，坐露顶软舆，往往拥塞难行，遗钿坠舄，不知其数；至小家妯娌，联臂摩肩，又不足道矣。跳舞市上者，有龙灯、走马灯、采茶灯，钲鼓之声，喧阗数里；一等无赖细民，扮作公子仗女、老少妍丑，无不绝倒。或于地面空阔处放烟火，有一丈菊、炮打襄阳等名。”张春华《沪城岁事衢歌》说上海人闹元宵：“月明元夜炯天中，铁锁星桥启碧空。峰顶陡看金线撒，笑声喧处逐花筒。”自注云：“元夜，挈烟火名花筒者，于西园岩石高处点放无定所，观者随其焌发处笑逐为乐。”

清同治《上海县志》记载上海闹元宵节习俗的活动：“元夕，灯市。烟火尤盛。以珍珠圆为节食，祀灶神，曰‘接灶’，女子邀紫姑神问休咎。二十四日有风，名‘落灯风’。二十七日为‘三官诞’，进香。”县志特别详细叙述了彼时张灯结彩的盛况：“鳌山、走马外，有荷花、荠菜等，比户悬之，或环竹箔蒙纸作龙灯，绘鳞甲，联以布，承以柄，使健儿旋舞。乡村编蔑作大球，曰‘滚灯’，与龙相遇必斗，曰‘龙抢珠’。浦泊各船多点桅灯，寺院前揭竿如塔，曰‘塔灯’，乡田曰‘望田灯’，以照田蚕。”从中可见元宵节的上海城乡大地，包括江河、湖面一片灯火璀璨之景。

元宵节张灯，是我国的普遍性风俗，可是这源头到底是怎么来的，至今还是各说纷纭。有说是隋代大业三年（607）正月十五，隋炀帝召集的舞人、乐人，在皇城门外搭台演奏，高举灯火，闹了一个通宵。之后参加盛会的各地来客也都回去效仿了。又有民间传说，隋炀帝想霸占同父异母的妹妹元宵公主。公主说，除非天上的星星都落地。隋炀帝就命老百姓在上元之夜遍点灯火。等到了元宵，公主看到，还真是星星点点都是灯火，于是跳楼而死。这个说法是近乎于污蔑这位开大运河的皇帝了，有点靠不住。

也有学者推测元宵张灯是从域外传来的习俗。唐玄奘《大唐西域记》卷八中有印度摩揭陁国僧徒俗众逢正月十五聚观佛舍利放光雨花的记载。但是，古印度放灯的日子难道凑巧就是中国农历的正月十五么？似乎也不太可信。

好在元宵节是热闹的，是生活的，是热烈的，这便足够了。一直以来，元宵的热闹就像《红楼梦》里描写的贾元春上元省亲，荣国府张灯结彩那样：“只见清流一带，势若游龙，两边石栏上，皆系水晶玻璃各色风灯，点的如银光雪浪；上面柳杏诸树，虽无花叶，却用各色绸绫纸绢及通草为花，粘于枝上，每一株悬灯万盏；更兼池中荷荇凫鹭诸灯，亦皆系螺蚌羽花做就的，七下争辉，水天焕彩，真是玻璃世界，珠宝乾坤。”

寒食禁火与清明插柳

寒食节在清明前二日（一说为前一日或前三日），南朝梁宗懔在《荆楚岁时记》中记："去冬节一百五日……谓之寒食，禁火三日。"

清明节，既是二十四节气之一，又为三月节，这天在公历4月5日前后。关于清明的最早文字出自《淮南子·天文训》："春分后十五日，斗指乙，为清明。"《岁时百问》曰："万物生长此时，皆清洁而明净，故谓之清明。"

古代的时候，寒食和清明个两节日相接相连，往往是寒食节的习俗活动一直延续到清明节，所以久而久之，两个节日节已没有严格区分。唐代白居易的《中书连直寒食不归，因怀元九》诗中已把两个节气连了起来："去岁清明日，南巴古郡楼。今年寒食夜，西省凤池头……"至今，寒食节似乎已隐隐被纳入清明节的范畴了。但是，清明节的习俗一般还是从寒食节转化而来的。

寒食节的禁火、冷食、扫墓悼亡等习俗来源，传说是为了纪念春秋时期的介子推。《荆楚岁时记》记："晋文公与介子推俱亡，子推割股以啖文公。文公复国，子推独无所得，子推作龙蛇之歌而隐。文公求之，不肯出，乃燔左右木，子推抱木而死。文公哀之，令人五月五日不得举火。"这里的五月五日，是周朝时的历法，与清明时节的日子是一致的。唐代卢象有一首《咏寒食》诗记述这个事情："子推言避世，山火遂焚身。四海同寒食，千秋为一人。"

晋献公二十二年（公元前655），晋国内乱，晋献公的公子重耳带着介子推等随从出逃。传说他们在流亡途中没有食物吃，介子推就从自己大腿上割下一块肉来，烧熟后给重耳吃。重耳后来在秦国的帮助下回国，并做了国君。介子推不愿做官，带着母亲隐居到绵山（今山西介休）去了。《史记·晋世家》记载，跟从介子推的人就在晋国的宫门上写道："龙欲上天，五蛇为辅。龙已升云，四蛇各入其宇，一蛇独怨，终不见处所。"晋文公见到后，就派人进山寻访介子推，但找不到他。这时有人就建议焚烧山林，逼介子推出山。晋文公答应了，结果始终不见介子推出来，等山火熄灭后，再派人进山寻找，只见介子推母子相拥，死在一株烧枯的大柳树下。晋文公懊悔极了，吩咐将介子推葬在绵山，立祠祭祀，并将绵山改名介山。第二年，等到介子推的周年忌日来到，晋文公下令全国禁火，以表纪念。而老百姓也在这天祭拜先贤，同时也扫墓。就这样形成了寒食节禁火与郊祭的风俗。《后汉书·周举传》记："太原一郡，旧俗以介子推焚骸，有龙忌之禁。至其亡月，咸言神灵不乐举火，由是士民每冬中辄一月寒食，莫敢烟爨，老小不堪，岁多死者。"说的是汉顺帝时后，太原一带的人过寒食的风俗要吃一个月冷食，结果"岁多死者"。这时，周举任并州刺史（即太原一带的长官），为了老百姓身体健康，他就下令寒食节那天"三天寒食"就行了。

据学者考证，所谓寒食节是为纪念介子推被焚而来，其实是一种

放风筝（《成都通览》）

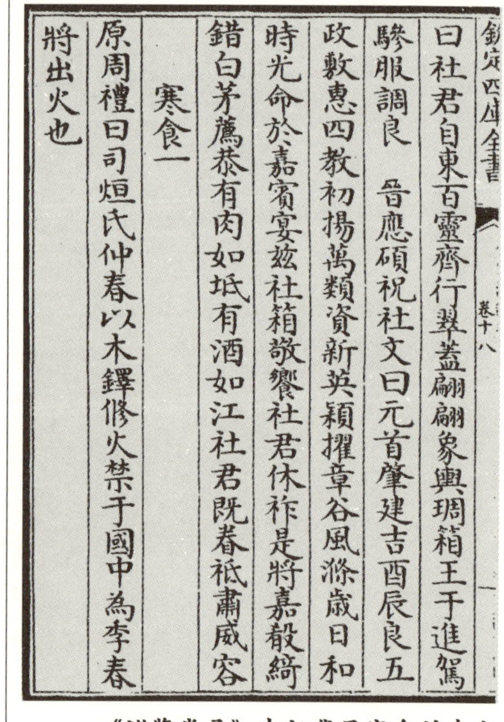

欽定四庫全書 卷十八

曰社君自東百靈齊行翠蓋翩翩象輿琱箱王于進駕

駿服調良　晉應碩祝社文曰元首肇建吉酉辰良五

政敷惠四教初揚萬類資新英穎擢章谷風滌歲日和

時光命於嘉賓宴玆社箱敬饗社君休祚是將嘉殽綺

錯白茅薦莽有肉如坻有酒如江社君既眷祇肅威容

寒食一

原周禮曰司烜氏仲春以木鐸修火禁于國中為季春

將出火也

《渊鉴类函》中记载了寒食的内容

清代罗福旼《清明上河图》（局部）

附会。事实上，在此之前，人们在这个时候就有禁火习俗。据《周礼·秋官》："……仲春以木铎修火禁于国中。"汉代郑玄注："为季春将出火也。"所谓的"火"是指心宿二，即恒星中的"大火"。古人认为春天见于东方的苍龙七宿属木，而季春三月黄昏时火（大火）星 从东方升起，所以《后汉书·周举传》李贤注说："惧火之盛，故为之禁火。"其实，古代农业生产对天时非常敏感。冬季气候寒冷干燥，一不小心就容易引起山火，给人们生活造成破坏。那么，寒食、清明过后，万物开始生长，气候也开始湿润起来。这时候举行的禁火习俗，是"开火"的信号，告诉人们，这几天过了以后，山林不再容易着火，就可以举火了。《周礼·秋官》记载："仲春，以木铎循火禁于国中。"贾公彦注道："为季春将出火也。"说的就是这个道理。周代，从熄火到举火这段时间约一个月，正是气候最干燥严寒的时候，可能是原始社会先民的惨烈火灾记忆，成为先人的生活经验，所以人们只能吃预先备好的冷食。

寒食节的许多习俗都是围绕着吃冷食展开的。有关寒食的食品，据《荆楚岁时记》等文献记载，传统冷食为"饧大麦粥"，就是将大麦磨成麦浆，煮熟，再将碎杏仁拌入，冷凝后切成块状，浇上糖稀即可。还有一种食品叫"子推饼"，也就是枣糕。宋代高承《事物纪原》里记录的制作方法是"以面为蒸饼样，团枣

清明戴柳

附之，名为子推。穿以柳条，插户牖间。”宋孟元老《东京梦华录》记：“寻常京师以冬至后一百五日为大寒食。前一日谓之炊熟，用面造枣䭅飞燕，柳条串之，插于门楣，谓之子推燕。”还有“糗”也是古时寒食节常吃的，其实就是炒面，还有馓子等食物。江南一带，人们在寒食节也有吃粽子的习俗。《古禾杂识》提到清代嘉兴人在寒食节吃灰粽子：“寒食节有青团、灰粽。乡人则作茧团，其形如茧，以祀蚕也。”勤劳的百姓即便吃冷食还不忘生产，要用茧团祈求蚕事丰收，真可谓“见缝插针”。

唐代以前，扫墓一般都在寒食节期间。唐玄宗在开元二十年（732）下旨：“寒食上坟，礼经无文，近世相传，已成习俗，应该允许，使之永成常式。”宋代朱熹辑《通礼》说：“寒食及霜降节，拜扫圹茔，届期素服诣墓，具酒馔及芟剪草木之器，周胝封树，剪除荆草，故称扫墓。”唐代大诗人白居易有《寒食野望吟》诗：“丘墟郭门外，寒食谁家哭。风吹旷野纸钱飞，古墓累累春草绿”，写的就是寒食节扫墓的事。古人在寒食这天，还有折柳插在门上、屋檐上的习俗，叫作“明眼”。男女成人举行冠礼、笄礼，也在这天。但是到了清代，大多数地方的寒食节已融入到清明节的习俗活动中了。近现代以来，清明节扫墓日期一般都在清明前后十天之内，但是浙江海宁一带却流行正清明（即清明这天）扫墓。这是因为当地流行着一个“孝子寻娘”的传说，这孝子正是明太祖朱元璋。说是朱元璋的母亲当年因为战乱，流落到海宁一带，在钱塘江的破庙里生下了朱元璋。后来，母子离散。朱元璋当了皇帝后，就四处寻访母亲，得知母亲已不在人世。但他想总要找到母亲的墓祭扫才是。于是下令海宁官府，规定民间扫墓一律定在正清明那天，以便寻访母亲之墓。到了那天，他派人四处查看，对坟头没有压纸钱的墓更是细加勘察，最后终于找到了母亲的墓穴。从此，正清明扫墓的习俗也在海宁流传下来。

清代乾隆年间项映薇的《古禾杂识》记载，清明之时，江南嘉兴一带“攀柳条插户钚，小儿女发间缀柳叶。俗竞以是日前后上墓祭扫，焚烧纸钱；村人聚观，分饷角黍。悬纸球于松楸间，归则折桃花、紫荆数枝，插之船尾。”从中可见，古代寒食的风俗到了清代，已大都并入清明节俗中。清代富察敦崇《燕京岁时记》中索性写到：“清明即寒食，又曰禁烟节。古人最重之，今人不为节。但儿童戴柳，祭扫坟茔而已。”

清明节的时候，古人有扫墓、踏青、戴插柳等习俗，还有放风筝、玩蹴球、荡秋千等活动。朝廷还往往在清明这一天赐给近臣“新火”。这是因为寒食禁火，到清明节重新起火的缘故。宋代宋敏求《春明退朝录》记载“……至唐时，惟清明取榆柳火，以赐近臣戚里，本朝因之。”说的是，清明的时候，钻榆木柳木的“火种”来赐给大臣。所以唐代诗人韦庄在《长安清明》诗里对唐代的清明习俗描述道：“早是伤春暮雨天，可堪芳草更芊芊。内官初赐清明火，上相闲分白打钱。紫陌乱嘶红叱拔，绿杨交映画秋千。游人记得承平事，暗喜风光似昔年。”

在清明的习俗中，都牵涉到插柳的活动。插柳，也称“戴柳”，就是把柳枝攀折下来插在屋檐下或门窗上，或者是把柳枝插在头上、鬓上，或者编个柳叶圈戴头上。民间有“清明不戴柳，来生变黄狗”和“清明不戴柳，红颜成皓首”等俗语。

那么，清明节为什么要插柳呢？这还得从寒食节说起。前文说过，寒食那天，介子推和老母被烧死在一棵大柳树下。等到了第二年，晋文公和群臣去祭奠介子推，却见柳树上柳枝飘拂，柳芽萌出。晋文公就编了一个柳条圈戴在头上，因此演变成民间年年插柳的习俗。但是也有传说插柳的习俗缘起是为提醒百姓要防火。说古时候，财主把吃不完的烂谷子倒入河里。因为浪费粮食，天帝大怒，命火神爷去降天火惩罚。因为贫苦人家哪会浪费粮食，为防止火势蔓延开来，火神就让穷人在自家门前插个柳条，以作记号。当晚，财主家的房屋燃起大火，穷人家因为插柳都平安无事。从此，寒食、清明节插柳就成了习俗。南宋吴自牧《梦粱录》

记载清明的时候，“家家以柳条插于门上，名曰‘明眼’”。这“明眼”就是标记。

有传说认为，插柳的习俗是缘起于歌妓对北宋词人柳永的悼念。柳永风流倜傥，与歌妓们交情深厚，为她们写了许多歌词。他死后，歌妓们每逢清明相约去他墓前致祭，又折路边杨柳插在头上以为悼念，逐渐成为习俗。但是插柳的风俗起码应早于宋代，这也只是文人轶闻罢了。

有人为清明插柳是因为柳树生命力强，寓意长寿、祛邪。唐段成式《酉阳杂俎》记:唐玄宗于“三月三日赐侍臣细柳圈，言带之免虿毒”。古人认为柳树还是“击鬼的利器”。北魏贾思勰《齐民要术》记，“正月旦取柳枝著户上，百鬼不入家”。这似乎又和扫墓有关了。活人去扫死人墓，又怕鬼魅附身，于是折柳抵挡一阵。为大家熟识的观音菩萨就是用柳枝挥洒甘露为人间祛邪消灾的。

柳树还象征生殖力。原始社会，人类认为柳叶的形象类似女阴，所以将柳叶作为始母神的象征来加以祭祀。这倒是和柳树象征生产力又有点关联，因为柳树的生命力特别顽强，否则就不会有“无心插柳柳成荫”之说。所以又有说法认为清明节戴插柳的风俗是为了纪念农业祖师神农氏，后来插柳演变为对青春永驻、长寿的愿望。胡朴安的《中华全国风俗志·吴中岁时记》记载 :“妇女结杨柳球戴鬓畔，云红颜不老”，就是这个意思。

端午与食粽

五月符天数，五音调夏钧。
旧来传五日，无事不称神。
穴枕通灵气，长丝续命人。
四时花竞巧，九子粽争新。
方殿临华节，圆宫宴雅臣。
进对一言重，遒文六义陈。
股肱良足咏，风化可还淳。

这是唐明皇的《端午三殿宴群臣》诗。诗作雍容大度，一派宫廷气象，还提到了粽子。可见唐代端午节吃粽子已是习俗。

农历五月初五为端午，端午本名“端五”，端是“初”之意，端五也就是第一个“五”的意思。端午节的来历，说法不一。一般认为是为了纪念屈原而来。南朝梁宗懔的《荆楚岁时记》记载：“屈原是以是日死于汨罗，人伤其死，所以并将舟楫以拯之。今竞渡是其迹。”说的是端午节竞渡风俗的来历。和宗懔一个时代的吴均《续齐谐记》也记载说，“屈原五月五日投汨罗水，楚人哀之。至此日，以竹筒贮米，投水祭之。汉建武中，长沙区曲见一士人，自云三闾大夫，谓曲曰：闻君肖见祭，甚善，常年为蛟龙听窃，今若有惠，当以楝叶塞其上，以五彩缚之，以二物蛟龙所惮”。

这些传说，都反映了人们对屈原的同情和怀念。之后就演变成为端午用竹叶包粽子和划龙舟竞渡的习俗。

闻一多先生认为，江南一带，以龙为图腾，每年五月五日，都要举行盛大的龙图腾祭祀。蒲松龄在《聊斋志异》的《晚霞》篇中，就描述了江南吴越之地端午龙舟竞渡的习俗："五月五日，吴越有斗龙舟之戏。刳木为龙，绘鳞甲，饰以金碧。上为雕甍朱槛，帆旌皆以饰绣。舟末为龙尾，高丈余。以布索引木板下垂，有童坐板上，颠倒滚跌，作诸巧剧。下临江水，险危欲堕。"江南嘉兴一带，在清代乾隆年间每逢端午都在南湖上竞渡，就是这个风俗的遗留。《古禾杂识》说："重午日，梁间贴朱砂辟邪符，胆瓶供葵花、艾叶，正午饮菖蒲雄黄酒。闺人作蟾蜍袋、蒜葫芦、金蜘蛛、绢老虎、钗梁缀、健人符；市上篩锣击鼓，跳黑面钟馗、红须天师；南湖观竞渡。"

五月五日，在古人眼里被看作是"恶月"、"恶日"。汉代应劭的《风俗通义》说："俗说五月五日生子，男害父、女害母。"所以每逢端午，

清代徐扬《端午·采药草》图

清代徐扬《端午·观竞渡》图

清代徐扬《端午·裹角黍》图

清代徐扬《端午·悬艾人》图

民间就有不少驱邪、避恶的习俗，比如插蒲艾、佩艾、挂香囊、拴五彩线，饮雄黄酒、菖蒲酒等等，用来避虫毒。《荆楚岁时记》载，南北朝之前就有插艾的风俗："五月五日，……采艾以为人形，悬门户上，以禳毒气。"宋代的《岁时杂记》记，人们还将艾叶剪成虎形戴在头上，将菖蒲剪成人形或葫芦形，佩戴在身上以避邪，称之为蒲龙艾虎或艾虎蒲剑。元代过端午节，在大都城内（今北京）有一项"赛关王会"的民俗活动。在那天，人们用各种兽皮缝制、绘染成关羽画像，然后出游，用画像来互相比赛。关公正气凛然，其实也反映了百姓镇恶驱邪的愿望。

更早的时候，在汉代也已经有在端午那天把五彩丝系在臂上的习俗。《风俗通义》记："五月五日，赐五色续命丝，俗说以益人命。""五月五日，以五彩丝系臂，名曰长命缕，一名续命缕，一名辟兵缯，一名五色缕，一名朱索，辟兵及鬼，

清代徐扬《端午·系彩丝》图

命人不病温。又曰亦因屈原。”这就是说，用五色丝系臂的习俗有可能也是因为纪念屈原的缘故。但是，这仅仅是有可能。事实真相如何？为什么端午要有吃粽子这些习俗？除了祭奠屈原就没有一些别的原因了吗？

我们先看五彩丝与粽子的关联。《后汉书·礼仪志》提到：“五月五日，朱索五色印为门户饰，以难止恶气。”明代冯梦龙的《警世通言》中有“色中角黍分边角，彩丝剪就交绒索。樽俎泛菖蒲，年年五月初”的诗词。而早期的粽子，就是用五色丝来包裹的。梁代吴钧在《续齐谐记》中说得明白：“以五彩缚之，以二物蛟龙所惮。”因为粽子用五色丝包扎后投入江中，就不会被恶龙抢走。

粽子是用箬叶裹米蒸煮后的一种传统食品，又叫“角黍”“黏黍”“裹蒸”。晋代周处的《风土记》说：“俗以菰叶裹黍米，以淳浓灰汁煮之令烂熟，于五月五日及夏至啖之。一名粽，一名角黍，盖取阴阳尚相裹米分散之时像也。”明代李时珍的《本草纲目》记：“粽子俗作粽。古人以菰叶裹黍米煮成，尖角，如棕榈叶心之形，故曰粽，曰角黍；近世多用糯米矣。今俗五月五日以为节物，相赠送。或言为祭屈原，作此投江，以饲蛟龙也。”可见古人总认为吃粽子和祭祀屈原有关。但是仔细考察先民的生活方式可知，吃粽子并不仅限于五月初五。《荆楚岁时记》还说"夏至日食粽"。据考证，最早记录"角黍"一词的是唐李匡义《资暇集》引晋周处《风土记》，文中说："仲夏烹鹜角黍。"并没有确切说是端午那天煮粽子。《儒林外史》第十回写马二先生在春天的时候游西湖，在南屏茶亭见到"柜上摆着许多碟子，桔饼、芝麻糖、粽子、烧饼，处片、黑枣、煮栗子"。冯梦龙的《喻世明言》第二十一回写五代时钱镠做了吴越王后衣锦还乡，有王婆"手提一壶白酒，一盘角黍"求见，王婆"将白酒满斟一瓯送到，钱镠一饮而尽；又将角黍供去，镠亦啖之。"按小说里的时间，钱王吃粽子的时候应该是在初秋，可见以前吃粽子也不仅仅限于端午节。而早先的粽子是用五色丝裹起来的，前文已说，五色丝可以起到辟邪的作用，因此粽子是不是原始巫术的一种物品呢？

我国西南地区的一些少数民族也有吃粽子的习俗，他们馈献、食用粽子的日期有农历五月初五、五月十五、五月二十五的，也有农历六月初六或正月初一的。有关少数民族吃粽子的来源，向来也有不同说法。一般似乎都是因为在快要农忙的时节，农人劳作太忙，因而就用竹筒盛饭，或者用竹叶包饭，便于携带而来。

另外，宋代陈元靓《岁时广记》中记："五月五日，乃符天数也，午时为天中节。"五月、五日、午时，是三个"五"的重叠，所以汉代在端午之时用阳燧取火，炼五石，铸法器。唐代扬州向皇帝进贡的"江心镜"就在端午节午时在长江中百炼而成。白居易有《百炼镜》诗说："江心波上舟中铸，五月五日日午时。"乃至佛教中也有"天中节"的咒语："五月五日天中节，一切恶事尽消灭！急急如律令。"佛教在天中节时也举行法事，降妖除魔。

"五日开筵捧玉壶，轻衫团扇记招呼。菖阳酒熟金尊暖，角黍蒸香透绿蒲。"这是张春华《沪城岁事衢歌》说的申城端午吃粽子情形。粽子早先是祭品，众所周知，祭品往往就是食品。关于竞渡投角黍，早先还有是祭奠伍子胥的说法，后来因为祭奠屈原之说盛行，伍子胥之说渐渐被人淡忘。但是联想到我国向来有撒豆成兵的巫术，推测粽子会不会是先人们在端午这一天向江中恶龙宣战的武器或者是投给司雨的龙王的祭品呢？其目的是为了在雨季来临之前，祈求当年风调雨顺。江南一带还流行着一句有关端午粽子的俗谚，叫"不吃端午粽，老来没人送"。这句流传甚久的老话殊可奇怪，为什么死后（老来）没人送会和粽子联系在一起？推想起来，不管是祭人还是祭神，粽子和人们的祭祀活动联系在一起，总是不错的。

牛郎织女与七夕

美丽的七夕，总是令人遐想。农历七月初七，又称“乞巧节”“女儿节”等。这个节日的风俗与女性关系很大，传说这天是牛郎与织女在鹊桥相会的日子。在民间，七夕卧看牵牛织女星也是一大生活习俗。

宋代诗人张耒曾创作《七夕歌》，描绘牛郎织女的爱情故事：

人间一叶梧桐飘，蓐收行秋回斗杓。
神官召集役灵鹊，直渡银河云作桥。
河东美人天帝子，机杼年年劳玉指。
织成云雾紫星衣，辛苦无欢容不理。
帝怜独居无与娱，河西嫁与牵牛夫。
自从嫁得废织纴，绿鬓云鬟朝暮梳。
贪欢不归天帝怒，谪归却理来时路。
但令一岁一相见，七月七日桥边渡。
别长会少知奈何，却悔从来欢爱多。
匆匆万事说不尽，烛龙已驾随羲和。
河边灵官催晓发，令严不管轻离别。
空将泪作雨滂沱，泪痕有尽愁无歇。
我言织女君莫叹，天地无穷会相见。
犹胜姮娥不嫁人，夜夜孤眠广寒殿。

牛郎织女（武强年画）

作者讴歌牛郎织女的爱情，同情他们的遭遇，结尾却巧出奇思妙想，用“夜夜孤眠不嫁人”的高级剩女嫦娥来和织女相比，认为比两地分居的织女更为不幸的人还多得很。南朝梁殷芸《小说》中引《月令广义 · 七月令》记载：“天河之东有织女，天帝之子也。年年机杼劳役，织成云锦天衣，容貌不暇整。帝怜其独处，许嫁河西牵牛郎，嫁后遂废织纴。天帝怒，责令归河东，但使一年一度相会。”张耒这首诗的本事即从中而来。这个神话的叙事方式很有意思，将一直以来民间认为粗暴干涉牛郎织女爱情的天帝反而认为是比较公允的一方，织女之所以能嫁给牛郎，也是天帝的“人性化”措施，而因为她的婚后贪欢，加上懒惰废织，天帝才“法律面前人人平等”，不因织女出身贵族而免于对之处罚，只可惜冷落了牛郎。

牛郎织女的神话自古就有了。《诗经 · 大东》里有“技彼织女，终日七襄。虽则七襄，不成报章。睆彼牵牛，不以服箱……”的诗句，已经把牵牛、织女两星想象为两个人。说的是织女星每天需要差不多七个时辰（14 个小时）在天空中运行，她却没有织成一匹布。而银河对岸的牛郎拿着箱子，里头却是空的。因为织女没有织出布来存放。总之，早先的传说或者神话里，织女的形象似乎并不给人以好印象。但是牵牛星、织女星已经开始给人以想象的空间了。

《古诗十九首》里有一首大家耳熟能详的有关牵牛织女星的诗：“迢迢牵牛星，皎皎河汉女。纤纤擢素手，札札弄机抒，终日不成亲，涕泣零如雨。河汉清且浅，相去复几许？盈盈一水间，脉脉不得语。”这说明到了东汉时，牛郎织女的故事已经成型。而且重点从织女的懒惰移到了爱情上面。其实早在西汉已有织女渡河

牛郎织女（武强年画）

的传说，《白帖》卷九五引《淮南子》佚文说：“乌鹊填河成桥，渡织女。”唐韩鄂的《岁华纪丽》卷三引《风俗通义》佚文也说:“织女七夕当渡河，使鹊为桥。”魏晋南北朝,牛郎织女七月七日相会的传说已经在民间广为流传。南朝梁吴均《续齐谐记》记载：“桂阳成武丁有仙道，常在人间。忽谓其弟曰：‘七月七日，织女当渡河，诸仙悉还宫。吾向已被召，不得停，与尔别矣。’弟问曰：‘织女何事渡河？去当何还？’答曰：‘织女暂诣牵牛。吾后三年当还。’明日，失武丁。至今云织女嫁牵牛。”

如此说来，似乎可以肯定七夕节那些多姿多采的节日风俗，特别是跟女性有关的活动，比如在宗懔《荆楚岁时记》中所记的，七夕之时“妇女结彩缕穿七孔针，或以金银（金俞）石为针，陈瓜果于庭中以乞巧，有喜子网于瓜上，则以为符应”的活动;晋葛洪《西京杂记》中记载的民间已有七月初七看织女星和穿针、曝衣的习俗；明沈榜《宛署杂记》中记载的：“七月浮巧针，七月七日，民间有女家各以碗水暴日下，令女自投小针泛之水面，徐视水底，日影或散如花，动如云，细如线，粗如槌，因以卜女之巧”；清代《古禾杂识》中所记“七夕，穿针乞巧，庭中陈瓜果，候牛女；捣凤仙花，染红指甲”的习俗等，似乎都是从牛郎织女相会的神话传说敷衍而来。但是，据专家学者考证，似乎也不尽然。别样的观点认为是先有七夕节再有牛郎织女的故事，他们的依据是《物原》所记载的：

清代任颐《乞巧图》(局部)

"楚怀王初置七夕",从中可知在我国战国时期就已有七夕节,但那时却没有出现牛郎织女的故事。因为之前的牛郎织女故事,比如《诗经》里所说的,并没有在时间点上对应到七月七日这一天。七夕节俗的传说,其重点在于牛郎织女的神话,而这传说直到南北朝时期才基本定型。所以对于七夕节俗是怎么来的,还是有不同看法。有人认为七夕节源于先民对自然神祇的崇拜。特别是古人对星辰的崇拜,向来有北斗、太岁等具体的星座和与之相对应的礼俗。像牵牛与织女的双星崇拜也是其中之一。织女星的形状像织机,牵牛星在汉晋时被看成鼓状,之后也被拟人化了,才慢慢发展出牛郎织女的故事。但是此说似乎忽略了织女星早就被拟人化了的事实。

有观点认为七夕节源于古人的阴阳观念。《易经》认为一、三、五、七、九都是阳数,七月七日和九月九日一样,也是"重阳"。周处《风土记》记载,三国时,有人请教董勋,七月七日为什么算是"良日"?董勋说:因为七月黍熟,七日又是阳数,所以要当作吉庆的日子来过。过去还要食糜庆贺,现在只食汤饼了。《四民月令》《西京杂记》等也均有汉代民间在七月七日曝经书、曝衣裳、合药丸等习俗的记载,和中国的大多数节日一样,七夕节还是一种与农业生产密切相关的节日。

牛郎织女七夕相会的故事既哀婉又动人,似乎特别契合于封建时代的女性特征,于是七月七日就成了一个在我国节日中不多见的、主要属于女性的节日。《西京杂记》记载:"汉彩女常以七月七日穿七孔针于开襟褛,俱以习之。"这是女性

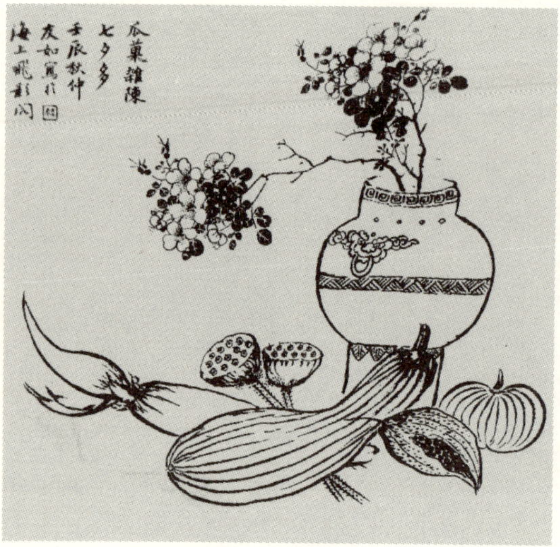

清代吴友如《七夕瓜果》图

乞巧的习俗。浙江桐乡的濮院镇，每年七夕，都盛行“请杼神，洗巧头，吃巧果”的风俗，杼神，就是织女，传说美丽的彩霞就是她织出来的。妇女们还要陈设瓜果祭祀织女，这些巧果必须在露天放一个晚上，如果第二天结了蜘蛛网，就谓之得巧，表明织女已经传授机织之巧，果子就可以分给孩子们吃掉了。到了宋代，七夕习俗活动已经定型。吴自牧《梦粱录》记载：“七月七日谓之七夕节。其日晚晡时，倾城儿童、女子不论贫富，皆著新衣。富贵之家，于高楼危榭，安排筵会，以赏节序。又于广庭中设香案及酒果，遂令女郎望月瞻斗列拜，次乞巧于女牛。或取小蜘蛛，以金银小盒盛之，次早观其网丝圆正，多曰得巧。”

最后说一个另类的织女故事，见《太平广记》卷第68“郭翰”条。讲述织女爱慕上了人间青年才俊郭翰，于是自荐枕席。如此夜夜都去，郭问织女：“牵郎何在，哪敢独行？”织女爽快地回答：“阴阳变化，关渠何事？且河汉隔绝，无可复知。纵复知之，不足为虑。”后来七夕将至那几天，织女就没去了。等七夕过后，郭翰问再去与他相会的织女与牛郎“相见乐乎？”织女答：“天上哪比人间。”这里的织女一改传统妇道，成为一个追求个性张扬与身体解放的形象，反映了唐宋时人们生活观的一个方面。

“小院生凉火欲流，瓣香皈礼作薰修。天孙云锦分明在，河影栏环看女牛”。这是张春华《沪城岁事衢歌》记录的清代道光年间人们过七夕看牛郎织女星的风俗。夏夜仰望星星，能勾起人们多少的情怀啊。

团团圆圆的中秋节

主人待月敞南楼，淮雨丁来斗变秋。
自有婵娟待宾榻，不须迢递望刀头。
池鱼暗听歌声跃，莲的明传酒令优。
更爱西垣旧词客，共将诗兴压曹刘。

北宋诗人梅尧臣写的这首《和永叔中秋夜会不见月酬王舍人》，是奉和欧阳修的唱和之作，点出了文人在中秋节玩月、赏月、吟诗的习惯，更描绘了中秋节时，人们唱歌、饮酒、赋诗的热闹情景。

古代以农历七、八、九三个月为秋季，八月十五正处于秋季的中间，所以被称为中秋。中秋节在我国是一个大的传统节日。有着许多节俗活动，比如祭月、拜月、赏月、走月亮、请月姑、吃月饼等。南宋吴自牧在《梦粱录》中说："此日三秋恰半，故谓之中秋。此夜月色倍明于常时，又谓之月夕。"明代刘侗在《帝京景物略》中说："八月十五日女归宁，是日返其夫家，曰团圆节。"从中可知，以中秋的圆月为团圆的象征，中秋节有亲人团聚的习俗，所以中秋节又有"团圆节"的叫法。

中秋节既然和月亮有密切关系，它之所以能成为传统佳节，自然和有关月亮的传说密不可分。"嫦娥奔月"是流传在我国的历史悠久的美丽神话。战国初期的《归藏》一书记载："昔嫦娥以西王母不死之药服之，遂奔月为月精。"汉代刘安的《淮南子·览冥篇》载："羿请不死之药于西王母，姮娥窃以奔月，怅然有丧，无以续之。"《灵宪》则记道："嫦娥，羿妻也，窃西王母不死药服之，奔月……

嫦娥奔月（南阳汉画像石）

遂托身于月，是为蟾蜍。”在这个神话记录中，嫦娥还被罚做捣药的苦工。明末小说《有夏志传》中的嫦娥形象是“性巧而贞静好洁”，她为了反抗昏君夏王太康，抛弃薄情的丈夫，偷了灵药，飞向月亮，“在月岩构石为宫，旁有大婆娑树，下有玉兔，遂为月宫之神”。可是，传说中的嫦娥虽然和月亮有密切关系，但是似乎找不到她是在八月十五飞升月亮的说法，也就是八月十五归八月十五，嫦娥奔月归嫦娥奔月，好像中秋节的缘起跟嫦娥也没多大关系。那么，中秋节到底是怎么来的？

“中秋”一词，始见于《周礼·春官》：“中春，昼击土鼓，吹豳诗，以逆暑，中秋，夜迎寒，亦如之。”现在的民俗学界大多认为中秋节起源于先秦的“中秋迎寒”习俗。《周礼·春官》中的“迎寒”是在中秋之夜对月击鼓。另外，《周礼·春官》还记载道：“缫藉五采五就，以朝日。”郑玄注：“天子常春分朝日，秋分夕月。”这里的朝日、夕月就是举行祭拜太阳、月亮的仪式。这是在春秋时就已经有的古礼，之后一路承继而来，“夕月”到魏晋时发展为在中秋夜举行拜月、赏月等活动。《晋书·袁宏传》就记载：“谢尚时镇牛渚，秋夜乘月，率尔与左右微服泛江。”这是中秋节最早起源的说法。

在六朝以前，中秋节不如端午节那样为人重视，但是到了盛唐以后，中秋节开始为人所重视了。因为那时候出现了一个有趣的故事，这自然和风流天子唐明皇有关。据《唐逸史》记载，有一年的八月十五之夜，道士罗公远陪唐明皇在御

赏月（《唐诗画谱》）

花园游玩赏月。唐明皇说，如果能够到月宫里去玩一次，那该多好。罗公远就作法术，将拐杖掷向空中。拐杖划破夜空，一直飞向月亮。然后出现了一座天桥。唐明皇就和罗公远一起登桥前往月宫。还看到月宫前的桂花树，树下有白兔在捣药。接着就有数百名身穿白纱的仙女翩翩起舞，为唐明皇表演了霓裳羽衣舞。对音乐素有研究的唐明皇回到人间后，方觉是一个梦。于是赶紧将谱子记下来，让伶官舞女依谱排成有名的“霓裳羽衣曲”。传说，此后每逢八月十五之夜，唐明皇都要对月欢饮，赏曲观舞。《开元遗事》中有“中秋夕，上与贵妃临太液池望月”的记载。于是就形成了一年一度的中秋节赏月、拜月等习俗活动。其实，这是由社会上层“明星”带头，在中秋夜举行的活动，自然在民间迅速普及开来，应该说对中秋节的民俗活动起到了引领的作用。

北宋年间，官方正式将八月十五定为中秋节，这一天人们团聚在一起，吃月饼，宴宾客。南宋孟元老的《东京梦华录》记载的中秋节已是热闹非凡了：“中秋节前，

清陈枚《中秋赏月》图

诸店皆卖新酒，重新结络门面彩楼，花头画竿，醉仙锦旆，市人争饮，至午未间，家家无酒，拽下望子。是时螯蟹新出，石榴、榅勃、梨、枣、栗、孛萄、弄色枨橘，皆新上市。中秋夜，贵家结饰台榭，民间争占酒楼玩月。丝簧鼎沸，近内廷居民，夜深遥闻笙竽之声，宛若云外。闾里儿童，连宵嬉戏，夜市骈阗 至于通晓。"《新编醉翁谈录》中也记载宋代中秋拜月之俗："倾城人家子女，不以贫富能自行至十二三，皆以成人之服服饰之，登楼或中庭焚香拜月，各有所朝。男则愿早步蟾宫、高攀仙桂……女则愿貌似嫦娥，圆如皓月。"

明代陆启泓《北京岁华记》记载："中秋夜，人家各置月宫符象，符上兔如人立。陈瓜果于庭，饼面绘月宫蟾兔。男女肃拜烧香，旦而焚之。"古人还认为月亮属阴，所以中秋这一天要女先拜月，男的后拜或也可不拜。清代《燕京岁时记》就说"供月时男子多不叩拜"。顾禄《清嘉录》中记载中秋节时候的妇女"盛装出游，互相往还。或随喜尼庵，鸡声喔喔，犹婆娑月下，谓走月亮"。江南一带的中秋风俗也和全国一样，赏月、吃月饼，还要演戏、听曲，似乎保留了唐明皇过中秋的传统。清代乾隆年间《古禾杂识》记："中秋，载酒南湖，好事者以锣鼓相竞，有雨夹雪、滚绣球、划龙船、花蝴蝶、大歇拍、小歇拍等名，过夜半始散。……是夜祭月用月饼。"张春华《沪城岁事衢歌》云："月盈良夜坐凭楼，无限明辉霁远眸。庭院开樽延赏处，二分秋色到中秋。"自注说："吾乡于中秋夕，虽极贫之家亦略具杯酌，大约取团圞之意也。"

应该说，中秋节的祭月、拜月习俗，是从周朝天子每年秋分祭月的习俗中流传、继承下来的。

重阳节『辞青』的

唐代诗人王维有一首《奉和圣制重阳节宰臣及群官上寿应制》的诗，诗云：

四海方无事，三秋大有年。
百生无此日，万寿愿齐天。
芍药和金鼎，茱萸插玳筵。
玉堂开右个，天乐动宫悬。
御柳疏秋景，城鸦拂曙烟。
无穷菊花节，长奉柏梁篇。

描写重阳节的景象，诗的格局宏大，描绘了唐代宫廷过重阳的景象，正和他那首脍炙人口的《九月九日忆山东兄弟》相对应，而那首是关于个人的、乡愁的过重阳节吧。

农历九月九日，又称“重九节”。这是因为《易经》有“以阳爻为九”之说，“九”是阳数里最大的一个，两九相重为“重九”，两阳相重，那就是“重阳”了。早在汉末，三曹之一的曹丕就有《九日与钟繇书》，曰：“岁月往来，忽复九月九日。九为阳数，而日月并应，俗嘉其名，以为宜于长久，故以享宴高会。”可见，古人遇到重阳，认为是个“宜于长久”的好日子，那肯定是要庆贺一番的。另外，古时，重阳节出嫁的女儿回娘家过节，所以又叫“女儿节”。

重阳节的风俗有很多，这一天，人们要登高、插茱萸、饮菊花酒、赏菊、吃花糕等。重阳节的起源最早应该是在春秋战国时期，甚至更早。《吕氏春秋》之中记载："（九月）命家宰，农事备收，举五种之要。藏帝籍之收于神仓，祗敬必饬。"当时在九月的时候，农作物已经丰收之时人们就要祭告上天以谢恩德了。屈原的《远游》诗中也有"集重阳入帝宫兮"的句子，可见当时人们对这一天已经相当重视。东晋葛洪在《西京杂记》中记载，汉高祖刘邦的爱姬戚夫人每逢重阳都要"佩茱萸、食蓬饵、饮菊花酒，令人长寿"。从中可知流传至今的重阳节的基本风俗活动在汉代已经基本具备雏形。

南朝梁吴均写的《续齐谐记》中还详细写了为什么重阳节要有登高等活动的原因，书中写道："汝南桓景，随费长房游学累年。长房谓曰：九月九日，汝家当有灾厄，宜急去令家人各作绛囊，盛茱萸以小臂，登高，饮菊花酒，此祸可除。景如言举家登山。夕还，见鸡犬牛羊一时暴死。长房闻之曰：此可代也。今世人九日登高饮酒，妇人带茱萸囊，盖始于此。"这说的就是有名的"桓景避难"的故事，讲东汉时在汝南这个地方，有个叫桓景的人，拜仙人费长房为师。一天，费长房对他说，九月九日那天，你家要有灾祸降临。但是可以化解的，你回去将袋里盛放茱萸，系在臂上，然后登山，饮菊花酒就可以去祸了。桓景赶紧照老师吩咐去做。结果在重阳那天傍晚下山回家后，家里养的鸡、狗、牛、羊都已暴死了。费长房还说，那些畜生的死是替代人的。从此之后，每逢九月初九要登高，妇女佩茱萸等习俗就流传下来了。

"桓景避难"的故事似乎在说重阳节不是

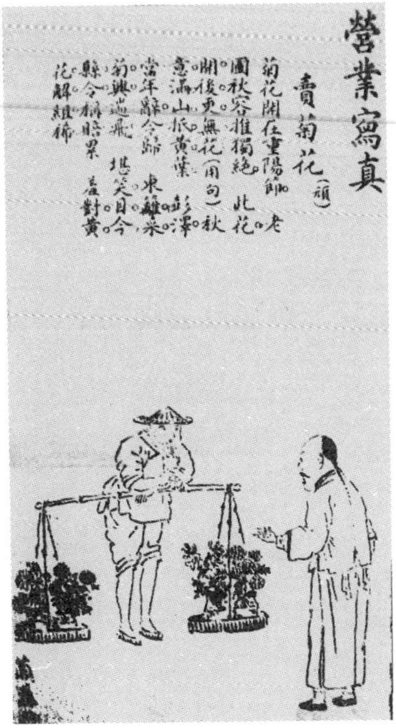

卖菊花（《图画日报》）

卖重阳糕（《图画日报》）

陶渊明赏菊

一个好日子。这是为何？农历九月明明是一年中最秋光明媚的季节，“九九艳阳天”，菊花盛开，秋高气爽之时。可是重阳节的风俗活动，如登高避祸，饮菊花酒、佩茱萸以驱邪都和“躲避”有关。这可能是源于古人对山川之神的崇拜。《易经》认为“九为老阳，阳极必变”，所谓“亢龙有悔”。而九月九日，月和日均是老阳之数，已经属于盛极必衰之态，因此古人才想出一系列避祸、自求多福的活动来。晋周处《风土记》说：“九月九日律中无射而数九。俗以此日茱萸气烈成熟，尚此日折茱萸房以插头，言辟恶气，而御初寒。”又说，“汉俗九日饮菊花酒，以祓除不祥。”茱萸是一种具有香味的植物，可以入药，有驱虫的功能。汉代时候，人们过重阳是将茱萸切碎装在香袋里佩带，晋朝以后则改为将茱萸插在头上。

另外，在农事活动上，时序到了重阳之际，田里的秋收也基本完成，山野里的果实都成熟了，因此登高的习俗可能就是从上山摘果子等农事活动演变而来。据西汉时的《长安志》载，汉代京城长安近郊有一小高台，每年九月九日，人们就登上高台游玩观景。到了三国和晋代，登高的范围从登台变成了登山。《晋书》中就有东晋大将军桓温，在重阳那天带着部下登龙山宴会的记载。久而久之，即便是无山地带的平原，人们也要想法设法去登高，那就是登塔。《古禾杂识》记江南水乡嘉兴一带重阳风俗是“九日登高，集真如塔、东塔两处。高秋云净，海上诸山，历历在眼。禾地无山，故重阳登塔……是日，用栗糕标彩旗祀灶，士人对菊持螯，赋诗饮酒，亦足乐也。”同样是一带平原的上海老百姓，也是登楼过重阳。张春华《沪城岁事衢歌》说："诗坛雅集嗣题糕，风雨重阳斗锦毫。便拟振衣千仞外，凤楼高处试登高。”丹凤楼，道光年间位于上海县城的东北隅。

关于重阳节的来源，还有求寿一说。前文所说的《西京杂记》所记载，汉高祖刘邦与戚夫人在九月初九那天，饮菊花酒，吃蓬蒿做成的糕饼，还要佩带茱萸，为的就是祈求长寿。《荆楚岁时记》里也记载："九月九日，士人并籍野饮宴。”杜公瞻注:“九月九日宴会，未知起于何代，然自汉世以来未改。今北人亦重此节，佩茱萸、食蓬饵、饮菊花酒，云令人长寿。”这可能也是因为“重九”的数字关系。两个“九”字在一起，毕竟让人感到有“久久”之意吧。

重阳节的传统饮食有菊花酒、花糕等。《西京杂记》云:“菊花舒时，并采茎叶，杂黍米酿之，至来年九月九曰始熟，就饮焉，故谓之菊花酒。”菊花是中药的一味，古人认为饮菊花酒能延年益寿。据宋代吴自牧的《梦粱录》记载:“今世人以菊花、茱萸浮于酒饮之。盖茱萸名‘避邪翁’，菊花为‘延寿客’，故假此两物服之，以消阳九之厄。年例，禁中与贵家皆此日赏菊。士庶之家，亦市一二株玩赏。”

此外，古人还有在重阳吃糕的习俗。《西京杂记》所记汉代吃的“蓬饵”，就是用蓬草叶子和黏黍米制作的重阳花糕。唐代《岁时节物》云："九月九日则有茱萸酒、菊花糕。”武则天时候，她曾命宫女采集百花，和米捣碎，蒸制花糕，赏赐众臣。重阳节要接出嫁的女儿回娘家过节，所以重阳又叫“女儿节”。明代谢肇淛《五杂俎》中说，九月九日天明时，百姓把花糕切成薄片，搭在未成年儿女额头上，并祝福道:愿儿百事俱高。这个祝愿和现在人所说的“步步高”差不多。

重阳节的来源还有一说是来自远古时祭祀“大火”的仪式。“大火”即心宿二星座，是古人判断季节变换的重要标志。古人将九月九与三月三作为相对应的春秋大节。汉刘歆《西京杂记》称："三月上巳，九月重阳，使女游戏，就此祓禊登高。”上巳与重阳的对应，是以“大火”出没为依据的。大火星在季秋九月隐退，那么这个时候就有必要举行相应的仪式去送“火”。江南一带至今有重阳节用赤豆饭祀灶的习俗，这可能就是见古代九月送“火”的习俗遗留。

重阳节其实是夏冬交接的时间点。重阳过后，冬寒将至，所以趁着秋光甚劲的时候，人们赶快秋游一下，既然春天有上巳的“踏青”，那么秋天也有重阳的“辞青”，这也是对生活的享受。

冬至大如年

“冬至大如年”，这是一句大家耳熟能详的熟语。一般来说，腊月从冬至开始就进入“数九寒天”了。古人把冬至看作仅次于年节的大节。这天，阳光几乎直射南回归线，北半球白昼最短；之后阳光直射位置逐渐北移，白昼逐渐变长。所以古人有“冬至一阳生”之说，把冬至看作节气的起点。从殷周到秦朝，我国都以冬至为一年之首。到了汉朝以后，才管冬至叫“冬节”。官府要举行祝贺仪式，叫“贺冬”，一般都要放假。《后汉书》记：“冬至前后，君子安身静体，百官绝事，不听政，择吉辰而后省事。”《晋书》记:“魏晋冬至日受万国及百僚称贺……其仪亚于正旦。”

冬至也是人们祭祀祖宗的日子，皇帝还要到郊外举行祭天仪式。所以冬至又称“亚岁”。冬至的前一天叫“小至”，小至之夜叫做“冬除”“二除夜”。其庆祝活动仿效除夕、新年，只是隆重程度稍逊，但超过其他节日。民间习俗还认为不必等到春节，吃过冬节汤圆就表示增加一岁。宋朝陆游《辛酉冬至》诗就写道：“家贫轻过节，身老怯增年。”这也是把过冬至看成是增加年岁的节日。那么，人们不禁要问，为什么冬至“大于年”或仅次于“年”呢？

如前所说，这应该是从殷周开始到周代，我国历法上的元旦是在冬至这一天有关。周代以夏历十一月为正月，并将“日南极，影极长”的冬至这一天看作是一年的开始而加以庆贺。之后的秦朝以夏历十月为正月，当时的新年都是围绕着“冬至”这天的。传说先秦的君王每逢冬至，都不过问国家大事，而是去听五天音乐了，老百姓也在家作乐庆贺，完全是过年的做派。之后，虽然汉武帝改历，以夏历正月为岁首，但是那时的人们已经习惯了过年是在冬至时候，因为自冬至

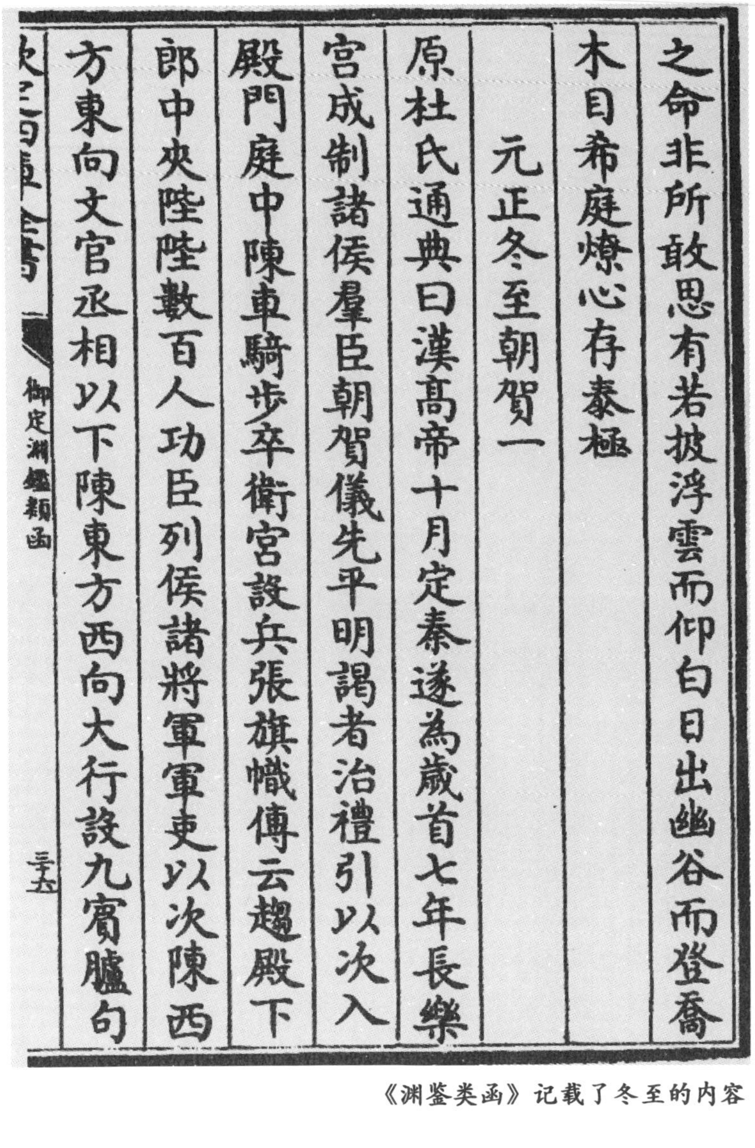
之命非所敢思有若披浮雲而仰白日出幽谷而登喬
木目希庭燎心存泰極
元正冬至朝賀一
原杜氏通典曰漢高帝十月定秦遂為歲首七年長樂
宮成制諸侯羣臣朝賀儀先平明謁者治禮引以次入
殿門庭中陳車騎步卒衛宮設兵張旗幟傳云趨殿下
郎中夾陛陛數百人功臣列侯諸將軍軍吏以次陳西
方東向文官丞相以下陳東方西向大行設九賓臚句
欽定四庫全書　御定淵鑑類函　三十五

《渊鉴类函》记载了冬至的内容

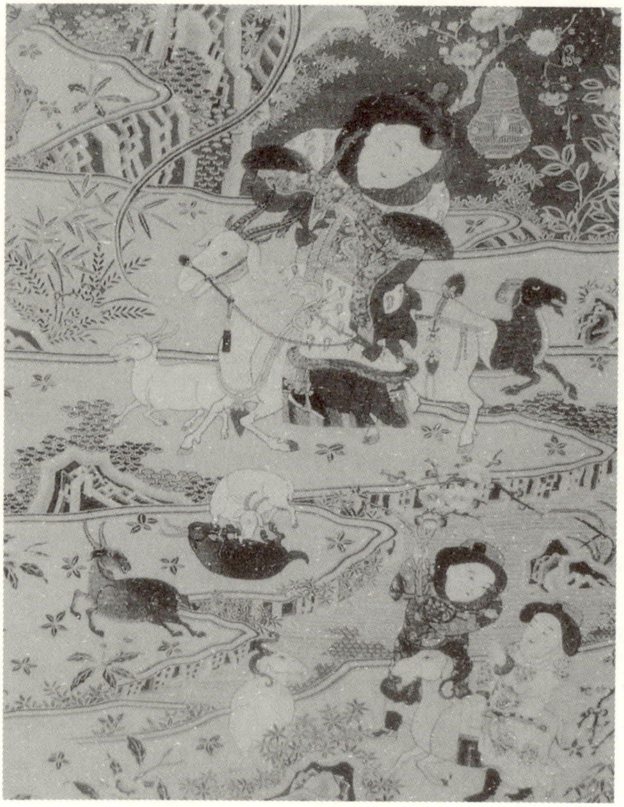

元人绘《九九消寒图》

起，天地阳气开始兴作渐强，代表下一个循环开始，这是大吉之日，习俗就这样传承下来了。其实，流传至今的冬至开始的“九九消寒歌”，就是一个证明。常见的“九九消寒歌”一般是这样唱的：“一九二九不出手，三九四九冰上走，五九六九沿河看柳，七九冰开，八九雁来，九九加一九，犁牛遍地走。”就暗含了冬至是每年气候的开端之意。

宋代孟元老《东京梦华录》记载：“十一月冬至，京师最重此节。虽至贫者，一年之间积累假借，至此日更易新衣，备办饮食，享祀先祖。官放关扑，庆贺往来，一如年节。”冬至这一天，皇帝还要接受百官朝贺，礼仪隆重，俗称“排冬仗”。又如像贵州、湖南、广西等地的侗族，至今还保持着夏历十一月初一过“冬节”习俗，或者还把这天称为过“侗年”，把新年从农历十一月开始算起。这种种习俗都或是早年姬周历法的遗存吧。

汉代蔡邕《独断》中说：“冬至，阳气起，君道长，故贺。”正可见“冬至大如年”的传统，是这天与阳气相连的因素。这说法与我国古代的阴阳五行哲学思想相关。古人认为，昼为阳，夜为阴；君为阳，臣为阴；男为阳，女为阴。如此阳盈阴弱，阳盛阴衰，生活才算是“正轨”。冬至这天正值阴极而阳始，冬至夜最长，而冬至日的白昼开始渐长，所以在这天是季节转换的临界点，分外受到人们的重视。它是早在上古时期，先民们用土圭观测太阳后测定出的二十四个节气中最早的一个。在习俗上，人们从冬至起还要开始食疗进补，其实也是“重新再来”的观念。这个观点其实和殷周时期以夏历十一月为正月的历法建立是紧密相连的。

“冬至大如年”，并非从以上所说历法更替的记忆遗留，或者阴阳五行思想有关,而是出于古人对祭祀活动的看重而来。古人认为冬季是一个充满凶险的时期，所以禁忌也特别多。《礼记·月令》记，冬至所在的月份为“畅月”，这个时候，所有一切都要“藏”。动土、启封这类事是不能做了，人们最好是安居养神。《荆楚岁时记》中有冬至日烧赤豆粥以禳厉鬼的风俗记载,也是先民敬畏冬季的心理。所以古人对冬至的祭祀活动也特别看中，希望度过这段凶险之期。冬至也成为人们祭祀先祖的大节。秦荣光的《上海县竹枝词》写道：“冬至花糕更粉圆，分冬酒吃闹年年。衣冠拜贺亲朋后，肉块堆盘夜祀先。”说的就是老百姓祭祀祖先的情景。

古人的祭祀祖先一般安排在冬至日的前一晚进行，称为“冬除”，与新年前一夜的“岁除”相呼应，宋陈元靓《岁时广记》记载，冬至的祭祀仪节“多仿岁除故事”。同治《上海县志》记：“冬至，治花糕、粉圆祀先，冠带相贺，名‘分冬酒’。”又明白说：“谚云‘肥冬瘦年’，俗称‘冬至大于年’。”冬至的这一系列活动其实还是和“过年”的习俗息息相关，有可能为殷周时期以冬至为岁首（即元旦）的风俗遗留。

冬至节人们还有吃馄饨的习俗。清代潘荣陛《帝京岁时广记》记载：“预日为冬夜，祀祖羹饭之外，以细肉馅包角儿奉献。谚所谓‘冬至馄饨夏至面’之遗意也。”富察敦崇在《燕京岁时记》中说：“夫馄饨之形有如鸡卵，颇似天地浑沌之象，故于冬至日食之。”吃馄饨能吃出“开天辟地”的构思来，也算是一个伟大的想象。而在南方，民间还有“冬至夜，吃啥补啥”的说法，比如羊肉，或红烧或炖萝卜，益气补虚、温中暖下，江南一带的百姓就在冬至到了以后开始进补了，有的人家冬至夜还会吃黄酒胡桃炖鸡蛋、黄芪炖鸡、栗子烧肉等滋补食品。

腊八节 扑朔迷离的

凝寒迫清祀，有酒宴嘉平。
宿心何所道，藉此慰中情。

这是北齐魏收的《腊节》诗，夏代称腊日为“嘉平”，诗写了他在腊八节那天喝酒的情形。农历十二月初八，俗称“腊八”，又叫“腊八节”。这天是古时的“腊日”之一，是腊月里最重大的节日。从先秦起，人们在腊八节都要祭祀祖先和神灵、祈求丰收和吉祥。随着东汉佛教的传入，民间传说佛教创始人释迦牟尼的成道日也在十二月初八，因此腊八又变成了佛教徒的节日，称为“佛成道节”。

“腊八祭灶，新年来到”，从农历十二月初八的“腊八”开始到十二月二十四的“祭灶”活动，再到正月十五的“元宵”，这段日子其实是传统整个“大春节”的组成部分。腊八的到来，意味着拉开了整个过春节的序幕。《后汉书・礼仪志》注云：“腊者，岁终大祭，纵吏民宴饮……”从中可一窥腊八节的活动是要“吃吃喝喝”的。这是因为“腊”原本是一种祭礼，周朝时就已经有了。

应劭《风俗通》云：“《礼传》：腊者，猎也，言田猎取禽兽，以祭祀其祖也。或曰：腊者，接也，新故交接，故大祭以报功也。”《礼记・郊特牲》记载：“伊耆氏始为蜡。蜡也者，索也，岁十二月，合聚万物而索飨之也。”《史记・补三皇本纪》也说：“炎帝神农氏以其初为田事，故为蜡祭，以报天地。”夏代称腊日祭为“嘉平”，殷曰“清祀”，周曰“大蜡”，秦汉改为“腊”。蔡邕的《独断》说：“腊者，岁终大祭。”农业社会，讲究春耕、夏耘、秋收、冬藏。秋收的繁忙过后，先民们开始欢庆丰收、感谢祖先和神灵，举行各种各样的祭祀仪式。周代为“大蜡”（即

旧时，寺庙常供应腊八粥（逯是道《中国民间崇拜》）

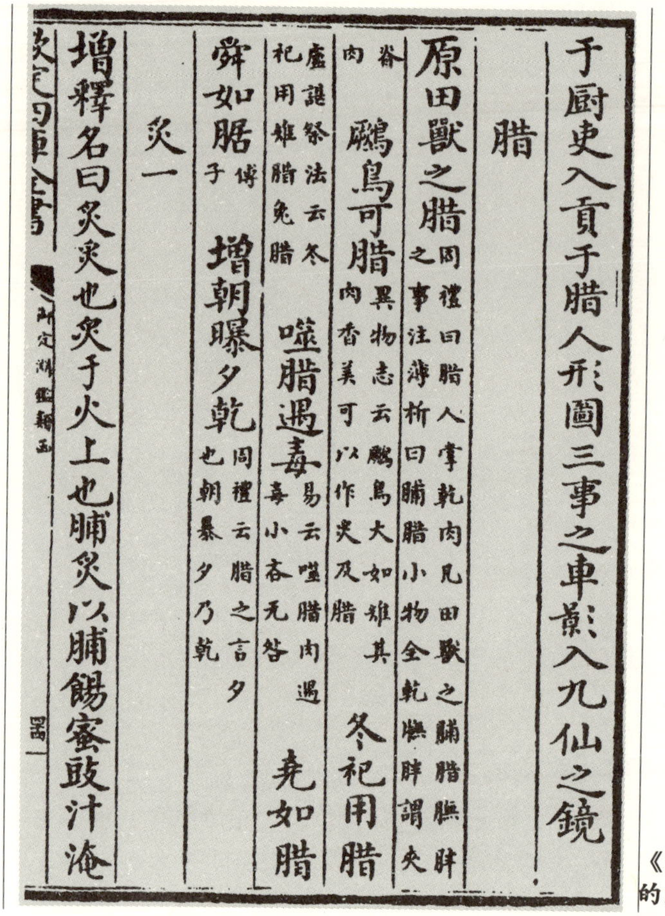
于廚史入貢于腊人形圖三事之車彭入九仙之鏡

腊

原田獸之腊 周禮曰腊人掌乾肉凡田獸之脯腊膴胖之事注鄭析曰脯腊小物全乾膴胖謂夾脊肉

鶹鳥可腊 異物志云鶹鳥大如雉其肉香美可以作炙及腊

冬祀用腊 盧諶祭法云冬祀用雉腊兔腊

噬腊遇毒 易云噬腊肉遇毒小吝无咎

堯如腊 舜如腒 傅子

增朝曝夕乾 周禮云腊之言夕也朝暴夕乃乾

炙一

增釋名曰炙炙也炙于火上也脯炙以脯錫蜜豉汁淹

欽定四庫全書　御定淵鑑類函

《渊鉴类函》中有关“腊”的解释

大祭）是在农历十二月举行，所以就称十二月为腊月，称腊祭这一天为腊日。汉代许慎《说文解字》：“腊，冬至后三戌，腊祭百神。”可见汉代以冬至后第三个戌日为腊日。从先秦起，腊日并不固定。梁代宗懔《荆楚岁时记》记“腊八”说：“十二月八日为腊日，谚语：‘腊鼓鸣，春草生。’村人并击细腰鼓，戴胡头，及作金刚力士，以逐疫。”说明直到南北朝时，才固定到腊月初八这一天。最大的可能是由于佛教的介入而改。

为什么会有腊八节？传统说法就是从上述在腊月举行的腊祭习俗而来。祭祀的对象正好有八个，即先啬神（神农）、司啬神（后稷）、农（田神）、井田神、猫虎、坊、水庸和昆虫。这说明“腊八”在先秦时很有可能是个固定的说法，由于腊祭是在腊月举行的，渐渐的，大祭的日子也被定到腊月八日。

可是佛家又有一种说法，说“腊八”之所以成为节日，是出自佛教故事。相传佛教创始人释迦牟尼在成佛前，曾遍走名山大川，寻求人生之道。一天他来到人烟荒僻的尼连河，饥渴难耐，昏倒在地。这时一个牧羊女赶到了，她就把自己带的杂粮剩饭，加上野果，用泉水煮成粥喂他，把他救活。释迦牟尼就在菩提树下静坐沉思，终于在腊月初八得道成佛。佛门从此将腊八这天定为“佛成道日”。而且为了纪念，每逢腊八这天，还要取香谷杂粮煮粥供佛，叫做“腊八粥”，之后又演变成一种我国的一种民间习俗，可能逐渐取代了以前腊日大祭时的食品。

宋代吴自牧《梦粱录》载：“十二月八日，寺院谓之腊八，大刹等寺俱设五味粥，名曰腊八粥。”从中可见，在宋代腊八粥已很流行了。《金瓶梅》第二十二回写西门庆在腊月初八请应伯爵吃“粳米，投着各样榛、松、栗子、果仁、梅、桂、白糖粥儿”的腊八粥。而清代吃腊八粥的习俗更为盛行，做法也越来越讲究。富察敦崇的《燕京岁时记》载：“腊八粥者，用黄米、白米、江米、小米、菱角米、栗子、红豇豆、去皮枣泥等合水煮熟，外用染红、桃仁、杏仁、瓜子、花生、榛穰、松子及白糖、红糖、琐琐葡萄，以作点染。”项映薇的《古禾杂识》记：“十二月初八日为腊八。以蔬果诸物煮粥,曰腊八粥。尼庵中或举放生会。”秦荣光的《上海县竹枝词》记腊八粥：“庵寺僧徒日打斋，粥分腊八挨门排。干菱炒栗兼兜凑，更有庵尼送满街。”自注云：“十二月八日，各寺僧设豆糜、杂糜、菱、枣、栗于中，名腊八粥。女尼以秫煮熟风干，入釜爆之，大倍于粒，名‘兜榛’以馈檀施。”

吃腊八粥的习俗源自佛教，这应该是没有问题的。但是，有关腊八节的由来，到底是源自我国传统的腊八祭，还是佛成道日，这就让人费思量了。所以就有学者想把这两方面的原因都考虑进去，认为腊日本来就没有固定，但是因为东汉时佛教内传，带来了释迦牟尼于十二月初八成道的传说，于是人们就渐渐地将腊日定到十二月初八。例如《荆楚岁时记》里记载腊八的民俗活动，就有“作金刚力士以逐疫”的内容。但是新的疑问又来了，为什么我国汉魏以前的腊日祭期，就没有“腊八”的说法,而《荆楚岁时记》中说的腊八风俗活动似乎又与佛事无关。并且，再进一步追问的话，我国上古时期的腊祭庆典活动又为何没有保留至今?

不管怎样,吃好腊八粥,人们就开始过小年。中国人讲究“民以食为天”,这不,刚吃好，又要开始准备过新年时的欢乐吃喝了。

参考书目

《北京风俗史》，李宝臣主编，人民出版社，2008年11月第1版

《典藏民俗学丛书》，叶春生主编，黑龙江人民出版社，2003年12月第1版

《风物考》，仲富兰著，上海文化出版社，2006年6月第1版

《古今岁时杂咏》，（宋）蒲积中编，辽宁教育出版社，1998年3月第1版

《古俗今说》江绍原著，上海文艺出版社，1997年11月第1版

《顾颉刚民俗学论集》，钱小柏编，上海文艺出版社，1998年10月第1版

《婚嫁趣谈》，完颜绍元著，上海古籍出版社，2003年8月第1版

《汉族风俗史》（全五卷），徐杰舜主编，学林出版社，2004年12月第1版

《沪城岁事衢歌 上海县竹枝词 淞南乐府》，张春华等著，上海古籍出版社，1989年5月第1版

《沪谚》，胡祖德著，上海古籍出版社，1989年5月第1版

《沪谚外编》，胡祖德著，上海古籍出版社，1989年5月第1版

《嘉兴民俗》，嘉兴市文化广电新闻出版局编，浙江摄影出版社，2014年6月第1版

《嘉兴市志》，史念主编，中国书籍出版社，1997年12月第1版

《嘉兴风情民俗》，王福基、袁克露主编，浙江人民出版社，1998年8月第1版

《荆楚岁时记译注》（梁）宗懔著，湖北人民出版社，1982年2月第1版

《节庆趣谈》，盖国梁著，上海古籍出版社，2003年8月第1版

《历代社会风俗事物考》，尚秉和著，江苏古籍出版社，2002年7月第1版

《美国民俗学概论》(美)布鲁范德著，上海文艺出版社，2011年12月第1版
《明代岁时民俗文献研究》，张勃著，商务印书馆，2011年12月第1版
《辟邪趣谈》，萧兵著，上海古籍出版社，2003年8月第1版
《清稗类钞》，徐珂编撰，中华书局，1986年7月第1版
《清俗纪闻》(日)中川忠英编著，中华书局，2006年9月第1版
《上海近现代社会风俗论集》，蔡丰明主编，中国三峡出版社，1998年11月第1版
《上海研究资料》上海通社编，上海书店，1984年1月第1版
《上海研究资料续集》上海通社编，上海书店，1984年12月第1版
《四民月令校注》，(汉)崔寔撰，石声汉校注，中华书局，2013年5月第2版
《宋代民俗诗评注》，李懿等，巴蜀书社，2011年8月第1版
《寿诞趣谈》，金文男著，上海古籍出版社，2003年8月第1版
《事物掌故丛谈》，杨荫深编著，上海书店1986年6月第1版
《岁时：传统中国民众的时间生活》，萧放著，中华书局，2002年3月第1版
《饮食趣谈》，陈诏著，上海古籍出版社，2003年8月第1版
《中国传统婚姻风俗》，郭兴文著，陕西人民出版社，2002年9月第2版
《中国地方志民俗资料汇编·华东卷》，书目文献出版社，1995年2月第1版
《中国风俗史》，张亮采著，东方出版社，1996年3月第1版
《中国风俗之谜》，完颜绍元编著，上海辞书出版社，2002年6月第1版
《中国风俗大辞典》，申士垚、傅美琳主编，中国和平出版社，1991年12月第1版
《中国古代宗教与神话考》，丁山著，上海书店，2011年1月第1版
《中国民间禁忌风俗》，万建中著，中国电影出版社，2005年6月第1版
《中国民间信仰风俗辞典》，王景林、徐匋主编，1992年12月第1版
《中国民间诸神》，吕宗力、栾保群著，河北教育出版社，2001年1月第1版
《中国民间崇拜·婚丧习俗》，(法)逯是遒著，上海图书馆徐家汇藏书楼文献译丛，上海科学技术文献出版社，2009年4月第1版
《中国民间崇拜·岁时习俗》，(法)逯是遒著，上海图书馆徐家汇藏书楼文献译丛，上海科学技术文献出版社，2009年4月第1版
《中国民俗史·民国卷》，钟敬文主编，人民出版社，2008年3月第1版

《中国民俗史·宋辽金元卷》，钟敬文主编，人民出版社，2008年3月第1版
《中国民俗史·明清卷》，钟敬文主编，人民出版社，2008年2月第1版
《中国民俗文化导论》，韩养民著，陕西人民出版社，2002年9月第1版
《中国民俗文化学》，韩养民著，陕西人民教育出版社，1998年10月第2版
《中国俗神》，马书田著，团结出版社，2007年1月第1版
《中国岁时节令辞典》，乔继堂、朱瑞平主编，中国社会科学出版社，1998年5月第1版
《中华风土谚志》，武占坤主编，中国经济出版社，1997年12月第1版
《中华风俗志》，胡朴安著，上海文艺出版社，1988年3月影印本
《钟敬文文集·民俗学卷》，钟敬文著，安徽教育出版社，2002年12月第1版